中国法学会优秀课题成果文库

ZHONGGUO FAXUEHUI YOUXIU KETI CHENGGUO WENKU

茅仲华 等◎著

减刑、假释案件审理程序规范化研究

JIANXING JIASHI ANJIAN SHENLI CHENGXU GUIFANHUA YANJIU

本书是中国法学会2014年度部级法学研究一般课题“减刑、假释案件审理程序规范化研究”【课题编号CLS（2014）C36，主持人茅仲华】的主要成果，课题鉴定等级为良好。

中国法制出版社

CHINA LEGAL PUBLISHING HOUSE

课题主持人：

茅仲华　江苏省镇江市中级人民法院党组书记、院长

课题组成员：

于　竞　江苏省镇江市中级人民法院审判监督庭庭长

张传军　江苏省镇江市中级人民法院研究室主任

孙海燕　江苏省镇江市中级人民法院刑事审判第一庭副庭长

李　洁　江苏省镇江市中级人民法院民事审判第二庭审判员

贾黛舒　江苏省镇江市中级人民法院审判监督庭审判员

李珍珠　江苏省镇江市中级人民法院研究室法官助理

任　博　江苏省镇江市人大常委会法工委副主任科员

中国法学会优秀课题成果文库

出版说明

为了全面推进课题研究成果的应用转化，繁荣法学研究，服务法治实践，推进法治中国建设，中国法学会特设立“中国法学会优秀课题成果文库”，集中推出反映当前我国法学研究前沿水平，具有重大理论价值、重大学术价值、重大应用价值的学术精品，充分发挥优秀成果和优秀人才的示范引领作用。凡入选成果文库的作品，均为中国法学会年度招标课题或委托课题中鉴定等级原则上为“优秀”，选题价值较大，创新性强，对重要领域或重要问题有较为系统深入的研究，具有较高学术价值或应用价值，文风严谨，符合学术规范和出版形式要求。从2016年开始，每年从当年结项的课题成果中精选出符合上述条件的作品，纳入“中国法学会优秀课题成果文库”，予以出版。

中国法学会

2016年12月

前　言

减刑、假释制度作为一种重要的刑罚执行制度，在激励罪犯改造、促进罪犯再社会化、节约行刑成本以及维护监狱监管秩序等方面，发挥了十分重要的作用。前些年，在减刑、假释、暂予监外执行工作实践中，也暴露出诸如一些“有权人”“有钱人”被判刑后减刑快、假释及暂予监外执行比例高、实际服刑时间偏短等问题。为严格规范减刑、假释、暂予监外执行，切实防止徇私舞弊、权钱交易等司法腐败行为，党的十八届三中全会和四中全会决定提出“严格规范减刑、假释、保外就医程序，强化监督制度”“完善刑罚执行制度，统一刑罚执行体制”的明确要求。2014 年 1 月 21 日，中央政法委发布《关于严格规范减刑、假释、暂予监外执行切实防止司法腐败的意见》（中政委〔2014〕5 号），从“从严把握实体条件”“完善程序规定”“强化环节责任”“严惩腐败行为”四个方面，对减刑、假释、暂予监外执行提出新标准、新要求，规范减刑、假释案件办理工作越发重要。

从理论研究层面来看，近年来，我国学术界对减刑、假释问题的研讨也日益增多，但主要是从实体制度层面上进行，研究成果多集中于对减刑、假释制度运行现状的检讨以及理想模式的构建，而对作为其重要组成部分的减刑、假释程序方面的研讨较少，对减刑、假释案件审理程序进行系统化、综合性研究的成果更为少见。从司法实务层面来看，当前减刑、假释案件办理过程中，审理程序不够公开、流于形式是备受争议和指责的两个主要问题。学界多数学者主张采取一律公开开庭的诉讼化审理模式，但忽略了由于罪犯处于封闭的监管场所，一律进行公开开庭审理的高风险和高成本，减刑、假释案件数量巨大以及与之相应的审判资源极度缺乏等制约因素；同时，实践中略显繁冗的程序要求，也未能充分体现给予未成年短刑犯应有的司法关怀。因此，构建一套既合乎理想又切实可行，既满足公开公正等程序正义的基本要求又充分兼顾审判效率与司法效益，既规范、统一办理标准和尺度又充分考虑到未成年短刑犯、老年犯等特殊需求的减刑、假释案件审理程序，则显得尤为重要。

鉴于此，在我的提议和主持下，江苏省镇江市中级人民法院专门组成课题组，于2014年下半年向中国法学会申报了《减刑、假释案件审理程序规范化研究》这一课题，并获准立项为中国法学会2014年度部级法学研究课题〔课题编号：CLS（2014）C36〕。

本课题组自2014年12月起，先后在江苏、湖北、浙江等地部分法院、检察院、监狱、社区矫正机构等单位通过召开座谈会、问卷调查、交流研讨等方式进行了较为深入的调研，获取了大量的第一手资料，在形成初稿的基础上，相继召开了学术研讨会、专家论证会，同时根据专家学者意见认真进行了修改，前后历时一年，最终完成了本研究课题，并顺利结项。就在本研究课题成果即将付梓时，最高人民法院于2016年11月出台了《关于办理减刑、假释案件具体应用法律的规定》（法释〔2016〕23号），进一步从实体上统一减刑、假释案件的办理理念、裁判尺度和执法标准，我们课题组参考该司法解释的相关精神，对课题成果进一步予以完善。

本课题研究紧紧立足于减刑、假释案件审判实务，从理论探讨与实证研究相结合的角度，认真梳理减刑、假释案件审理程序运行现状，深刻剖析减刑、假释案件审理程序中存在的主要问题及成因，在辩证分析和适度借鉴域外减刑、假释案件办理程序经验基础上，对规范我国减刑、假释案件审理程序提出了合理化建议，以期对准确理解和适用减刑、假释制度有所裨益。

本课题主体内容共分四章：

第一章主要围绕减刑、假释案件审理程序基本理论展开。首先，从减刑、假释制度的基本内容出发，对减刑、假释本质属性的“奖励说”“权利说”两种主流观点进行评析。课题组认为，从实然角度而言，减刑、假释的本质并非是罪犯权利，而是国家对罪犯服刑表现的一种奖励；从应然角度而言，随着时代的变迁和法治的发展，特别是随着减刑、假释制度的深入推进和不断完善，“权利说”将被社会大众广泛接受，亦更具合理性。其次，从广义和狭义两个视角对减刑、假释案件审理程序基本内涵进行界定，并阐述了我国减刑、假释案件审理程序的历史演变过程。最后，对减刑、假释案件审理程序的价值功能予以厘定，为规范减刑、假释案件审理程序提供理论支撑。

第二章着重比较考察了域外减刑、假释案件的办理程序。总的来说，域外减刑、假释案件办理程序主要有行政书面审批、司法审理、委员会听证三种模式。这三种模式各有优劣：行政书面审批模式具有办理效率高，但罪犯减刑和假释权利缺乏有效保障、救济途径较窄的特点；司法审理模式具有减刑、假释权力行使中立、程序设置较为公正、各方参与度高的特点；委员会听证模式具有减刑、假释权力行使机构较为专业综合、罪犯人权保障度较强的特点。本课题通过比较分析域外国家和地区在减刑、假释案件办理程序方面的成熟经验，为我国减刑、假释案件审理程序的构建和完善提供参考借鉴。

第三章全面剖析了我国减刑、假释案件审理程序现状。本课题主要从提请程序、公示程序、假释案件的审前调查程序、裁判程序、减刑假释的配套程序以及监督纠错程序六个方面的运行现状入手，紧扣审判实践，在实证调研基础上，运用了翔实的统计数据和典型案例，从不同层面和角度，对当前减刑、假释案件审理过程中存在的诸如提请程序异化、公示程序虚化、审前调查程序片面化、裁判程序弱化等主要问题和不容忽视的矛盾进行了客观而全面的揭示与分析，具有较强的说服力。为下文提出减刑、假释案件审理程序的规范化路径打下坚实的实践基础。

第四章提出了我国减刑、假释案件审理程序的规范化路径。明确了规范减刑、假释案件审理程序的基本思路：秉承从“奖励说”向“权利说”逐步转化的基本理念；遵循从“程序修补”向“程序改革”渐进的基本方法。主要从以下三个方面对规范减刑、假释案件审理程序提出了具体的路径：一是宏观制度的改革。包括制定减刑、假释案件专门法，加强实证分析研究，制定科学的审查标准，改进对减刑、假释案件的人员配置和机构设置，其目的是提高减刑、假释案件的审理质量和效率。二是微观制度的重整。其中关于减刑、假释案件审理模式的重构方面，我们认为应建立以裁判权为中心的审理模式、以检察机关与执行机关“两造对垒”的准对抗模式、赋予罪犯和被害人第三人身份的参与模式。这对于实现减刑、假释案件审理程序从形式化到实质化，审理过程从隐蔽化到公开化的转变具有现实意义。三是配套制度的完善。从减刑撤销制度、撤回制度、申诉制度的设计，开辟未成年犯减刑、假释的绿色通道，探索财产性判项履行情况与减刑、假释联动机制的关联程序等方面进一步完善，为促进减刑、假释案件的规范化审理提供了有力保障。

本课题在调研期间和写作、修改成书过程中，得到了中国法学会的领导和清华大学周光权教授、南京师范大学李建明教授、南京师范大学蔡道通教授、江苏省镇江市人民检察院俞波涛检察长、江苏省监狱管理局于健处长、武汉大学孙晋教授、江苏省镇江市人大常委会法工委娄正前处长、江苏省高级人民法院民事审判第二庭段晓娟副庭长及审判监督第一庭曹霞法官等学术界、实务界专家学者及镇江市中级人民法院郇鄌、姜莹莹、鲁照兴等同仁们的关心、支持和帮助，在此致以诚挚的谢意！同时，囿于我们的学识和水平，书中难免存在诸多错误和不当之处，敬请广大读者朋友批评指正。

主持人　茅仲华

2016 年 12 月

目 录

Contents

第一章

减刑、假释案件审理程序基本理论

减刑、假释案件审理程序是减刑、假释制度中的重要组成部分。我国减刑、假释制度从无到有，历经了漫长的发展演变过程，从古代恤刑制度的雏形，到近代减刑、假释的引进和发展，乃至现代减刑、假释制度的创立与定型，充分展现了我国减刑、假释制度的运行轨迹。研究减刑、假释案件的审理程序，首先需要掌握其概念、特征和基本内容。此外，还要结合减刑、假释案件审理程序的基本理论，分析我国减刑、假释案件审理程序的价值定位，为规范减刑、假释案件审理程序提供思路。

第一节　减刑、假释制度的基本内容

减刑、假释是在符合法定条件下，对服刑期间的罪犯减少其原判刑罚或提前释放的两种不同的刑罚执行变更制度。减刑、假释制度在激励罪犯改造、促进罪犯再社会化、节约行刑成本以及维护监狱监管秩序等方面具有重要意义。减刑、假释制度虽同为刑罚执行变更制度，但二者在概念及适用条件等方面均不相同。

一、减刑的概念及适用条件

减刑有广义的减刑和狭义的减刑两种理解。狭义的减刑即通常意义上刑法规定的减刑，根据《中华人民共和国刑法》（以下简称《刑法》）第78条的规定，狭义的减刑，是指对被判处无期徒刑、有期徒刑、拘役、管制的符合法定条件的罪犯，依法将原判刑罚予以适当减轻的刑罚执行制度。[①]广义的减刑是指对所有原判刑罚的减刑或者免除，包括死刑缓期执行的减刑、自由刑减刑、主刑减刑时附加刑的减刑以及特赦减免刑罚。[②]也有观点认为广义的减刑包括狭义的减刑和死刑缓期执行的减刑、剥夺政治权利的减刑、缓刑的减刑。[③]2015年8月29日第十二届全国人民代表大会常务委员会第十六次会议通过的《中华人民共和国刑法修正案（九）》（以下简称《刑法修正案（九）》）对《刑法》第53条罚金的缴纳作出修改，“由于遭遇不能抗拒的灾祸等原因缴纳确实有困难的，经人民法院裁定，可以延期缴纳、酌情减少或者免除”。该内容规定的是罚金刑的减刑，属于广义的减刑，本课题对此不作过多研究。本课题研究的减刑包括死刑缓期执行的减刑、无期徒刑的减刑、有期徒刑的减刑和管制、拘役的减刑。

根据《刑法》的相关规定，减刑的适用条件主要包括适用对象、实质要件、限制条件等方面的要求。第一，减刑的适用对象。减刑的适用对象为：被判处管制、拘役、有期徒刑和无期徒刑的罪犯（其中包括被判处死刑缓期执行减为无期徒刑和有期徒刑的罪犯）。尤其是对于被判处有期徒

---

① 参见翟中东：《减刑、假释制度适用》，中国人民公安大学出版社2012年版，第17页。

② 参见张德军：《中国自由刑制度改革研究》，中国政法大学出版社2014年版，第239页。

③ 参见廖斌、何显兵：《监狱行刑制度改革研究》，中国政法大学出版社2014年版，第1页。

刑和无期徒刑的罪犯，他们被剥夺自由的时间较长，在监狱里的改造是一个长期而系统的过程，当其改造情况符合法定要求时就有机会得到减刑。第二，减刑的实质要件。分为“应当减刑”和“可以减刑”两类。依据《刑法》第78条及2016年最新公布的《最高人民法院关于办理减刑、假释案件具体应用法律的规定》（法释〔2016〕23号）（以下简称《2016年规定》）第5条的规定，“应当减刑”必须有重大立功表现，重大立功表现的情形包括：阻止他人实施重大犯罪活动；检举监狱内外重大犯罪活动，经查证属实；协助司法机关抓捕其他重大犯罪嫌疑人；有发明创造或者重大技术革新（特指发明专利，不包括实用新型专利和外观设计专利）；在日常生产、生活中舍己救人；在抗御自然灾害或者排除重大事故中，有突出表现；对国家和社会有其他重大贡献。“可以减刑”的实质要件是，罪犯确有悔改或者有立功表现。从《2016年规定》第3条规定可以看出，“确有悔改表现”指的是同时具备下列四个方面条件：认罪悔罪；遵守法律法规及监规，接受教育改造；积极参加思想、文化、职业技术教育；积极参加劳动，努力完成劳动任务。根据《2016年规定》第4条的规定，“立功表现”指的是具有下列情形之一：阻止他人实施犯罪活动；检举、揭发监狱内外犯罪活动，或者提供重要的破案线索，经查证属实；协助司法机关抓捕其他犯罪嫌疑人；在生产、科研中进行技术革新，成绩突出；在抗御自然灾害或者排除重大事故中，表现积极；对国家和社会有其他较大贡献。第三，减刑的限制条件。设置减刑的限制条件主要是为了贯彻罪责刑相一致的原则，确保罪犯得到应有惩罚，从而规定罪犯相应的最低服刑期限。不同刑种的最低服刑期限要求不同，具体为：管制、拘役、有期徒刑的罪犯，不能少于原判刑期的二分之一；无期徒刑的罪犯，服刑期限不得少于十三年；死缓罪犯经过减刑后，其实际服刑期不得低于十五年（不含死刑缓期执行期间）；死刑缓期执行同时限制减刑的罪犯，在缓期执行期满后减为无期徒刑的，实际服刑期不得少于二十五年，缓期执行期满减为二十五年有期徒刑的罪犯，实际服刑期不得少于二十年。[①]《刑法修正案（九）》第44条规定对贪污“数额特别巨大，并使国家和人民利益遭受特别重大损失的”，判处死刑缓期执行的罪犯，人民法院根据犯罪情节等情况可以同时决定在其死刑缓期执行二年期满依法减为无期徒刑后，终身监禁，不得减刑。对被判处无期徒刑的职务犯罪罪犯，破坏金融管理秩序和金融诈骗犯罪罪犯，组织、领导、参加、包庇、纵容黑社会性质组织犯罪罪犯，危害国家安全犯罪罪犯，恐怖活动犯罪罪犯，毒品犯罪集团的首要分子及毒品再犯，累犯以及因故意杀人、强奸、抢劫、绑架、放火、爆炸、投放危险物质或者有组织的暴力性犯罪的罪犯，确有履行能力而不履行或者不全部履行生效裁判中财产性判项的罪犯，数罪并罚被判处无期徒刑的罪犯，符合减刑条件的，执行三年以上方可减刑，减刑后的刑期最低不得少于二十年有期徒刑。[②]

二、假释的概念及适用条件

“假释制度是近代资产阶级刑罚制度和监狱行刑制度的产物，假释制度的创制和发展，是刑法理论发达成熟的积极成果。”[③]假释，是对被判处

① 死刑缓期执行同时限制减刑的罪犯最低服刑期限，是《中华人民共和国刑法修正案（八）》第15条新增的内容。

② 参见《最高人民法院关于办理减刑、假释案件具体应用法律的规定》第9条。

③ 黄永维：《中国减刑、假释制度的改革与发展》，法律出版社2012年版，第7页。

无期徒刑或者有期徒刑的罪犯，在执行一定刑期后，因其确有悔改表现，而附条件地将罪犯提前释放的一项刑罚执行变更制度。同样是缩短罪犯在监狱服刑的实际期限，但假释与减刑最大的不同在于，罪犯执行一个判决只能适用一次假释，获得假释的罪犯可以附条件地回归社会进行社区矫正，假释考验期即罪犯在社区矫正的期间，只要在假释考验期内符合法律规定的要求就不用再执行剩余的刑期。而减刑只是减少宣告刑的期限，在一定条件下可以多次减刑，但罪犯仍必须履行完毕（最后一次）减刑后的剩余刑期才能被释放。

作为另一种刑罚执行制度，假释的适用条件与减刑并不完全一样。第一，假释的适用对象。根据《刑法》的规定，假释只适用于被判处无期徒刑或者有期徒刑的罪犯。第二，假释的实质要件。罪犯适用假释的实质性要求和减刑相同的是认真遵守监规，接受教育改造，确有悔改表现。确有悔改表现的情形同减刑，此处不再重复。假释与减刑不同的条件是，拟假释的罪犯必须“没有再犯罪的危险”，才能提前释放出狱。认定“没有再犯罪的危险”，除符合《刑法》第 81 条规定的情形外，还应根据犯罪的具体情节、原判刑罚情况，在刑罚执行中的一贯表现，罪犯的年龄、身体状况、性格特征，假释后生活来源以及监管条件等因素综合考虑。① 由于假释罪犯依法应接受社区矫正，需考虑拟假释罪犯假释后对所居住社区的影响，司法实践中，判断罪犯有无再犯罪的危险，仍然是个难题。第三，假释的限制条件。被判处有期徒刑的罪犯，执行原判刑期的二分之一以上，被判处无期徒刑的罪犯，实际执行十三年以上，才能适用假释。值得注意

① 参见《最高人民法院关于办理减刑、假释案件具体应用法律的规定》第 22 条。

的是，假释的适用有特别禁止性规定。根据《刑法》第 81 条第 2 款规定，以下罪犯不得适用假释：累犯；因故意杀人、强奸、抢劫、绑架、放火、爆炸、投放危险物质或者有组织的暴力性犯罪被判处十年以上有期徒刑或无期徒刑的罪犯。因前款情形和罪犯被判处死刑缓期执行的罪犯，被减为无期徒刑、有期徒刑后，也不得假释。另外，《刑法修正案（九）》新增对“贪污数额特别巨大并使国家和人民利益遭受特别重大损失的”，判处死刑缓期执行的，人民法院根据犯罪情节等情况可以同时决定在其死刑缓期执行二年期满依法减为无期徒刑后，终身监禁，不得减刑、假释。《2016 年规定》新增一项不予假释的情形，对于生效裁判中有财产性判项，罪犯确有履行能力而不履行或者不全部履行的，不予假释。①

这里还有必要提及特赦的问题。特赦，“是由国家元首或最高国家权力机关以法律、政令等形式对特定时期、对全部或大部分或一部分特定的犯罪人或不特定的犯罪人，对已判定之罪或正在追诉之罪予以免罪和免于刑罚或免于追诉尚未定狱之罪的政令、法律、政策或措施。”② 如前所述，特赦可以归于广义的减刑范畴。根据《中华人民共和国宪法》（以下简称《宪法》）的规定，我国特赦的决定权由全国人大常委会行使，国家主席根据全国人大常委会的决定发布特赦令。新中国成立后，我国共进行了 7 次特赦，我国的特赦只消灭其刑，不消灭其罪。最近一次特赦，是根据 2015 年 8 月全国人大常委会作出的《关于特赦部分服刑罪犯的决定》予以实施的，其中指出，对符合条件的服刑罪犯，“经人民法院依法作出裁定后，

---

① 参见《最高人民法院关于办理减刑、假释案件具体应用法律的规定》第 27 条。

② 陈云生：“中国的特赦及其宪政意义”，《广州大学学报》（社会科学版）2010 年第 1 期。

予以释放”。本次特赦的办理参照了减刑、假释案件的审理程序。但从程序的本质与宏观运行上比较，二者仍有根本性差异。第一，特赦本质上属于立法程序，而减刑、假释属于司法程序。第二，我国特赦程序实行“由上而下”的模式，只有国家最高权力机关才有权启动特赦程序；而减刑、假释程序则呈现出“自下而上”的特征，执行机关有权通过提出减刑、假释建议的方式启动程序。第三，特赦程序的法律依据是《宪法》，每一次特赦的具体操作程序由于缺少法律规定则通常依赖于全国人大常委会决定或主席特赦令的要求；而减刑、假释程序的法律依据为《刑法》《中华人民共和国刑事诉讼法》（以下简称《刑事诉讼法》）及相关司法解释，减刑、假释的审理程序呈现出较高的一致性和稳定性。综上，特赦程序与减刑、假释程序的相似性仅体现在具体操作的微观层面上，在程序的本质和宏观运行上二者具有根本性的差异。特赦程序无法归入减刑、假释程序的范畴之中，因此本课题不再对特赦程序作进一步的探讨。

三、我国减刑、假释制度的功能定位

现代刑罚在强调依法公正地惩罚罪犯的基础上，更加注重对罪犯的教育改造，强调通过行刑方式的选择与适用将罪犯改造成为合格的公民并帮助其回归社会。在刑罚执行过程中，通过减刑、假释等制度的运用，推动罪犯积极主动接受改造，促使他们顺利实现再社会化，排除再犯可能性，重新适应社会。① 对于那些主观恶性较小、确有悔罪表现或者立功表现的罪犯，在刑罚执行过程中适当减轻其原判刑罚或者附条件予以提前释放，

① 参见茅仲华：《刑罚代价论》，法律出版社 2013 年版，第 67—68 页。

有利于充分调动罪犯的改造积极性，更好地实现改造罪犯、预防和减少犯罪的刑罚目的。减刑、假释制度的设立初衷正是为了鼓励罪犯认罪悔罪，提高罪犯的改造积极性。我国现行减刑、假释制度的功能设定主要基于五个方面：激励、调节、回归、缓和及强化狱政管理。减刑、假释制度的五个功能中，其中激励、调节功能是减刑、假释制度对罪犯本身的价值体现，回归、缓和功能是从罪犯与社会的关系方面体现减刑、假释的作用，而强化狱政管理功能主要是从监狱管理罪犯的角度阐述减刑、假释的价值追求。

（一）激励功能

刑罚矫正主义与刑罚惩罚主义相伴而生，同时，刑罚的效率性要求充分发挥减刑、假释制度所具有的激励功能来预防和减少犯罪。减刑、假释制度通过对罪犯改造程度的综合评判，以“行刑个别威慑功能、行刑个别鉴别功能和行刑教育感化功能为基础，通过行刑中的种种改造手段使其认罪悔过，从内心深处消除再次犯罪的根源”。①

减刑、假释制度立足罪犯改造的司法规律和预防犯罪的现实需求，通过对罪犯行为模式施加影响而成为激励罪犯积极改造的重要杠杆，在一定程度上契合了行刑理性。“就罪犯而言，趋利避害、避苦求乐是人的本能，一个罪犯若能通过积极改造得到实在的好处，往往更愿意改过自新。”②对于处在监狱当中被剥夺自由的罪犯来说，他们因犯罪行为而被执行刑罚，在监狱这种与社会隔离的环境当中，他们最大的渴望就是能够尽早重返社

① 陈宝友:《监狱行刑理性论》，法律出版社 2014 年版，第 228 页。

② 孙双琦、曾娇艳:“减刑、假释审理：从‘纳什均衡’走向‘利益最大’”,《法律适用》2012 年第 11 期。

会、回归家庭。剥夺自由刑的期限一般较长甚至面临终身监禁的风险，如果刑罚执行的期限自确定时起就一成不变，罪犯回归社会的日期早就固定了，那么罪犯就不会积极表现，更不会顺利配合执行。减刑、假释制度正是通过对具体个案的有效处理实现对罪犯行为的积极指引。减刑、假释并非是对原判刑罚的简单变更，而是在维持原判的前提下对罪犯进行积极改造、悔过向善的指引，对于消除罪犯的反社会心理具有现实积极意义。罪犯在刑罚执行期间仍然享有自由选择行为模式的权利，《2016 年规定》第 3 条第 3 款规定："罪犯在刑罚执行期间的申诉权利应当依法保护，对其正当申诉不能不加分析地认为是不认罪悔罪。"减刑、假释制度能够促使罪犯在刑罚执行期间对自己的改造行为经历认识、判断与选择的过程，进而促使罪犯基于人的趋利特性自觉约束并调控自己的行为模式和改造表现，由此具有对罪犯予以行为引导与规制的作用。减刑、假释的司法操作条件和具体操作程序，实现了罪犯在刑罚执行期间所获行政奖励与减刑、假释这一司法程序的对接与转化，引导罪犯形成对减刑、假释的合理心理预期。

减刑、假释制度的激励功能不仅使罪犯在获得减刑、假释希望的指引下，放下思想包袱、全身心投入到改造中去，积极进行教育矫正，改过自新、重新做人，还体现在对所有服刑人员来说，其所具有的示范、引导作用上。"不仅能调动罪犯本人改造的积极性，而且对其他罪犯也会产生积极影响，让其在已有示范的情况下，相信只要积极改造，自己也有可能得到减刑、假释的待遇"，[①] 从而形成所有服刑人员积极改造的整体氛围。法

① 黄永维:《中国减刑、假释制度的改革与发展》，法律出版社 2012 年版，第 33—34 页。

院对减刑、假释案件的审理是通过个案裁判结果以及裁判标准的确定对其他罪犯起着表征和暗示作用，促使他们自愿悔罪并积极改造。特别是减刑、假释案件的公示制度，不仅能提高人民法院审理减刑、假释案件的透明度，确保此类案件的审判质量，更能促使服刑人员在理性选择自己行为模式的基础上，对于自己能否获得减刑、假释形成合理的心理预期，促使其更好地改造，因而具有极强的示范意义。

（二）调节功能

自由刑通过剥夺或者限制罪犯的人身自由符合了社会正义的要求，且以时间长短为惩罚轻重的标准从而实现罪刑均衡的要求，行刑依据正是人民法院判决确定的宣告刑。然而罪犯在行刑过程中的改造会使自身情况发生很大的变化，不管在思想上还是行为表现上，罪犯都可能在潜移默化的影响下发生积极变化。此时确定罪犯达到一定标准后，对其进行减刑或假释可以适时调节刑罚执行期限或方式，以真正实现刑罚理性惩罚犯罪的适度性和目的性。

首先，减刑、假释制度的调节功能体现在对原判确定的刑罚量进行调节上。虽然量刑规范化要求人民法院根据犯罪分子的犯罪事实、犯罪性质、情节、对社会的危害程度以及罪犯的主观恶性和人身危险性来确定最终的宣告刑。但是司法实践中，人民法院裁量确定刑罚时，在相当程度上对于罪犯的年龄、人格等因素的考量不够；同时，刑罚执行是惩罚与改造相结合的过程，通过刑罚执行不仅对犯罪行为予以否定性评价从而惩罚犯罪，更重要的是改造罪犯以使之符合社会化的要求。不同的罪犯改造表现显然会存在差异，法官在裁量确定原判刑罚时却无法对罪犯的改造表现形成预判。因此，宣告刑并非一律要求执行完毕，因为经过一定期限的服刑改造，罪犯的人身危险性可能已经大幅削减甚至成功消除，此时继续服刑只是出于单纯的惩罚目的，无益于犯罪预防。超出必要限度的刑罚不仅会造成罪犯与社会整体关系产生割裂，更会妨碍社会关系的整合与发展。因此，刑罚执行期间应由执行机关对罪犯的主观恶性和人身危险性大小作出持续动态的评判，以罪犯的改造表现以及未来的行为倾向为基础，决定是否启动减刑或者假释，对罪犯予以区别处遇，即运用减刑、假释制度对原判确定的刑罚量进行调整或者调节。

其次，减刑、假释制度的调节功能还体现在能够有效缓解和应对量刑不均衡问题上。司法实践中，即使犯罪性质、犯罪情节、危害后果等方面因素基本一致，裁量权的运行特性（如法官自由裁量权的运用）、地区差异等多种因素仍会导致量刑偏差，不仅动摇罪犯认罪服法的心理建设，影响罪犯的改造实效，还会使罪犯及其亲属对刑罚执行产生抵触情绪，不利于社会关系的恢复。通过减刑、假释制度对原判刑罚予以适度调整，可以综合考量并均衡影响司法裁判的案外因素，是刑罚执行过程中解决量刑不均衡问题的有效措施。如何合理设计减刑的标准和幅度、如何设置假释必须执行的期限是合理发挥减刑、假释制度调节功能必须首先解决的现实问题。如前所述，我国相关法律对减刑的幅度、假释执行期间的限制等规定，体现了减刑、假释制度调节功能的合理性。

（三）回归功能

恢复性司法强调社会关系的修复，着重追求司法的和谐。“正如那些在市场竞争中作出了错误选择的人，可通过破产制度而东山再起；那些在婚姻中作出了错误选择的人，可通过离婚制度而梅开二度；那些在行为中作出了错误选择的罪犯，也可通过矫正和补赎制度而重返社会。”[①]减刑、假释制度，即为罪犯提供了第二次选择的机会，为他们早日回归社会设置了适当的考察条件。回归社会，是国家对罪犯实施改造的终极目标，通过科学设置减刑、假释的条件，让符合减刑、假释的罪犯得到提前回归社会的机会，不仅让罪犯实现成功改造，也使罪犯家属更加珍惜重聚的机会，从而心怀感恩，回报社会，促进社会和谐发展。减刑、假释制度的回归功能主要表现在两个方面：

首先，就减刑、假释运作过程而言，矫正罪犯的恶习、消除其犯罪倾向是刑罚执行的终极目标。在刑罚执行过程中，执行机关通过监管、教育、生产、劳动等手段，不仅促使罪犯积极转变思想，充分认识所犯罪行的严重性以及给他人、社会所造成的伤害，从而弃恶扬善，而且引导罪犯改正恶习、增长知识、掌握劳动技能，具备回归社会的思想和能力。“以促进犯罪人通过矫正重返社会为基本理念刑事政策的调整，集中体现了犯罪人再社会化的思想的深刻影响。其实质就是重视发挥刑罚的矫治功能和教化作用，使犯罪人得以改过迁善，重新成为社会的一员。”[②]减刑、假释本身便是对罪犯逐步建立复归社会能力的一种肯定，因此，减刑、假释制度的运作前提即已蕴含回归功能。无论是缩短原判刑期的减刑，还是附条件予以提前释放的假释，均可在一定程度上避免罪犯形成监狱性格，早日回归社会。

---

①参见［美］弗里德曼：《选择的共和国——法律、权威与文化》，高鸿均等译，清华大学出版社 2005 年版，第 116—123、155—156、165 页；“译者导言”第 19—20 页。转引自茅仲华：《刑罚代价论》，法律出版社 2013 年版，第 280 页。

②张德军：《中国自由刑制度改革研究》，中国政法大学出版社 2014 年版，第 204 页。

其次，就减刑、假释运作结果而言，减刑、假释必然实现罪犯的提前回归社会。监禁刑的行刑模式单一，封闭性过强，不同类型罪犯处于混押混管状态，失却了本来的悔悟与矫正因素；沉重的经济压力导致执行机关依靠罪犯的劳动解决部分经费，刑罚执行过程中“劳动”与“改造”之间的矛盾不断凸显；监狱对罪犯进行封闭式管理，在狱中改造时间过长易导致罪犯与社会的隔离，罪犯的再社会化难以实现。监禁刑试图通过将罪犯隔离于正常社会的方式实现其再社会化的目的与手段之间存在深刻的矛盾，影响监禁刑的行刑效果，不仅难以期待监禁刑执行在促使罪犯回归方面有更大作为，甚至可能导致罪犯出狱后难以重新融入社会。若想使罪犯在得到应有惩罚的同时，可以在刑满释放后较快回归社会，就必须改善自由刑的执行方式，正确运用减刑、假释制度。减刑、假释的司法运作可以有效地应对监禁刑的固有缺陷，通过减刑、假释，一大批符合条件的罪犯得以提前出狱，实现罪犯提前回归社会。特别是在假释考验期内，罪犯从原先相对隔离的状态过渡到正常接触社会，但考验期内罪犯仍要服从一定的监管规定，同时也拥有很大的自由空间。假释考验期是个相对自由的空间，与将罪犯直接从完全封闭的空间抛向完全自由的空间相比，假释考验期对帮助罪犯重新适应社会生活显然更为有利。

（四）缓和功能

罪犯在监狱服刑，与其他罪犯容易“交叉感染”，服刑时间过长会导致罪犯与社会的对立情绪激增，同时也加剧罪犯家属的精神痛苦和物质损失。运用减刑、假释制度，不仅可以激励罪犯努力改造，缓和罪犯与社会的对立，而且可以对罪犯的亲属和其他相关人员起到教育、感召的作用。其实，缓和功能和回归功能在本质上相同，都是旨在使减刑、假释后罪犯和社会的关系得到改良。不过，回归功能是从客观方面表述减刑、假释对罪犯重返社会的期待，而缓和功能侧重罪犯主观感念的变化，重返社会后罪犯的心态会比犯罪前更加成熟、稳定，对社会不再仇视而是感恩，对生活的态度也会更加积极向上。因此，减刑、假释的缓和功能主要表现在以下两个方面：

首先，通过刑罚执行期间减刑、假释的司法运作，量刑不均衡问题可以得到针对性的解决，裁判的可接受性得到增强，可以在一定程度上缓解罪犯及其亲友因量刑不均衡问题产生的对立情绪。同时，罪犯因获得减刑或者假释得以提早回归社会，罪犯及其亲友因监禁刑执行而遭受骨肉分离、家庭破裂等精神痛苦以及因犯罪而丧失亲人相处机会继而产生的社会对立情绪可以得到有效化解，社会关系借此得到一定程度的修复。“如果没有减刑、假释制度在其中起一种缓冲作用，其亲属和其他有关人员不仅可能对罪犯心生怨恨，而且可能仇视社会，形成各种紧张关系，且极有可能演变为社会的不稳定因素。”①

其次，减刑、假释的司法运作，向罪犯及其亲属提供了早日回归社会的希望，让罪犯正视并反思自己的犯罪行为，选择并决定今后的改造之路，不仅可以避免罪犯因“思想的狭隘导致自我认知与形象受到扭曲，从而产生自我憎恨和自我疏远的心理，久而久之对生活失去兴趣，甚至通过自残、自杀等措施寻求摆脱”，②还可以引导罪犯树立积极向上的心态，减

① 黄永维：《中国减刑、假释制度的改革与发展》，法律出版社 2012 年版，第 38 页。

② 张德军：《中国自由刑制度改革研究》，中国政法大学出版社 2014 年版，第 207—208 页。

少罪犯基于对社会的憎恨情绪和敌对心理进而寻求对社会的攻击和报复从而实施反社会行为的可能性。减刑、假释作为刑罚执行方式的变更，实现了对监禁刑这一刑罚执行方式的缓和。“刑罚谦抑的价值取向不仅使国家在对罪犯动用刑罚时会尽量采用较轻缓的刑罚方式，而且在行刑的过程中，一旦监禁刑在某种程度上成为刑罚的过度时，就需要运用假释等非监禁的行刑方式来缓和，否则不利于保障人权。”① 正视罪犯的改造表现并且予以积极的应对，是刑罚执行过程中遵循人道主义原则的当然要求。

（五）强化狱政管理功能

从监狱管理的角度而言，监狱安全一直是监狱工作的基础与重点，没有监狱安全的保障，就不可能顺利实现对罪犯的改造和矫正，监狱的职能也就无法体现。由于监禁刑执行主要表现为单向性的命令服从关系，狱政管理主要以监狱单方面的行政权力为主要施动力，罪犯缺乏主动性，导致狱政管理困难重重。减刑、假释制度在狱政管理方面的功能主要体现在以下几个方面：

首先，减刑、假释制度有利于维护监狱的监管秩序。减刑、假释制度的设置，不仅使罪犯内心树立了争取获得减刑、假释的目标，更重要的是罪犯可以因此把自己的大部分精力都放在积极改造上，而无暇再生是非。目前监狱对罪犯实行积分考核制，罪犯的每项劳动、每个表现都会用分数来记录，罪犯各方面的分数累加起来达到减刑、假释的标准，监狱就会提

---

① 敦宁：“论假释的基本功能与法律性质”，《山西省政法管理干部学院学报》2008 年第 3 期。

请对罪犯进行减刑、假释。这样的管理考核对罪犯最大的吸引就在于能够获得减刑、假释的机会，罪犯为了争取减刑、假释的机会，自当时刻反思和检点自己的行为。减刑、假释制度通过激发罪犯积极改造的内在需求实现对罪犯行为模式的调控，从而成为良好监狱秩序的重要保证。此外，随着监狱罪犯越来越多，在监狱资源紧张的情况下，减刑、假释制度能够实现对监禁刑资源的合理配置，尤其是针对在押罪犯采取减刑或假释等执行变更策略，逐步减少在监狱服刑的人数，不仅缓解了监狱管理的罪犯人数居高不下的问题，而且提高了监狱管理的成效，监狱管理人员可以有针对性地控制罪犯实施不良行为的风险，以维持良好的监管秩序。

其次，减刑、假释制度有利于维持监狱的安全运行。根据国家统计局发布的数据，“2003 年以来，在中国，无论是年初在押服刑人数，还是年末在押服刑人数，总体上呈现出逐年上升趋势。中国 2003 年年初在押犯罪人数为 154.3 万，年末在押犯罪人数为 156 万；此后逐年增长，到 2011 年年初在押犯罪人数为 164 万，年末在押犯罪人数为 165 万”。[①] 监狱拥挤是世界各国自由刑执行面临的共同问题，可能引发监狱暴力行为、暴狱以及其他犯罪或者违反监规等问题。罪犯有了减刑、假释的目标追求，就会促使他们每天积极劳动、认真学习、好好改造，有利于营造安全的监狱环境。减刑、假释制度不仅可以调动罪犯的改造积极性，降低监狱的安全压力，而且“可以让呈现出良好的改造趋势、有可能不致再危害社会的在押犯以合法的形式离开监狱，对于缓解监狱紧张，节省和充分利用监狱资

① 张德军:《中国自由刑制度改革研究》，中国政法大学出版社 2014 年版，第 209 页。

源是十分必要的。减刑、假释制度可以起到维持监狱正常秩序的减压阀的作用”。[①]

最后，减刑、假释制度有利于节约监管成本。作为一种有限的社会资源，刑罚的执行需要昂贵的成本支撑。“在美国，每年花费在一个囚犯身上的费用约为1万至1.5万美元，全国每年为维持监狱运转的费用高达300亿美元，美国政府在监狱方面的投资是教育投资的6倍；在加拿大，监狱关一个犯人，平均一年要花费6万多加元。”[②]虽然中国目前尚无公开的监狱实际开支，但是，为了保障监禁刑的正常运行，国家无疑需要在人、财、物等方面付出巨大的投入和耗费。减刑、假释制度通过对罪犯原判刑罚的缩短或者附条件予以提前释放，将监狱人口控制在一定范围内，因而大大减轻监狱的负担，不仅有效解决监狱人口过于密集和罪犯“监狱化”的问题，而且在有效节约监狱监管成本方面的作用十分明显。此处可以借用经济分析方法对行刑投入、行刑成本和产出进行分析：行刑投入，指的是为实现行刑目标而动用的行刑资源；行刑成本，指为实现行刑目标而耗费的行刑资源；行刑产出，指的则是行刑目标的实现程度，也即对服刑罪犯实施监管和改造的效果。[③]减刑、假释的制度激励，会使罪犯的改造更加自主，使其内心保持积极表现的动力，不再过分依赖外部管理，这样就会节约行刑投入和行刑成本，同时还会实现良好的行刑产出。

---

① 黄永维：《中国减刑、假释制度的改革与发展》，法律出版社2012年版，第39页。

② 张德军：《中国自由刑制度改革研究》，中国政法大学出版社2014年版，第211页。

③ 参见胡聪：《监狱行刑的经济分析》，群众出版社2008年版，第5页。

四、我国减刑、假释制度的本质属性

减刑、假释制度的本质属性具有历史多元性，在不同历史阶段的选择侧重有所不同，并通过行政司法政策的变迁折射出来，进而影响司法实践的具体实效。当前学术界对于减刑、假释制度的本质界定，主要存在“奖励说”与“权利说”两大论争。如何准确界定减刑、假释的本质，如何使减刑、假释制度实现兼顾惩罚与教育、改造与奖励、特殊预防与一般预防的设立初衷，仍是目前理论界和司法实务亟待研究和解决的问题。

（一）“奖励说”与“权利说”之争的现实抉择

对于减刑、假释制度的本质，理论界和实务界一直存在争议。早期的典型理论是“恩惠说”，认为减刑是国家利用刑罚权对服刑中表现良好的罪犯减轻刑罚的恩赐。[①]由于该说具有很大的历史局限性，现已不占主导地位，本课题在此不再赘述，着重论述当下论争的两种主要观点：“奖励说”与“权利说”。

1. 观点内容

“奖励说”认为，减刑、假释是国家对表现良好的服刑人员的奖赏。如果罪犯在刑罚执行期间能够保持较好的行为，则由国家缩短其确定的刑罚期限，使罪犯能够在刑期届满之前通过减刑提前获得释放，或者通过假释附条件地先行融入社会，减刑、假释均是国家对服刑人员表现较

---

① 参见孙琳:《减刑假释程序研究》，中国人民公安大学出版社 2011 年版，第 46—47 页。

好的奖励。[①] 减刑就是国家对在改造阶段中表现良好的罪犯给予缩短宣告刑的奖励，假释更是罪犯达到改造要求时得以提前重返社会的桥梁。

自减刑、假释制度创设以来，"奖励说"一直是我国立法、司法和学术界的主流观点。1954 年政务院政治法律委员会副主任罗瑞卿在《关于中华人民共和国劳动改造条例草案的说明》中指出，减刑、假释是为了加强对罪犯的改造效果，促进罪犯在劳动改造中的积极性，对在劳动改造中的罪犯所实行的一种奖励制度。[②] 至此，我国的司法解释和行政规范性文件均承袭了"奖励说"的观点。而在《2016 年规定》第 1 条[③]，即开宗明义提出减刑、假释是激励罪犯改造的刑罚制度，首次明文规定了减刑、假释的性质是对积极改造、表现优异的罪犯的奖励。

相反地，"权利说"认为减刑、假释的制度基础是罪犯的权利，在此种学说背景下，国家与受刑者之间并非传统的单向关系，而是"具有社会意义的权利义务相对关系。国家有对罪犯适用刑罚的权力，也有对他们施以扶助、挽救的义务；罪犯有依法接受国家刑事处罚的义务，也有请求扶助、挽救的权利"。[④] 如果罪犯在刑罚执行期间努力改善，通过良好的改造表现得到国家的肯定，就可以获得相应的减刑或假释的权利。

"权利说"的中心在于减刑、假释是罪犯基于良好表现应该获得的成果，是罪犯权利的实现，而非国家的恩赐和奖励。"合同理论可视为权利说

---

① 参见黄永维:《中国减刑、假释制度的改革与发展》，法律出版社 2012 年版，第 22 页。

② 参见鲍圣庆:《减刑、假释的理论与实践》，吉林人民出版社 1992 年版，第 1 页。

③《最高人民法院关于办理减刑、假释案件具体应用法律的规定》第 1 条：减刑、假释是激励罪犯改造的刑罚制度，减刑、假释的适用应当贯彻宽严相济刑事政策，最大限度地发挥刑罚的功能，实现刑罚的目的。

④ 柳忠卫:《假释制度比较研究》，山东大学出版社 2005 年版，第 17 页。

的一个分支，合同理论起源于美国，受刑人既为义务主体又是权利主体，如果受刑人愿意达到狱方规定的各项善行规定则有权与监狱方签订减刑合同，减刑是监狱方在受刑人达到规定指标后，应履行合同的行为。”[①]“假释契约说也属于假释权利说的一个分支，强调监狱与罪犯双方对于假释的权利义务，有助于假释的权利化和假释权的合法行使。例如，美国明尼苏达州在善行折抵制的基础上发展假释合同制，即犯人在入狱之初就与监狱、假释委员会签订假释合同。”[②]“权利说”真正地将罪犯确立为减刑、假释的主体，使罪犯权利上升为与国家刑罚权力相对应的高度，如此一来，权利与权力才能够进行博弈。

2. 观点评析

“奖励说”立足于维护监管秩序这一目的，认为减刑、假释的本质是国家为了促使罪犯弃恶从善、积极改造而采取的奖励措施。因为“从心理学角度讲，只有根据罪犯在执行刑罚期间的悔改表现给予适当的奖励，才能给罪犯最直观的亲身感受，使其认识到只有积极改造才会有光明的前途”。[③]

虽然“奖励说”是我国目前理论界和实务界的主流观点，但“奖励说”的缺陷在于：“（1）该说指导下的减刑、假释制度首先关注的是维护监管秩序，而不是使罪犯得到切实有效的改造。（2）减刑、假释制度作为对良好行为表现罪犯的奖励，导致注重罪犯在监狱内的表现而忽视考察其内心的改造。（3）国家机关工作人员视自己为掌握自由与否的恩赐者，容易滋生权力寻租问题。（4）有可能造成减刑、假释运用的不确定，罪犯将难以

---

① 郭明：“减刑的刑理分析与程序修正”，《中国监狱学刊》2003 年第 2 期。

② 潘华仿：《外国监狱史》，社会科学文献出版社 1994 年版，第 158 页。转引自孙琳：《减刑假释程序研究》，中国人民公安大学出版社 2011 年版，第 53 页。

③ 黄永维、黄子宜：“减刑、假释若干问题研究”，《人民司法 · 应用》2009 年第 11 期。

预知其能否获得减刑、假释。”[1]由于“奖励说”否定服刑人员有法定要求或主张减刑、假释的权利，因此，当罪犯遭受不公正对待时，将无法通过法律途径寻求制度框架内的救济路径，由此必然影响减刑、假释制度的实际运行效果。不仅如此，根据法律规定，对于被判处管制、拘役、有期徒刑、无期徒刑的犯罪分子，在执行期间，认真遵守监规，接受教育改造，有重大立功表现的，应当减刑。法律在此规定的是“应当减刑”而非“可以减刑”，根据法律精神，此处的减刑应当视为罪犯的权利，“奖励说”对此显然无法自圆其说。

“权利说”则将减刑、假释视为服刑人员的权利，罪犯有权依据一定的事由（主要是自身良好改造表现的事实）要求国家给予减刑与假释。“权利说”赋予罪犯主体地位，罪犯通过对自我行为进行调控即可拥有同国家刑罚权力进行博弈的资格，教育矫正的刑罚目的由此得以实现。“权利说”显然更符合现代刑法理念，也更能体现预防与惩罚相结合的最新刑罚理论。将减刑、假释由“奖励”逐步演变成“权利”，使其成为罪犯的一种正常合理期待，是减刑、假释制度未来发展的趋势，同时还能有效防止权力寻租。

应当说，“权利说”代表了现今最进步的观点，预示着减刑、假释制度的未来发展方向。但是，“现今明确将假释直接视为权利的国家寥寥无几，少数国家将减刑视为特权，多数国家还将减刑视为恩赦与权利之间的状态或正在向权利说迈进”。[2]就中国而言，在减刑、假释制度的现行运行

---

① 黄永维：《中国减刑、假释制度的改革与发展》，法律出版社 2012 年版，第 23 页。

② 孙琳：《减刑假释程序研究》，中国人民公安大学出版社 2011 年版，第 48 页。

框架体系中，减刑、假释尚未成为罪犯的法定权利，“权利说”也与中国当前司法实践相背离，缺乏法律依据和事实根据。

（二）我国减刑、假释制度的本质界定

减刑、假释制度的确立，一开始的确“是司法机关依照法律的规定，视服刑人员的具体表现给予的一种奖励。而适用减刑、假释的最终目的是促进服刑人员的改造，稳定监所秩序，以更好地实现刑罚特殊预防和一般预防的功能”。[①] 从实然角度而言，目前我国仍然采用“奖励说”，并非所有罪犯均可获得减刑或者假释，即使罪犯的改造表现良好，也不当然能够获得减刑、假释，是否对罪犯予以减刑或者假释，从根本上来说仍属人民法院的自由裁量范围。

首先，从概念分析来看，人权的平等性决定了罪犯权利的平等性，无论是实施了何种性质犯罪的罪犯，在同等表现的情况下，均有获得减刑、假释的机会。但是，机会均等并不必然导致结果均等，减刑、假释永远只能是部分罪犯才能获得的处遇，因为除非罪犯有重大立功表现，法律规定的是“可以减刑”而非“应当减刑”，且对累犯等特殊群体规定不得假释。减刑、假释的法律规定与权利人人享有的特性显然不同，而且权利必须由法律明文规定，而我国现行法律并未赋予罪犯享有获得减刑、假释的权利。

其次，从运行现状来看，减刑、假释属于刑罚执行制度，无论是缩减原判刑期的减刑还是变更服刑方式的假释，均直接影响罪犯的重大切身利

① 黄永维、黄子宜:“减刑、假释若干问题研究”,《人民司法·应用》2009 年第 11 期。

益。但是在现行法律框架下，能否获得减刑、假释却不以罪犯的意志为转移，刑罚执行变更的提请权由执行机关掌管，法律并未赋予罪犯或其亲属享有提请减刑、假释的权利，罪犯在减刑、假释启动程序中缺少话语权，律师等重要角色的缺位导致罪犯与执行机关一直保持着相互依赖的关系。此外，在减刑、假释案件审理程序中，罪犯的程序保障机制严重缺失，法律未为罪犯设置救济途径，导致罪犯在未能获得减刑、假释时无法“维权”。根据《刑事诉讼法》第263条的规定，罪犯对法院的减刑、假释裁定没有提出异议的权利，而人民检察院也仅可以对该裁定提出书面纠正意见。减刑、假释的这一运行特点显然与权利的特性不同，因为权利的天然属性是自由，权利主体既可以行使，也可以放弃，权利的主体完全可以自行决定，不受外来因素的干预、强制和压迫。

从调查问卷的统计结果来看（见下图），无论是监狱服刑人员还是监狱民警、检察官、法官，绝大多数仍然认为减刑、假释的本质是国家对罪犯的一种奖励，只有少数认为减刑、假释是罪犯应该享有的权利或是介于奖励和权利之间的恩惠。

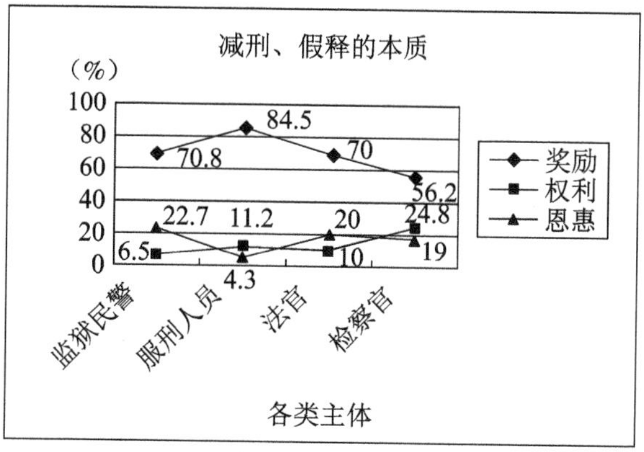

最后，从制度目的来看，减刑、假释制度的设立初衷并非仅仅出于保护罪犯人权的需要，而是为了激励罪犯悔过自新、积极改造，努力调控和重塑自身的行为模式从而早日回归社会，由此实现刑罚的改造目的。在当前的制度运行模式下，如果认为减刑、假释是罪犯的当然权利，将会导致罪犯的犯罪预期惩罚成本大大降低，因此可能导致犯罪率的上升，不仅歪曲了减刑、假释制度的本质和功能，而且更会进一步损害司法活动的严肃性和公正性。

因此，从实然角度而言，减刑、假释的本质并非是罪犯权利，而是国家对罪犯的一种奖励，“除法律及司法解释规定的‘应当减刑’的情形外，对于符合减刑条件的罪犯，刑罚执行机关可以提请减刑也可以不提请减刑，不以罪犯申请减刑或反对减刑为条件”。[①] 但是，制度化、规范化、程序化乃是法治运行的基本特征。“回顾人类历史，犯罪人的权利主体地位的承认和尊重经历了一个曲折的历史发展过程。对犯罪人权利的认同、重视和保护以及犯罪人权利的合理扩展，是一个极其艰难和漫长的演变进程。”[②] 从应然角度而言，随着时代的变迁和法治的发展，特别是随着减刑、假释制度的深入推进，“权利说”将被社会大众所广泛接受，亦更具有合理性。

首先，就程序启动而言，虽然现行法律并未赋予罪犯享有直接向法院申请获得减刑或者假释的权利，减刑、假释的启动权是由执行机关掌握，但是，不可否认的是，平等性乃是法律的基本属性，减刑、假释既然是在

① 宫鸣、黄永维主编:《最高人民法院关于减刑、假释司法解释理解与适用》，人民法院出版社 2014 年版，第 41 页。

② 张德军:《中国自由刑制度改革研究》，中国政法大学出版社 2014 年版，第 200 页。

法律框架体系内运作，自应遵循“法律面前人人平等”这一法律基本原则。即便法律未设置救济途径，然而，法律规定的缺失甚或有意疏漏均不能成为否定减刑、假释乃是罪犯权利的充足理由。从减刑、假释的司法运行现状来看，在执行机关内部运行体系中，首先是由罪犯对自身的改造状况进行初步判断，认为自身符合减刑、假释条件的，直接向执行机关提出；经执行机关审核认为符合条件的，再由执行机关向法院建议对罪犯予以减刑、假释。

其次，就程序运行而言，《刑法》第78条规定，被判处有期徒刑、无期徒刑等自由刑的罪犯，在执行期间，如果认真遵守监规，接受教育改造，有重大立功表现的，应当减刑。法律规定的是“应当减刑”而非“可以减刑”，因此，该法律条文并非授权性规范，而是强制性规范，在此种情形下，是否减刑、假释不再属于自由裁量的范畴，而成为罪犯当然能够享受的权利。公示制度、开庭审理方式的确立等运行程序的设置实际上赋予罪犯享有一定的救济路径。

最后，就适用结果而言，除法律明确剥夺的权利之外，罪犯在刑罚执行期间依然享有基本人权和公民权利，有权得到公正、平等和人道对待。从“尊重和保障人权”角度出发，罪犯“获得减刑、假释的机会无疑是其最重要的权利之一，在决定其是否享有这些权利时，国家制度必须为其提供知情、参与、陈述、辩解等各种程序性权利”。[①] 在审理减刑、假释案件时，司法机关仍应强化公正意识，还原罪犯的程序性权利，保障罪犯享有获得减刑、假释的平等机会。不仅如此，将减刑、假释设置为罪犯的权利

① 兵临：“以正当程序重构减刑、假释制度”，载《检察日报》2009年7月15日，第6版。

而非国家对其的奖励，也有利于罪犯形成合理的心理预期，符合减刑、假释制度的创设初衷。

第二节　我国减刑、假释制度的历史演变

我国减刑、假释制度的历史并不悠久，真正意义上的减刑、假释制度发端于清末，但并未得以实施。我国古代虽未设立减刑、假释制度，但存在与之类似的刑罚——恤刑。近现代我国减刑、假释制度得以建立和发展，理论界和实务界也对减刑、假释制度认真反思并进行了积极探索。

一、古代恤刑程式简论

我国古代刑罚制度有着源远流长的历史，监狱的刑罚执行从奴隶社会就已经开始，而且古代刑罚极端残酷，例如，旧五刑“墨、劓、剕、宫、大辟”。随着历史的发展，刑罚也在朝着轻缓方向发展，到东汉时期，已经出现守令通过一些方式感化狱囚，从而达到教育狱囚改过自新的目的。

（一）恤刑概论

恤刑制度，也有称为“恤囚制度”，是中国古代监狱怜悯罪犯的一种监狱制度，源于儒家思想，是儒家思想在刑罚制度中的体现。[①]恤刑最早记载于《尚书·舜典》：“惟刑之恤哉。”意思就是刑罚可能滥用，量刑时要对囚犯有悯恤之意，后来一般指对老幼病残罪犯的减刑和对狱囚的怜悯。

①参见陈光明：《走在监狱——监狱制度转型的未来絮语》，法律出版社 2014 年版，第 292 页。

“恤刑萌芽于西周，形成于春秋，理论化于汉代，法典化于唐朝，并为其后的历代封建王朝所承袭推崇，将其内容不断补充、丰富和发展。”① 除了对普通狱囚适用恤刑外，还有特权阶层的恤刑制度，主要是八议、官当、赎刑等制度。八议在《唐律疏议》中记载为“以八辟丽邦法，附刑罚”“诸七品以上三官及官爵得请者之祖父母、父母、兄弟、姊妹、妻、子孙，犯流罪以下，各从减一等之例”。② 官当是八议的延伸，以更全面地维护秦汉以来日益完善的官僚特权制度，如《晋律》有“免官比三岁刑”的规定。魏则规定，“五等列爵及在官品令从第五，以阶当刑二岁，免官者三载之后听仕，降先阶一等。赎刑，夏朝即有之”。③ 赎刑主要用金银、绢、铜钱等财物来折抵相应的刑罚或刑期。

（二）恤刑的程式

第一，赦免。赦免制度是恤刑的一种特殊形式，始于“罪疑从无”，《尚书·吕刑》记载:“五刑之疑有赦，五罚之疑有赦。”古代就已经存在对罪犯进行赦宥，这也是现代减刑制度的雏形。自汉代以来，赦宥的类型划分更加清晰，主要分为有事赦宥和无事赦宥两类。有事赦宥是指国家因皇帝登基、建立皇储之类重大活动而进行的赦宥；无事赦宥则是根据对象不同分为特赦、曲赦、别赦等种类。但赦宥作为国家权力的象征，均由皇帝直接掌管。④

---

① 孙琳:《减刑假释程序研究》，中国人民公安大学出版社 2011 年版，第 145—146 页。

② 长孙无忌等:《唐律疏议》，刘俊文点校，法律出版社 1999 年版，第 38 页。转引自孙琳:《减刑假释程序研究》，中国人民公安大学出版社 2011 年版，第 146 页。

③ 程树德:《九朝律考》，中华书局 2006 年版，第 234 页。转引自孙琳:《减刑假释程序研究》，中国人民公安大学出版社 2011 年版，第 146 页。

④ 参见孙琳:《减刑假释程序研究》，中国人民公安大学出版社 2011 年版，第 146 页。

第二，录囚。录囚是皇室或上级官吏定期或不定期地直接审理在押囚犯，平反冤假错案，监督司法审判活动，并疏通监狱的制度。录囚受儒家“恤刑”观念影响形成，旨在平反冤狱，纠正错漏、督办淹狱、施以宽赦、改善管理、疏通监狱，减少非法瘐死的发生。[①] 汉代录囚的方式有皇帝录囚、刺史录囚、郡守录囚，后来到南朝时，陈朝专门成立录冤局来录囚，逐渐成为一项制度。唐代录囚已经制度化、常态化。明清时期还形成了各种会审形式进行录囚，并形成较完备的会审录囚制度，定期进行。

二、近代减刑、假释制度的肇始与演变

清末减刑、假释制度的创立，标志着我国刑罚的近代化，清末大规模修律运动在客观上促进了我国近现代法律的发展。北洋政府、国民党政府时期，进一步完善了减刑、假释的相关制度，为现代减刑、假释法律规范奠定了基础。新民主主义革命时期，虽战乱导致法律不统一，但各根据地关于减刑、假释的相关规定也在客观上促进了减刑、假释制度的现代化。

（一）清末减刑、假释制度的肇始

由于清末变法的需要，五大臣出国考察并得出结论“各国政体，以德意志、日本为近似吾国”，故以封建性浓厚的德国和日本为清末变法的样本参考。而日本在历史上深受儒家文化传统思想影响，与中国的国情更为接近，于是清末的监狱改良主要以日本为模式，并聘请日本监狱学家起草监狱法典。我国清末著名法学家沈家本以西方近代刑罚感化主义学说为宗

① 参见陈光明:《走在监狱——监狱制度转型的未来絮语》，法律出版社 2014 年版，第 292 页。

旨，提出监狱改良理论，认为设置监狱“非以苦人辱人，将以感化人也”，只有对罪犯进行感化，才能达到“无妄费，无怨因，无旷职，事半功倍之效”。①

在《大清监狱律草案》中，以特赦减刑或假释专设一章，这标志着我国历史上第一次出现了减刑制度。根据《大清监狱律草案》第220条的规定，“特赦或减刑之申请书”须具备下列文件：判决缮本；指挥行刑书之缮本；刑期计算书；户籍缮本；关于犯罪情形，本人品行，将来生计及其他可参考之调查文件。②最早规定假释制度的法律却是《大清新刑律》，其中第66条、第67条明确规定了假释制度。遗憾的是，《大清监狱律草案》和《大清新刑律》在当时的历史背景下，并未得以实施。

（二）北洋政府时期减刑、假释制度的继承

北洋政府的刑事立法继承了清末修法的某些成果，在《中华民国暂行新刑律》中承袭了《大清新刑律》关于假释制度的规定。当时的减刑、假释被这样规定：特赦后的减刑主要适用于监狱中服刑良好的罪犯，由最了解其在狱中表现的典狱长掌握。这说明申请对罪犯特赦或减刑的权力由典狱长掌控，但决定权是归属司法总长。“假释是对服刑期间表现良好的犯人放其出狱后以观后效的一种手段，各省检察官或者监狱典狱长经申请，由主管行刑长官（司法总长）批准得以假释。假释释放时须在狱中执行仪式，由典狱长、教诲师训导，发给假释证书，发还代为保管的物品。”③北

① 参见孙琳：《减刑假释程序研究》，中国人民公安大学出版社2011年版，第147—148页。

② 参见孙琳：“我国减刑、假释制度的历史沿革”，《重庆师范大学学报》（哲学社会科学版）2010年第5期。

③ 王利荣：《中国监狱史》，四川大学出版社1996年版，第190页。转引自孙琳：《减刑假释程序研究》，中国人民公安大学出版社2011年版，第148页。

洋政府在法律上虽然继承了清末修律的精华，但也只是完成形式上的传承，实际也没能够真正实行。

（三）民国时期减刑、假释制度的完善

民国时期的刑事法律得到了继续发展，国民政府颁布的《中华民国刑法》中也规定了假释制度。其中第77条规定："受徒刑之执行而有后悔实据者，无期徒刑逾十年后，有期徒刑逾二分之一后，由监狱长官呈报司法行政最高官署，得许假释出狱，但有期徒刑之执行未满一年者，不在此限。对符合假释条件之犯人，经过监狱官会议多数同意后，由典狱长出具申请书，并填写该犯人的身份簿，呈高等法院转呈司法行政部核准。"[①] 后司法行政部又调令各省高等法院首席检察官，"案查办理假释，除法定二条件外，尚有一实质条件，即证明本人出狱后之生计，后在足以信任之境遇，而能确保其为良民生活者。反之不得为假释之声请"。[②] 从上述规定可以看出，民国时期关于假释的规定已经较为完善，与现行假释的法定条件很相近。虽然当时关注罪犯矫正和设立减刑、假释制度，可能仅是为了彰显民主、民权，但不可否认的是，这一阶段的减刑、假释法律规定为今后减刑、假释制度的发展提供了良好的借鉴。

三、当代减刑、假释制度的建立与发展

新民主主义革命时期中国处于战乱，各地的法律规制不完全统一，但这个阶段的减刑、假释制度也得到了进一步发展。第一，第一次国内革命

---

① 参见孙琳："我国减刑、假释制度的历史沿革"，《重庆师范大学学报》（哲学社会科学版）2010年第5期。

② 王利荣：《中国监狱史》，四川大学出版社1996年版，第275页。转引自孙琳：《减刑假释程序研究》，中国人民公安大学出版社2011年版，第149页。

战争时期，在各革命根据地苏维埃政府省、县两级设有裁判部，下辖劳动感化院或监狱，有的地方还设有苦工队，即把刑期短、罪行轻的罪犯组成苦工队到前线执行勤务，以此作为特殊的执行刑罚方式。第二，抗日战争时期，在陕甘宁边区和其他各大抗日根据地政府也先后设立了监狱、劳动感化院和犯人自新学艺所，同时假释制度得到普遍实行。第三，解放战争时期，《华北人民政府为清理已决及未决案犯的训令》明确规定了减刑和假释的条件。[①]1949 年新中国成立后，我国各项法律制度也开始逐步建立、完善和发展，当代社会减刑、假释制度经历了初创期、定型期和发展期三个阶段，已经形成了具有特色的减刑、假释法律制度体系。

（一）减刑、假释制度初创期

从 1949 年到 1979 年刑法、刑事诉讼法颁布这段时期，属于我国减刑、假释制度的初步创立阶段。减刑、假释制度初创期的法律规范脉络较为清晰：新中国成立后，在刑罚制度的沿袭上，仍将减刑、假释制度作为刑罚执行的一种形式规定于单行法律法规中，如“1952 年《中央公安部、司法部关于各地监所转移后，明确法院、公安部门对监所的职责和工作关系的联合指示》规定，犯人的假释及减刑，监所应依据法令规定，提出意见，报同级法院核转各该上级审核执行”。[②] 而在此经验积累上，1954 年 9 月 7 日中央人民政府政务院公布的《中华人民共和国劳动改造条例》，其中第 68 条将减刑、假释作为实施奖励制度的最高形式予以明确规定，从而在我

① 参见孙琳：《减刑假释程序研究》，中国人民公安大学出版社 2011 年版，第 149 页。

② 王利荣：《中国监狱史》，四川大学出版社 1996 年版，第 311 页。转引自孙琳：《减刑假释程序研究》，中国人民公安大学出版社 2011 年版，第 150 页。

国法律中完成了创立减刑制度的历史使命。[①] 虽然尚存在些许缺陷，对某些具体的适用对象、条件没有明确规定，但是后来的一些工作细则和最高人民法院的相关批复，对此进行了恰当的补充。

这个阶段减刑、假释制度的特点可以概括为五点：[②] 一是明确了减刑、假释案件由中级以上法院审理，并作出裁定，可见，减刑、假释权属于司法权。二是检察机关可以对法院减刑、假释裁定进行抗诉。三是监狱的主管部门由公安机关转为司法机关。四是减刑、假释提请程序由刑事诉讼模式转变为司法提请方式。起初，减刑、假释的提请是由监狱向检察机关提请，检察机关再向法院提起减刑、假释的诉讼，后来变为由监狱直接向法院提请。五是假释的监督由公安机关负责。

（二）减刑、假释制度定型期

1979 年以来各类关于减刑、假释的规定不断出台，到 1996 年刑事诉讼法的修改、1997 年刑法的颁布实施，标志着我国当代减刑、假释制度已逐步定型。《刑法》和《刑事诉讼法》，在充分总结历史经验和借鉴各国先进立法的基础上，对减刑、假释制度进行了较为系统的规定，修改了 1979 年刑法和刑事诉讼法的相关内容，完善了减刑、假释制度。这段时期，减刑、假释的制度更加细化，程序操作层面更加具体。1989 年《最高人民法院〈全国法院减刑、假释工作座谈会纪要〉》对法院调查核实案件提出了要求，其中规定审理减刑、假释案件，要认真审查罪犯确有悔改或立功表

① 参见马克昌主编:《刑罚通论》，武汉大学出版社 1999 年版，第 607 页。

② 参见孙琳:《减刑假释程序研究》，中国人民公安大学出版社 2011 年版，第 150—151 页。

现的具体事实。还要求对重点案件严格把关，深入劳改场所了解、核实罪犯在刑罚执行期间的改造表现；对检察机关的监督权范围作了详细规范，1987 年《人民检察院劳改检察工作细则（试行）》及 1995 年《最高人民检察院关于执行〈监狱法〉有关问题的通知》涉及检察机关对减刑、假释的监督范围，监督的方式也很广泛，如听取情况汇报、讯问罪犯、查看劳动改造场所、翻阅相关档案材料等；减刑、假释案件的审限在 1994 年《中华人民共和国监狱法》（以下简称《监狱法》）中得以规定，但是死缓减为无期徒刑的减刑审限没有规定。1990 年司法部出台的《司法部关于计分考核奖罚罪犯的规定》（已废止）为监狱量化减刑考核方式提供了操作规范。①

这个阶段减刑、假释制度得到了较大发展，同时也不免有些缺失，如对罪犯主体地位没有足够重视，罪犯权利保障不够周全，罪犯对其减刑、假释没有上诉权等救济途径。例如，1980 年《司法部关于对罪犯依法减刑或假释所作出的裁定可不交代上诉权利的批复》认为，罪犯在减刑、假释中不具有上诉权利，并且认定减刑、假释案件为一审终审，检察机关提起抗诉，为审判监督程序，不尽合理。②

（三）减刑、假释制度发展期

从 1997 年《刑法》开始，我国减刑、假释制度进入了迅猛发展阶段，各种专门针对减刑、假释的法律法规陆续出台。一方面表明减刑、假释工

---

① 参见孙琳:《减刑假释程序研究》，中国人民公安大学出版社 2011 年版，第 151—152 页。

② 参见 1989 年《最高人民法院〈全国减刑、假释工作座谈会纪要〉》及 1987 年《人民检察院劳改检察工作细则（试行）》。

作得到充分的重视，另一方面变化过于频繁的法律法规难免对减刑、假释实际工作造成困扰，与法律的安定性特征不相符合。尽管如此，新时期的减刑、假释法律法规还是出现了一些进步性的规定。第一，监狱内实行狱务公开，可以聘请执法监督员等方式加强对监狱矫正工作的监督。[①]在监狱提请减刑、假释方式方法上也出台了细致规定，如司法部2014年10月修订的《监狱提请减刑假释工作程序规定》，对监狱提请减刑、假释的公开公示方式作出规定。第二，检察院监督方面也出台了许多详细规定。2001年《最高人民检察院关于监所检察工作若干问题的规定》、2007年《最高人民检察院关于减刑、假释法律监督工作的程序规定》、2008年《人民检察院监狱检察办法》三个由最高人民检察院出台的专门司法解释对减刑、假释的检察监督工作作出专项规定。值得一提的是，几个机制的创设对减刑、假释监督工作大有裨益。例如，增加检察机关列席减刑假释评审委员会并发表检察意见的监督方式；在对监狱纠正违法通知书的程序中设置了复议复核机制；还明确了检察机关在法院听证中发表意见并进行庭审监督的程序。第三，假释的监督发生了变化。2003年《最高人民法院、最高人民检察院、公安部、司法部关于开展社区矫正试点工作的通知》标志着我国社区矫正的正式实践，2007年最高人民法院、最高人民检察院、公安部、司法部又联合出台了补充通知，假释考验期的监督主体由公安机关转变为司法行政机关，公安机关处于协助地位，并且加入了社会团体及志愿者参与帮助假释罪犯社区矫正。[②]

近年来，关于减刑、假释的司法解释和相关规定也密集出台，充分

---

①参见2001年《司法部关于在监狱系统推行狱务公开的实施意见》。

②参见孙琳:《减刑假释程序研究》，中国人民公安大学出版社2011年版，第152—153页。

表明我国减刑、假释制度的不断发展及减刑、假释案件审理程序的细化完善。本课题第三章会对近几年出台的减刑、假释相关法律、法规进行梳理，此不再赘述。

第三节　减刑、假释案件审理程序的基本内涵

减刑、假释制度中的重要内容之一是减刑、假释案件的审理程序，本课题的重点也是如何规范减刑、假释案件的审理程序。根据《刑法》第 79 条、第 82 条规定，对于罪犯的减刑、假释必须经过法院审理，法院对符合法定条件的罪犯作出予以减刑、假释的裁定，非经法院的审理等法定程序罪犯不得减刑、假释。从选择符合条件的拟减刑、假释的罪犯开始，到罪犯减刑、假释的裁定作出，需要经过许多程序，而其中最核心的环节就是法院对减刑、假释案件的审理程序。

一、减刑、假释案件审理程序的内容

由于减刑、假释制度本身的特殊性，减刑、假释案件审理程序不同于一般案件的审理程序，减刑、假释案件审理程序的内容主要包括概念及其特征两部分。

（一）减刑、假释案件审理程序的概念

“概念乃是我们解决法律问题所必不可少的工具。没有限定严格的专门概念，我们便不能清楚和理性地思考法律问题。没有概念，我们便无法将我们对法律的思考转变为语言，也无法以一种可理解的方式把这些思考

传达给他人。”[①] 虽然当前理论界和实务界并没有对减刑、假释案件的审理程序进行规范而准确的定义，但是作为本课题的主要研究对象，有必要对减刑、假释案件的审理程序进行法律规范意义上的定义。

减刑、假释案件的审理程序，在广义上泛指执行机关将减刑、假释案件呈报给法院之后，到法院作出减刑、假释裁定之前，所有在法院期间经过的程序，包括减刑、假释案件的立案，减刑、假释案件的公示，减刑、假释案件的审理（书面审理和开庭审理），对减刑、假释案件的合议和裁定，减刑、假释案件裁定书的宣告和送达等。从狭义上讲，减刑、假释案件的审理程序，是指进入法院审理阶段，合议庭对减刑、假释案件通过书面审理或开庭审理等方式，审查罪犯是否符合减刑、假释的法定条件，从而作出相应裁定所要历经的程序事项的总称，亦即广义的减刑、假释案件审理程序中的审理阶段包括的具体程序性内容。减刑、假释案件审理程序只是减刑、假释案件处理程序中的一个重要环节，在此之前的一个前提程序是执行机关的提请程序，还有减刑、假释的撤回，假释的撤销程序等都与法院审理减刑、假释案件密切关联。本课题也会涉及对相关程序的研究，以期更加全面而深刻地对减刑、假释案件审理程序提出规范化路径。

（二）减刑、假释案件审理程序的特征

减刑、假释案件仅仅是法院审理案件中的一种案件类型，从理论上讲应当和其他案件的审理程序相同，但由于减刑、假释案件的特殊性，它与其他案件尤其是刑事案件审理程序存在不同之处，这也是减刑、假释案件

---

①［美］E.博登海默:《法理学：法律哲学与法律方法》，邓正来译，中国政法大学出版社1999年版，第486页。

审理程序特征的体现。虽然减刑、假释制度被规定在《刑法》和《刑事诉讼法》中，但正是由于减刑、假释案件审理的客体与一般刑事案件审理客体不同，导致减刑、假释案件审理程序呈现出以下四个特征：①

1. 减刑、假释案件审理程序缺乏对抗性

一方面，从减刑、假释的本质上看，是一种对罪犯改造良好予以提前获得自由的一项特权，具有授权性，不像刑事审判存在权利被剥夺的抗争；另一方面，因为罪犯与执行机关、检察机关等不是真正意义上的对立关系，相反，他们都是朝着罪犯矫正的方向努力。因此，为了实现减刑、假释矫正罪犯防卫社会的功能，减刑、假释审理程序的设计也应当是包括执行机关、检察机关、被害人和社区代表等参与主体在内的协商合议式的程序。这样的程序运行就是给予罪犯因犯罪对社会和其他社会成员造成侵害而产生的报应和基于人道主义、矫正功利需要之间的综合，这种平衡应建立在可信的证据材料之上，最后由法院作出合理结论。

2. 减刑、假释案件审理程序的弹性空间更大

减刑、假释审理的目的是查清以及证明罪犯是否已悔过向善，给予罪犯减刑或假释是否符合法律规定，或者撤销罪犯的假释是否有足够的理由。鉴于此，在减刑、假释的审理程序中会更注重听取多方意见、监督机制的发挥以及保障罪犯的参与陈述权利，而审理程序的阶段划分、程序的适用方式等不影响程序公正和参与人程序性权利的程序性事项可以不作严格要求。例如，在司法实践中减刑、假释案件的庭审往往不明确划分法庭

---

① 减刑、假释案件审理程序的特征与减刑、假释程序特征基本吻合，故借鉴了孙琳博士著作中对减刑、假释程序特征的论述。参见孙琳：《减刑假释程序研究》，中国人民公安大学出版社2011年版，第18—19页。

调查和法庭辩论阶段，通常二者合并进行，甚至省略辩论阶段，只要能够调查清楚罪犯的真实情况，对减刑、假释的法定要件严格把握，作出正确的减刑、假释裁定，可以不依照固有的庭审模式按部就班。

3.法官行使调查权的方式具有特殊性

为了切实了解罪犯的改造情况，进一步在庭审中核实执行机关提供的证明材料，法官针对特殊事项的调查内容，可以走访监狱甚至实地观察罪犯的改造情况，必要时可以采取提讯拟减刑、假释的罪犯等调查措施。在减刑、假释案件中，还有许多证据是心理测评、专家意见或社区矫正机构的评估意见等，法官对于这些证据，可以通过庭外访谈或以司法鉴定等形式进行核实证据。但是减刑、假释案件数量的剧增，使这些调查方式在实践中的运用并不高。

4.减刑、假释案件中的证明标准较低

与刑事案件审判中严格的证据规则不同，减刑、假释案件中的证据多为罪犯评审鉴定表、奖惩审批表、罪犯的个人情况（包括原判刑罚）、其他同监室罪犯的证言、人身危险性报告等材料，无罪推定、排除合理怀疑的严格证据规则并没有完全适用的必要，更多的是采用优势证明标准或合理证明标准。减刑、假释案件的审理比普通刑事案件审理要简单，事实证明的标准也会降低，这也是因为减刑、假释对于罪犯来讲并不是另一种刑罚，而是一种激励他们积极改造、早日回归社会的措施。

二、减刑、假释案件的主要审理程序

根据我国法律规定，罪犯的减刑、假释由执行机关向审判机关提请，而法院负责减刑、假释案件的审理并作出最终裁决。无论是减刑、假释的提请程序还是法院的审理程序都有严格的程序要求，2014年4月23日公布，同年6月1日起施行的《最高人民法院关于减刑、假释案件审理程序的规定》(法释〔2014〕5号)(以下简称《审理程序规定》)，进一步规范了减刑、假释案件的审理程序，促进了减刑、假释案件的公正合法审理。

（一）减刑、假释案件的审理流程

我国减刑、假释案件由中级人民法院和高级人民法院管辖审理，对判处死缓罪犯的减刑，判处无期徒刑罪犯的减刑、假释由罪犯服刑地的高级人民法院审理；对判处拘役、管制的罪犯的减刑，判处有期徒刑、被减为有期徒刑的罪犯的减刑、假释，由罪犯服刑地的中级人民法院负责审理。执行机关将罪犯减刑、假释建议书提交到法院后，一般会经历以下程序：（1）减刑、假释案件的立案；（2）减刑、假释案件的公示。立案后五日内，人民法院要将执行机关报送的减刑、假释的建议书等材料向社会公示；（3）减刑、假释案件的审理。公示期满后，人民法院可以进入实质意义的减刑、假释案件的审理阶段，即人民法院审理程序中的核心环节；（4）减刑、假释的宣判与送达；（5）减刑、假释的撤回和撤销；（6）减刑、假释的监督纠错。

（二）减刑、假释案件的审理方式

人民法院审理减刑、假释案件，可以采取开庭审理或者书面审理两种方式。在司法实践中书面审理运用得较多，原因在于执行机关向法院提请减刑、假释是分批进行，每一批的案件数量较大，书面审理可以有效节省时间。对于开庭审理的范围，司法解释有详细规定，随着司法公开的深入及防范司法腐败的需要，开庭审理的减刑、假释案件范围也在逐步扩大。

三、特殊类型罪犯减刑、假释案件的审理

减刑、假释案件的审理中，对一些特殊罪犯的审理要注意法律规定的不同要求，针对未成年罪犯、老弱病残罪犯要比照正常成年罪犯的减刑、假释条件从宽掌握。还有在社区矫正中的罪犯也应当适用减刑制度，激励社区正在矫正的服刑罪犯积极改造，早日恢复自由，重返正常社会生活。对于这些特殊类型罪犯的减刑、假释，人民法院在审理时需要注意法律规定的特殊条件，严格把关、依法适用。

（一）死缓罪犯减刑案件的审理

我国法律与司法解释对于死缓罪犯减刑案件的审理程序，在提请程序与管辖权上作了有别于一般案件的规定。《刑事诉讼法》规定，死缓罪犯的减刑，由执行机关提出书面意见，报请高级人民法院裁定；《审理程序规定》第1条第（一）项规定，被判处死刑缓期执行罪犯的减刑，由罪犯服刑地的高级人民法院在收到同级监狱管理机关审核同意的减刑建议书后一个月内作出裁定。根据上述规定，有权管辖死缓罪犯减刑的法院，是罪犯服刑地高级人民法院，而非审理一般减刑、假释案件的中级人民法院；上述案件的提请机关虽然仍为执行机关，但该执行机关提交的减刑、假释建议书必须经高级人民法院的同级监狱管理机关审核同意。

在审理内容上，死缓罪犯的减刑也有不同于一般减刑案件之处。由

于《刑法修正案（八）》增加了对部分死缓罪犯的限制减刑制度，[①]《刑法修正案（九）》增加了对部分被判处死缓的重特大贪污受贿罪犯的终身监禁制度。[②]因此对上述罪犯而言，减刑、假释增加了法定限制条件。同时《刑法修正案（九）》第2条还新增了对死缓期间部分故意犯罪情节较轻的罪犯，死刑缓期执行期间重新计算的规定，而此前《最高人民法院关于办理减刑、假释案件具体应用法律若干问题的规定》（法释〔2012〕2号）（以下简称《2012年规定》）已有对"死刑缓期执行罪犯在缓期执行期间抗拒改造，尚未构成犯罪的，此后减刑时可以适当从严"的规定。[③]根据"举轻以明重"的原则，在尚不构成犯罪的"抗拒改造"行为在减刑时都需要适当从严的情况下，修正案所新增的在死缓考验期间曾有过故意犯罪行为的罪犯，其死缓减为无期徒刑后的再次减刑，则更有从严把握的必要。刑法修正案的上述规定，对死缓罪犯的减刑将产生较大影响，因此法院在审理死缓罪犯的减刑案件时，亦应将罪犯是否被限制减刑、终身监禁以及是否在死缓考验期内故意犯罪作为重要审查内容，并在此基础之上作出裁判。

（二）未成年罪犯减刑、假释案件的审理

未成年罪犯的减刑、假释，指的是在减刑、假释时不满18周岁的罪

---

①《刑法修正案（八）》第4条第2款规定："对被判处死刑缓期执行的累犯以及因故意杀人、强奸、抢劫、绑架、放火、爆炸、投放危险物质或者有组织的暴力性犯罪被判处死刑缓期执行的犯罪分子，人民法院根据犯罪情节等情况可以同时决定对其限制减刑。"

②《刑法修正案（九）》第44条第4款规定："犯第一款罪，有第三项规定情形被判处死刑缓期执行的，人民法院根据犯罪情节等情况可以同时决定在其死刑缓期执行二年期满依法减为无期徒刑后，终身监禁，不得减刑、假释。"

③《最高人民法院关于办理减刑、假释案件具体应用法律若干问题的规定》第9条第3款。

犯。根据《2012 年规定》第 19 条的规定，未成年罪犯的减刑、假释，可以比照成年罪犯依法适当从宽。未成年人能认罪悔罪，遵守法律法规及监规，积极参加学习、劳动的，应视为确有悔改表现，减刑的幅度可以适当放宽，减刑的起始时间、间隔时间可以相应缩短。未成年罪犯符合刑法规定的假释条件的可以假释。

未成年罪犯的减刑案件在审理时需要注意审查罪犯的年龄，以此来判断是否可以从宽减刑。对于“减刑时”的理解，有学者认为，本着刑罚谦抑原则，应当指罪犯减刑考核开始时的年龄，而不应当理解为减刑提请时的年龄，或者减刑审理时的年龄。因为减刑是一个过程，从考核、提请、审理到作出裁定需要经过一段时间，而非仅仅是一个行为，如果将“减刑时”理解为“减刑提请时”“减刑审理时”或者“减刑判决时”，不仅可能与公众理解分歧，甚至造成社会对司法解释的不满。[①] 本课题组也赞同此观点，既然立法上确定对于未成年罪犯这一特殊群体予以特殊照顾，就不应该再将未成年罪犯的年龄限制得过于苛刻，否则会跟立法原意背道而驰，更会打击未成年罪犯的改造积极性，也不利于未成年罪犯早日回归社会。

关于未成年罪犯减刑、假释案件的审理方式，在减刑、假释案件应当开庭审理的情形中有一项是：提请减刑的起始时间、间隔时间或者减刑幅度不同于一般规定。虽然未成年罪犯的减刑比照成年罪犯从宽处理，提请减刑的起始时间、间隔时间或者减刑幅度可能与成年罪犯不同，但是这并不能成为未成年罪犯减刑、假释案件必须开庭审理的理由。因为《2012 年

---

① 参见翟中东：《减刑、假释制度适用》，中国人民公安大学出版社 2012 年版，第 70 页。

规定》第26条规定的应当开庭审理的情形应灵活理解，其中第（二）项“提请减刑的起始时间、间隔时间或者减刑幅度不符合一般规定”，应当指的是不符合关于减刑、假释相关司法解释规定的情形，而未成年罪犯减刑、假释从宽是有司法解释明确规定的内容，不包含在应当开庭审理的情形中。况且，参照刑事诉讼法的相关规定，未成年人犯罪的案件属于不公开审理的范围，从保护未成年人的角度出发，未成年罪犯的减刑、假释案件也应当不开庭审理，只要在书面审理时严格把握法定条件即可。

（三）老弱病残罪犯减刑、假释案件的审理

根据《2016年规定》第20条的规定，老年罪犯、患严重疾病罪犯或者身体残疾罪犯减刑时，应当主要考察其认罪、悔罪的实际表现。对基本丧失劳动能力、生活难以自理的上述罪犯减刑时，减刑幅度可以适当放宽，或者减刑起始时间、间隔时间可以适当缩短，但放宽的幅度和缩短的时间不得超过本规定中相应幅度、时间的三分之一。假释以后生活确有着落的，除法定不能假释的情形外，可以依法假释。

关于老弱病残罪犯的认定，需要进行严格的要求，防止罪犯装病、诈病、自伤自残等情况的发生。老年罪犯的年龄，根据《2016年规定》第39条对老年人的界定，老年罪犯应当指报请减刑、假释时年满65周岁的罪犯。对于“基本丧失劳动能力”的判断可以参照《职工非因工伤残或因病丧失劳动能力程度鉴定标准（试行）》的规定，劳动能力丧失程度主要以身体器官缺损或功能障碍程度作为判定依据。[1]关于“生活难以自理”的

---

①参见翟中东:《减刑、假释制度适用》，中国人民公安大学出版社2012年版，第38页。

判断，可以参照一些机构研制的“老年人生活自理能力评估表”，这些量表的设计具有科学根据，可以为判断老年人生活自理能力提供参考标准。对于身体残疾和患有严重疾病的罪犯认定需经过鉴定机构依法鉴定，由鉴定机构对罪犯的残疾程度、疾病程度作出科学的鉴定结论。为谨慎起见，不仅执行机关需要申请法定鉴定机构对罪犯的残疾程度、疾病程度进行鉴定，而且在法院审理时，也要再次进行鉴定。当然，两次鉴定尽量使用不同的法定鉴定机构进行鉴定，若条件所限，只能选择同一家鉴定机构，也要使用不同的鉴定人进行第二次鉴定，确保鉴定的准确性、可信性。

（四）社区矫正中罪犯减刑案件的审理

判处管制、拘役、缓刑的罪犯必须依法进行社区矫正，对于这些正在社区矫正的罪犯，虽然减刑适用极少但在符合一定条件下可以适用减刑，人民法院在审理时需要注意这一类特殊罪犯的减刑条件。第一，对于判处管制、拘役的罪犯，以及判决生效后剩余刑期不满一年有期徒刑的罪犯，符合减刑条件的，可以酌情予以减刑，但罪犯的实际执行刑期不能少于原判刑期的二分之一。[①]第二，对判处拘役、三年以下有期徒刑并宣告缓刑的罪犯，一般不适用减刑，但这类罪犯在缓刑考验期内有重大立功表现的，可以参照刑法相关规定予以减刑。同时，应当依法缩减罪犯的缓刑考验期限，拘役的缓刑考验期限不能少于两个月，有期徒刑的缓刑考验期限不能少于一年。[②]

---

①参见《最高人民法院关于办理减刑、假释案件具体应用法律若干问题的规定》第 11 条。

②参见《最高人民法院关于办理减刑、假释案件具体应用法律若干问题的规定》第 13 条。

第四节　减刑、假释案件审理程序的价值厘定

长期以来，减刑、假释案件审理程序的价值功能未能充分体现出来，法院在审理减刑、假释案件时主要采用封闭式的书面审理方式，忽略了罪犯及相关利益主体的诉讼参与权，实际运作中普遍存在监狱建议权侵蚀法院审判权的弊端，检察监督和社会监督的缺失还容易造成司法不公和司法腐败等问题。因此，厘定减刑、假释案件审理程序的价值，对程序运行予以准确的功能定位显得尤为必要。

一、减刑、假释案件审理程序的理论基础

惩罚并非刑罚适用的唯一目的，甚至并非主要目的，教育改造在刑罚适用中越来越居于重要位置。在刑罚适用和执行的过程中，既要做到罚当其罪，即根据犯罪事实、犯罪性质、犯罪情节及对社会的危害程度等，依法对犯罪分子判处一定的刑罚，以充分体现法律之威严，又要基于教育改造的刑罚目的给罪犯提供自新之路，即对表现良好的罪犯给予一定程度的减刑、假释，以激励罪犯改过自新，同时促进各种社会关系的恢复。关于减刑、假释案件审理程序的理论基础，在理论和实务界均有一定认同度的主要有刑罚个别化理论、目的刑理论、刑罚人道和刑罚谦抑理论、刑罚经济理论等。

（一）刑罚个别化理论

刑罚个别化是针对刑事古典学派忽视犯罪的具体情况和犯罪分子的个

别情况因而丧失刑罚的个别公正性这一固有缺陷而提出的理论，主张刑罚适用应当综合考虑犯罪预防和犯罪报应的双重需要，更加重视罪犯的再社会化。刑罚个别化应当根据罪犯的人身危险性差异及不同罪犯不同矫正需要的差别性进行区别对待。在刑罚执行过程中，应当综合考虑建立在罪犯既有犯罪行为基础上的原判刑罚以及通过矫正消除罪犯人身危险性预防重新犯罪的现实需要，促进行刑目的的实现。减刑、假释的产生与发展以个别矫正理论为基础，体现了刑罚个别化的现实需要。无论是实体条件还是程序运作，减刑、假释案件审理程序均是刑罚个别化理论在刑罚执行中的体现。

第一，减刑、假释的实质条件贯彻了刑罚个别化原则。“对于视减刑为罪犯权利的国家，减刑的个别化体现在对待不同犯罪、不同人格、不同人身危险性的罪犯以不同的实施条件、实施标准及程序的设置及适用之上。对于视减刑为奖励的国家，减刑的个别化体现在减刑优待给予何类罪犯与哪些罪犯之上。”[①] 在减刑、假释案件的审理过程中，人民法院主要根据罪犯的矫正情况（包括罪犯的改造表现、有无再犯可能性等）决定对罪犯采取的处遇措施。“减刑、假释的运作就是强调不同罪犯主观恶性方面的差异以及罪犯主观恶性的可变性，着眼于对不同主观恶性罪犯的不同处理。”[②] 例如，对于未成年人犯罪和老年人犯罪，规定适用较为宽缓的处遇措施，更加注重审查悔罪的实际表现。考虑到累犯以及因故意杀人、强奸、抢劫、绑架、放火、爆炸、投放危险物质或者有组织的暴力性犯罪被判处十年以上有期徒刑、无期徒刑的罪犯，或者人身危险性大，或者由于

① 孙琳：《减刑假释程序研究》，中国人民公安大学出版社 2011 年版，第 13 页。

② 黄永维：《中国减刑、假释制度的改革与发展》，法律出版社 2012 年版，第 30 页。

罪行严重和主观恶性深重，因而法律规定对这些罪犯不得假释。此外，根据2014年1月21日《中央政法委关于严格规范减刑、假释、暂予监外执行，切实防止司法腐败的指导意见》（以下简称《中政委意见》）精神，对"三类罪犯"[①]的减刑、假释，必须从严掌握法律规定的"确有悔改表现"的标准。《刑法修正案（九）》更是增加设置终身监禁刑，对贪污数额特别巨大、情节特别严重的犯罪分子，特别是其中本应判处死刑的，根据慎用死刑的刑事政策，被判处死刑缓期二年执行的，人民法院根据犯罪情节等情况可以同时决定在其死刑缓期执行二年期满依法减为无期徒刑后，终身监禁，不得减刑、假释。这一规定是针对因犯贪污罪被判处死缓的罪犯在执行中的具体措施，考虑到上述犯罪分子的犯罪行为严重、社会危害性大，因而加大了对此类罪犯减刑、假释的条件限制。

第二，减刑、假释的程序运作体现了个别化原则。首先，就减刑、假释案件审理方式而言，多数采用书面审理的方式，法律规定的特定类型减刑、假释案件应当开庭审理。其次，人民法院审理减刑、假释案件，除审查罪犯在刑罚执行期间的一贯表现和社区矫正机构关于罪犯假释后对所居住社区影响的调查评估报告，还应综合考虑犯罪的具体情节、原判刑罚情况、财产刑执行情况、附带民事裁判履行情况、罪犯退赃退赔情况以及罪犯的年龄、身体状况、性格特征、假释后生活来源等影响再犯罪的因素。特别是与财产性判项履行情况关联机制是近年来人民法院减刑、假释制度改革的一项制度创新。罪犯积极执行财产刑和履行附带民事赔偿义务的，

---

① 三类罪犯，是指职务犯罪、破坏金融管理秩序和金融诈骗犯罪、（组织、领导、参加、包庇纵容）黑社会性质组织犯罪。

在一定程度上体现了其内心服判，人身危险性有所降低，符合减刑、假释的根本性条件，在减刑、假释时予以从宽掌握。同时，对于确有证据证实有履行能力而不执行财产刑或者不履行附带民事赔偿义务的罪犯，对其减刑、假释从严掌握。

（二）目的刑理论

目的刑理论是为了克服报应刑理论对于犯罪与刑罚的片面性而产生的刑罚理论，主张刑罚适用不应受限于对已实施犯罪行为的追究，刑罚的目的并不在于惩罚犯罪，而在于以刑罚为手段努力消除罪犯的主观恶性，以达到矫正犯罪、预防重新犯罪的目的。减刑、假释制度的存在，正是“在惩罚犯罪的同时，给罪犯以希望和出路，鼓励罪犯积极改造，同时也对其他罪犯发挥示范作用，促使整个罪犯群体向复归社会的方向去努力”。[①]

减刑、假释制度的设立初衷体现了目的刑理论。减刑、假释制度首先是充分考虑监狱行刑弊端的产物，即“报应要求与矫正目的的冲突——刑罚的报应思想要求将犯罪人囚禁起来，使其遭受痛苦，隔离社会，以防再危害社会，使其遭受剥夺自由的痛苦。但这与自由刑的矫正目的存在深刻而尖锐的矛盾，因为矫正思想的目的在于使犯罪人重新返回社会。监狱将犯罪人完全隔离起来，无论是思维还是能力都严重与社会脱节，成为游离在社会边缘的病态人，出狱后难以适应社会”。[②] 因为罪犯的“监狱化”将

① 黄永维:《中国减刑、假释制度的改革与发展》，法律出版社 2012 年版，第 28 页。

② 张德军:《中国自由刑制度改革研究》，中国政法大学出版社 2014 年版，第 199 页。

严重损害其重返社会的信心和健康人格的塑造，即便宣告刑全部执行完毕，其仍有可能重新犯罪，危害社会秩序。由此导致监狱的功能效益和改造效益大打折扣，进而陷入进退维谷的困境：一方面人们开始反思自由刑的功能和价值，探讨造成这种问题的原因所在；另一方面则在为监狱行刑寻求出路，自由刑执行社会化成为解决监狱行刑所面临的压力和困境的根本出路和明智对策。在此背景下，减刑、假释制度得以确立。

减刑、假释制度的司法运作，不仅可以引导罪犯的改造行为，还能通过缩短刑罚执行期间或者附条件将罪犯予以提前释放的方式，使罪犯能够早日回归社会，从而在避免罪犯形成“监狱化人格”方面起到积极作用。减刑、假释制度在确认原判刑罚的有效性和权威性的前提下，着眼于罪犯的改造状况，根据罪犯在行刑过程中的悔改表现、立功表现或者重大立功表现，对原判刑罚作出适当调整，而这正是目的刑理论在刑罚执行变更制度中的体现。法院作出的宣告刑是依据罪犯的犯罪事实、犯罪性质、犯罪情节以及对社会的危害程度，再结合罪犯的主观恶性和人身危险性等因素综合评判的结果，其中罪犯的主观因素显然具有可变性。因此，应当根据刑罚执行期间罪犯人身危险性的削减情况，适时适当地调整宣告刑，避免执行无效刑罚。当然，“与此同时也不能完全忽视一般预防。因为如果减刑过度，虽然法院判了刑，甚至判了重刑，但只执行了很短时间就将罪犯放回社会，这样势必降低刑罚的威慑力，减弱刑罚的一般预防效果”。[①] 为保持刑罚的社会预防效果，还应合理设计减刑标准和幅度。法律对有期徒

---

① 宫鸣、黄永维主编:《最高人民法院关于减刑、假释司法解释理解与适用》，人民法院出版社 2014 年版，第 72 页。

刑、无期徒刑甚至死缓罪犯的减刑幅度以及减刑后实际执行的刑期均已作详细规定。

（三）刑罚经济理论

刑罚经济，是指“在刑罚适用和刑罚执行过程中，充分发挥刑罚资源的效益，争取以最小的刑罚资源投入来获取预防和控制犯罪的最大社会效益。具体到刑罚执行过程中，力求以不执行、减少执行、不实际执行以及改变执行方式、提高执行效果来实现刑罚目的，以寻求刑罚执行的多效益”。① “对于监狱行刑而言，其良好秩序的形成需要国家投入足够的司法资源予以保障，然而，这种投入对于任何一种社会形态和经济发展水平的国家而言都是沉重的负担。”② 监狱行刑成本非常大，除在罪犯管理教育中的资源占有与消耗外，“由于我国监狱行刑坚持‘以改造人为宗旨’，动员整个社会的力量对罪犯进行改造，所发生的物质投入也非常大，也应计算在内”。③ 因此，必须尽可能合理高效地配置司法资源，提高行刑效益，否则不仅行刑本身的正义性大打折扣，更有悖刑罚目的的实现。

减刑、假释制度无疑符合刑罚经济理论的要求，体现了刑罚的经济价值。“当执行较少的刑罚就能获得执行全部刑罚的效果时，就无必要执行更多的刑罚；当执行较轻的刑罚就能收到执行效果时，就无必要执行更重的刑罚。在刑罚执行过程中，虽然刑期未满，但如果执行了一定的期限就能收到矫正的效果，就没有必要非把刑期服满不可。刑罚的执行应当根据

① 马克昌主编：《刑罚通论》，武汉大学出版社 1995 年版，第 527—528 页。

② 陈宝友：《监狱行刑理性论》，法律出版社 2014 年版，第 59—60 页。

③ 陈宝友：《监狱行刑理性论》，法律出版社 2014 年版，第 62 页。

矫正的需要和实际产生的效果，随时调整。”[①] 减刑、假释是根据罪犯在刑罚执行过程中的具体表现，适当减少罪犯的原判刑罚或对其附条件予以提前释放，原判刑罚并不一定全部执行完毕。利用“开放式处遇弥补封闭式处遇的不足，合乎尊重受刑人尊严，促进犯人改造自新重返社会的犯罪人处遇理念，同时，有助于行刑经济的效率化”。[②] 国家“没有必要对可以不执行刑罚或已经改造好的犯罪人继续进行无益的消耗性行刑，而应在规定何种行为是犯罪以及何时、在何种程度上施用刑罚方面权衡得失。其次，由于刑罚损益兼备的特性，加之它是最严厉、最富强制性的制裁手段，国家只在道德、经济、行政等其他手段均归无效的情况下才予使用，也就是说刑罚是国家对犯罪的最后手段，适用刑罚并非国家所愿，实属不得已之举，对刑罚的滥用又会导致刑罚的无效和种种负效应。因此，从刑事策略上讲应留有余地，尽可能少用或不用，对已判刑的也应通过行刑予以可能的调整”。[③] 当刑罚执行到一定程度即可实现刑罚目的时，余下的刑罚就不必再执行，显然可以大幅度地节省司法资源和社会资源，提高刑罚执行的效益，否则便是对司法资源的实质滥用，因为此时刑罚的继续执行已无现实必要。

减刑、假释制度的效益价值不仅体现在节省司法资源和社会资源上，更体现在通过自身的激励、引导作用维护监管秩序、促使罪犯回归这一社会效益上。“在刑事案件日益增长而监狱监管条件有限的背景下，要达到节约司法资源、缓解监管压力的目的，国家根据被告人悔罪改造的程度，

---

① 黄永维:《中国减刑、假释制度的改革与发展》，法律出版社 2012 年版，第 33 页。

② 孙琳:《减刑假释程序研究》，中国人民公安大学出版社 2011 年版，第 45 页。

③ 周红梅:“论刑罚执行的经济性原则”，《法学评论》1992 年第 6 期。

相应给予不同程度的恩典或奖励无疑是明智的选择，若罪犯不能从积极改造中获得某种利益，很可能会消极改造，从而给原本紧张的监管带来负担。减刑、假释案件审理程序是为实现减刑、假释目的而设计的，理应在确保案件公开公正审理的前提下，突出精简与效率，以达到诉讼经济的目的，从而让国家与罪犯尽可能从对抗走向合作，达到利益双赢的目的。”[①] 减刑、假释的运作目的之一便是通过保持适度的关押量维护正常的监管秩序，通过对罪犯的综合和动态考察，促使行刑资源得以合理配置，减少和避免无效行刑占据行刑资源造成行刑资源的浪费，增强行刑的针对性和科学性，强化监狱与外部社会的合理流动，有利于监狱的安全稳定。此外，减刑、假释案件审理程序的效益价值还体现在对社会秩序的维护上。社会效益价值是通过减少社会代价从而达到优化实际效果的途径来实现的。减刑、假释案件审理程序通过向罪犯提供一定的行为模式，为改造罪犯实现再社会化这一刑罚执行目标提供了有效路径并且实现了效果优化，减少了后续刑罚资源的需求，从而在一定程度上契合了刑罚经济理论。

（四）刑罚人道主义理论

作为人类共同的价值准则，人道主义在不同领域有着不同的构建框架和运行路径。刑罚人道主义要求刑罚的执行符合道义要求，主张“虽然刑罚的适用对象是给社会造成危害的犯罪分子，但犯罪人作为人类的同类，其犯罪的原因受多种因素的影响，对其施以刑罚时保持人类特有的理性，将刑罚的种类及强度控制在一定的范围内，并给予犯罪人以人所起码应有

① 孙双琦、曾娇艳：“减刑、假释审理：从‘纳什均衡’走向‘利益最大’”，《法律适用》2012 年第 11 期。

的尊严和待遇”。[1]通过减刑、假释赋予罪犯一定的主动权，让其可以在一定程度上掌握自己的命运，而不是简单地施加报复性的惩罚。关注罪犯处遇的人道主义正是减刑、假释制度诞生的时代背景。

就减刑、假释案件审理程序而言，程序启动本身正是基于刑罚人道主义精神。刑罚的人道主义即是指刑罚的种类、强度等须与罪犯的实际情况相适应，减刑、假释审理程序的启动就是关注罪犯改造的动态变化，对罪犯给予人道主义关怀，让刑罚执行方式随着罪犯的改造程度适时变化。人道主义对于罪犯来讲，就是要关注罪犯的行刑过程，如果罪犯在刑罚执行期间各方面均有所改善，就可以变更原先确定的刑罚期限或方式。行刑人道主义直接体现在对待罪犯的态度，在刑罚执行过程中，当罪犯的人身危险性出现削减，原判刑罚所追求的刑罚目的已经实现或者部分实现时，即应根据罪犯的改造程度重新确定刑罚执行的必要性，及时改变刑罚执行方式。当某些罪犯积极改造，争取向善，并取得实际效果时，国家没有必要继续机械地执行原判刑罚，可以在达到刑罚目的前提下缩减罪犯刑期。对于确有悔改表现或者立功表现的罪犯适当缩短原判刑罚，对于确有悔改表现而且没有再犯罪危险的罪犯，执行一定期限后，附条件予以提前释放，这即是减刑、假释制度。

不仅如此，减刑、假释案件审理程序的运作过程和结果亦贯彻了“矜老恤幼”的刑罚人道精神。根据最高人民法院有关规定，对老弱病残罪犯的减刑、假释适用较为宽缓的处遇和减刑、假释程序，体现了刑罚的宽宥精神。对未成年罪犯的减刑、假释，可以比照成年罪犯依法适当从宽；老

---

①黄永维:《中国减刑、假释制度的改革与发展》，法律出版社2012年版，第30页。

年、身体残疾、患严重疾病罪犯的减刑、假释，更加注重悔罪的实际表现。此外，监禁刑不仅可能导致罪犯本人形成“监狱人格”，“罪犯家庭成员一般会因此失去经济来源或扶养者，造成生活上的极大困难，并在精神上承受骨肉分离、家庭破裂、缺乏关爱等巨大精神痛苦”。[①] 通过减刑、假释案件审理程序的运作，可以缓解因罪犯入狱而导致的罪犯本人及其家庭支出的高昂社会成本。对罪犯本人来说，可以尽早回归家庭和社会；对于罪犯家庭来说，因监禁刑执行而失去的经济来源以及承受的精神痛苦均能得到有效缓解。

（五）刑罚谦抑理论

刑罚谦抑的基本含义是指“刑罚必须有限制、谨慎地使用，它只能在迫不得已的情况下和尽可能小的范围内将违法行为与违法者作为自己的关注对象”。[②] “国家设置刑罚的目的就是改造犯罪人，使之成为一个遵纪守法、不再犯罪的人。而刑罚要达到此目的，就需要在行刑阶段能在刑罚谦抑精神的指导下正确地执行刑罚制度，因为在蕴含了刑罚谦抑思想的行刑制度中，犯罪人本身得到了尊重，更有利于刑罚的效果实现。”[③] 因此，国家必须在“对刑罚的历史作用作出合理定位的基础上，适时调整其严厉性，并依据一定的规则严格限制刑罚处罚范围和程度，并在刑罚的执行上更为人性化”[④]，将权力行使的力度控制在一定的限度内，尽量做到刑罚

① 陈宝友：《监狱行刑理性论》，法律出版社 2014 年 1 版，第 61—62 页。

② 张德军：《中国自由刑制度改革研究》，中国政法大学出版社 2014 年版，第 80 页。

③ 杨燮蛟：“论刑罚谦抑性的建构途径选择——以司法运用为视角”，《学理论》2010 年第 11 期。

④ 金鉴：《监狱学总论》，法律出版社 1997 年版，第 200—201 页。

节俭。

减刑、假释制度的运作机理无疑契合了刑罚谦抑精神，减刑、假释所实现的行刑社会化实际上也是监禁刑执行谦抑的实现过程。刑罚谦抑的重要体现是少用、慎用刑罚，当用较轻的刑罚就能够达到惩罚目的时，就不应当选择较重的刑罚，当“用较小的代价便可以有效地防止犯罪行径的目的”[①]时，惩罚便无必要。无论是缩短原判刑罚的减刑还是附条件予以提前释放的假释，其对于刑罚执行方式的变更均体现了刑罚谦抑精神。

减刑、假释案件审理程序通过对限制罪犯自由的必要性的动态审查契合了刑罚谦抑精神。刑罚执行是惩罚与改造相结合的过程，自由刑是通过限制罪犯的自由来实现对社会秩序的维护，是通过强大的国家权力来保证守法公民的自由不受侵犯。刑罚执行是通过限制罪犯的自由来保障大多数人的自由。但是，自由并非可以随意限制，而是以必要为原则和限度。如果在不必要的情况下对自由进行限制只能是对自由的轻视和否定。减刑、假释是在罪犯改造达到预期效果后，以缩短刑期或提前释放的方式变更刑罚执行方式，不仅可以有效限缩刑罚成本的过度支出，合理配置行刑资源，提升行刑的针对性和有效性，而且更有利于实现刑罚效果，符合刑罚的谦抑观念。刑罚谦抑理论由此成为减刑、假释制度的理论基础之一。

（六）行刑政策基本理论

行刑政策是刑罚目的和刑罚规范的媒介，体现国家对社会的政策精神，为行刑社会化提供了基础。从监狱管理秩序的稳定和改造罪犯的角度

---

①［英］边沁:《道德与立法原理导论》，时殷弘译，商务印书馆 2006 年版，第 223 页。

看，根据罪犯的改造状况给予不同的行刑处遇以实现刑罚的个别化的减刑、假释制度的建立，不仅将“回归社会的钥匙”交付到罪犯本人的手中，为罪犯提供了改造的希望和重新做人的机会，还体现了惩罚与改造相结合的刑事政策，有效防止行刑局面的僵化和行刑模式的保守性。

减刑、假释制度是行刑政策基本理论的体现，体现了行刑政策的两极化对策。“一方面，对不需要矫治或有矫治可能的犯罪、犯罪人，以宽松的刑事政策对待，另一方面，对不能矫治或矫治困难的犯罪、犯罪人，以严格的刑事政策对待。”① 在减刑、假释案件审理程序中，要全面审查罪犯及其犯罪的不同情况、不同情节、服刑期间的不同表现等，区别对待，做到“宽严有别，宽严相济”。我国相关法律规定了对未成年人罪犯和老年、身体残疾、患严重疾病罪犯的减刑、假释适用较为宽缓的处遇和减刑假释程序；累犯和因暴力犯罪被判处十年以上有期徒刑、无期徒刑的罪犯则不得假释；“三类罪犯”的减刑、假释适用更为严格的标准和程序等。不仅如此，为了促使罪犯积极履行财产刑，提高财产刑的执行率，《2012 年规定》还明确了财产刑执行和附带民事赔偿责任履行情况与减刑、假释的关联机制，规定“罪犯积极执行财产刑和履行附带民事赔偿义务的，可视为有认罪悔罪表现，在减刑、假释时可以从宽掌握；确有执行、履行能力而不执行、不履行的，在减刑、假释时应当从严掌握。”而在《2016 年规定》中，则把财产性判项的履行情况作为综合考察因素，并多次在条文中予以体现。②

---

① 孙琳:《减刑假释程序研究》，中国人民公安大学出版社 2011 年版，第 32 页。

② 参见《最高人民法院关于办理减刑、假释案件具体应用法律的规定》第 2 条、第 7 条、第 9 条、第 11 条、第 27 条等。

如果说减刑、假释制度的运作本身体现了刑事政策的“宽缓”，那么《刑法修正案（九）》的规定则针对司法现实问题更多地强调从严惩治罪犯、维护社会安定的立法精神。减刑、假释制度的运作使中国的无期徒刑自诞生之初即并非真正意义上的“终身监禁”，因为《刑法》规定对判处无期徒刑、死刑缓期执行的罪犯，满足一定条件的，可以予以减刑、假释。但是，司法实践中存在“被判处无期徒刑、死缓的犯罪分子实际执行期过短，与被判处死刑立即执行的犯罪分子相比，法律后果相差太大的情况。特别是贪污受贿这类犯罪，有的犯罪分子利用过去拥有的权力、影响、金钱和社会关系网，通过减刑、保外就医等途径，实际在狱内服刑期较短，严重妨碍了司法公正”。[①] 减刑、假释制度这一原本用于帮助罪犯回归社会的制度设计，可能演变成为某些拥有特权之人逍遥法外的通道。针对司法实践中出现的上述问题，考虑到反腐败斗争的实际需要，为了缓解死缓执行期限过短的现实问题，实现与死刑立即执行之间的有序衔接，《刑法修正案（九）》增加设置终身监禁刑，堵塞了重特大贪污犯的减刑、假释之路，符合宽严相济的刑事政策。

二、减刑、假释案件审理程序的价值分析

厘清减刑、假释案件审理程序的价值，就必须对减刑、假释案件审理程序予以明确的价值定位，以实现减刑、假释案件审理要达到的目的。减刑、假释案件审理程序的价值分为工具价值和独立价值，独立价值指的是减刑、假释案件审理程序自身蕴含的价值，体现为公正价值、自由价值和

① 臧铁伟主编:《〈中华人民共和国刑法修正案（九）〉解读》，中国法制出版社 2015 年版，第 305 页。

人权保障价值。

（一）工具价值：保障减刑、假释制度功能的实现

减刑、假释案件审理程序是为了通过法定程序公正办理罪犯的减刑、假释，保障减刑、假释制度功能的实现。减刑、假释制度的功能具体分为激励、调节、回归、缓和、强化狱政管理五个方面，总的来说，减刑、假释制度的功能是促进罪犯改造、早日回归社会。而减刑、假释案件审理程序即是以严格遵守各项程序的方式，通过程序公正保障罪犯减刑、假释的实现。

《人民法院第三个五年改革纲要（1999—2003）》将减刑、假释案件的办理定位为审理程序，明确要求建立减刑、假释案件的程序公开制度。人民法院审理减刑、假释案件，应当依法进行公示，接受社会监督。公示制度通过保障罪犯等诉讼参与人的知情权、参与权、意见表达权等程序控权的方式实现权利控权，以程序公正促进实体公正。减刑、假释案件的审理方式是开庭审理与书面审理相结合，在司法实践中，人民法院主要采用书面审理的方式，通过审查执行机关对罪犯的考核评价结果等书面材料来判断罪犯是否符合减刑、假释的条件。这种审理方式简便、高效，但也容易引发公众对减刑、假释公正性及合法性的质疑。因此，目前对于社会关注度高、司法实践中容易出现问题的重点案件类型，法律明确规定必须开庭审理。虽然我国主流观点认为减刑、假释并非罪犯的权利，而是国家根据罪犯的良好改造表现给予罪犯的奖励，但是在审理减刑、假释案件时，仍需保障罪犯的基本人权和公民权利。对于不开庭的假释案件和合议庭认为有必要的减刑案件，应当对罪犯进行提审，要求罪犯陈述对其所犯罪行危

害性的认识，自己的悔改表现以及对执行机关减刑、假释建议的意见。同时询问该罪犯对同批次其他罪犯改造表现，以及对执行机关减刑、假释建议是否有异议。提审罪犯时可以邀请驻监检察机关参加。此外，《2012 年规定》第 29 条还确立了人民法院减刑、假释案件主动纠错程序，不仅具有现实的理论基础，也是司法实践的客观要求。

减刑、假释案件审理的各项程序要求及运行方式，不仅可以“提高人民法院审理减刑、假释案件的透明度，确保案件的质量；有利于执行机关和人民法院进行有效监督，防止‘暗箱操作’和司法腐败，树立司法权威”；[①] 还能实现人民检察院、执行机关、罪犯及同监区罪犯等多方意见的直接多向沟通与交流，最大限度地实现减刑、假释案件公平公正审理；更能极大地提高减刑、假释案件审理程序的透明度，减轻社会大众对减刑、假释审理工作存在“暗箱操作”的误解程度，增强对司法机关公正司法的信心；罪犯也可以依据减刑、假释案件的程序运行规则特别是减刑、假释标准的确定，建立对自己行为模式和行为结果的合理预期，从而有利于实现惩罚与改造相结合的刑罚目标，保障减刑、假释案件审理程序功能目标的实现。

（二）独立价值：体现公正和自由并实现权利保障

1. 公正价值

减刑、假释案件审理程序的公正价值首先体现在根据罪犯的改造表现

---

① 宫鸣、黄永维主编:《最高人民法院关于减刑、假释司法解释理解与适用》，人民法院出版社 2014 年版，第 269 页。

予以区别处遇。宣告刑是依照罪犯的犯罪性质、情节、社会危害程度以及主观恶性和人身危险性判决确定的刑罚执行期限。虽然犯罪行为本身和犯罪结果都是客观存在的因素，不会随着刑罚的执行发生变化，但是，刑罚执行是惩罚与改造相结合的过程，不仅通过刑罚执行对犯罪行为予以否定性评价从而惩罚犯罪，更重要的是改造罪犯，使之符合社会化的要求。在刑罚执行期间，不同的罪犯改造表现显然会存在差异。因此，宣告刑并非一律要求执行完毕，而是由执行机关根据罪犯的改造表现，对罪犯的主观恶性和人身危险性大小作出动态判断，以决定是否启动减刑或者假释案件的审理程序。罪犯不同的改造表现，将能获得不同的处遇，而非“一判了之”，这种对罪犯状况予以动态评判的制度运行本身即具有公正价值。

其次，减刑、假释案件的程序运作本身即具有公正价值。从实体条件而言，考虑到累犯以及因故意杀人、强奸、抢劫、绑架、放火、爆炸、投放危险物质或者有组织的暴力性犯罪被判处十年以上有期徒刑、无期徒刑的罪犯，或者人身危险性大，或者由于罪行严重和主观恶性深重，因而成为国家严厉打击和控制的对象。法律规定对这些罪犯不得假释，延长这些罪犯的服刑时间，一方面防止因其过早回归社会对公众安全形成危害和威胁，另一方面也是无形中加重对他们的惩罚力度，表明了国家对这些犯罪的谴责和否定态度。从程序条件而言，减刑、假释案件的公示制度等运行机制也体现了公正价值。减刑、假释案件审理程序通过设置对自由裁量权的限制、设置公示制度并全力保障罪犯等诉讼参与人的各项程序控权的方式实现权利控权，通过程序性权利，以程序公正促进实体公正的实现。

最后，如何把握减刑的幅度、何时准予假释是审理程序的重大问题。“如果减刑的标准太高、幅度太小，则难以对服刑人员起到广泛的激励和示范作用，减刑的积极效应就不能充分发挥；如果减刑的标准过于宽松、幅度太大，则又难以激发罪犯改造的主动性，不能充分发挥刑罚的教育和改造作用。假释的期限限制同样如此。因此，需要在激励和教育改造之间寻找一个恰当的平衡点，来充分发挥行刑机制的教育改造功能。”① 如前所述，法律对减刑幅度和假释执行期限的限制，体现了刑罚执行的公正价值。

2. 自由价值

减刑、假释案件审理程序的目的之一是缩短罪犯的实际服刑期限，使其早日回归社会，由此决定了减刑、假释案件审理程序的自由价值实现方式具有特殊性。

首先，自由价值体现在即便是刑罚执行期间，罪犯仍然享有自由选择行为模式的权利。根据最高人民法院相关司法解释的规定，对罪犯在刑罚执行期间提出申诉的，要依法保护其申诉权利，对罪犯申诉不应不加分析地认为是不认罪悔罪。减刑、假释案件审理程序是通过个案裁判结果以及裁判标准的确定对其他罪犯起着表征和暗示作用，促使他们自愿悔罪并积极改造。罪犯在刑罚执行期间享有自由选择行为模式的权利，虽然只有真诚悔罪、认真改造的罪犯，才有可能获得减刑、假释的机会，但是法律并不强制罪犯必须真诚悔罪、认真改造，罪犯仍然享有自由选择的余地。在

---

① 宫鸣、黄永维主编《最高人民法院关于减刑、假释司法解释理解与适用》，人民法院出版社2014年版，第71页。

某种程度上讲，可能性的范围在一种真实的意义上就是自由，客观上说，石墙构成监狱，铁栅围成牢房，囚犯是不自由的，公民是自由的，但是，主观意义上的自由感受，即情境所感，是同等重要的。①

其次，减刑、假释案件审理程序通过对限制罪犯自由必要性的动态审查实现了自由价值。刑罚执行是惩罚与改造相结合的过程，自由刑是通过限制罪犯的自由来实现对社会秩序的维护，是通过强大的国家权力来保证守法公民的自由不受侵犯。刑罚执行是通过限制罪犯的自由来保障大多数人的自由。但是，自由并非可以随意限制，而是以必要为原则和限度。如果在不必要的情况下对自由进行限制，那就是对自由的否定和践踏，是对自由的破坏。减刑、假释案件审理程序通过对自由限制必要性的审查，体现了自由价值。

最后，减刑、假释案件的审理结果是对自由价值的诠释。减刑、假释制度本身就是为罪犯缩短刑期、早日恢复自由而创设。大部分罪犯在改造过程中符合相应条件即会被提请减刑、假释，通过减刑、假释案件的审理，罪犯可以提前回归社会，恢复人身自由。

3. 权利保障价值

作为法院的审理程序，必须保证程序参与人及利害关系人的应有权利，减刑、假释案件审理程序亦应如此。在减刑、假释案件当中，虽然不像刑事案件有明显的对抗双方，但参与减刑、假释案件审理的最重要的主体是罪犯，而关注罪犯减刑、假释的主体还有被害人及其家属，有影响的刑事犯罪还关系到社会公众。减刑、假释案件审理程序要保障各参与人及

---

① 参见［美］弗里德曼:《选择的共和国》，高鸿钧等译，清华大学出版社 2005 年版，第 79 页。

利害关系人的权利，以实现实质审理，提高司法公信力。至于如何保障各参与主体的权利，如何具体操作以及有效运作，本课题会在最后一章详论。

首先，罪犯的权利保障。虽然我国主流观点认为减刑、假释并非罪犯的权利，而是国家根据罪犯的良好改造表现给予罪犯的奖励，但是，罪犯在监狱仍然有选择其行为方式的自由，如果不把他的选择自由具体转化为权利，那么这个选择的体系就毫无意义。[①] 在审理减刑、假释案件时，仍需保障罪犯享有减刑、假释的平等机会，即罪犯减刑、假释的获得权。罪犯享有的程序权利内容除提请阶段可以向执行机关申请减刑、假释外，还包括程序知悉权、申请回避权、提交证据权、陈述权、获得法律帮助权。此外，随着法治的不断发展，罪犯还应包括享有应然意义上的“程序救济权”。虽然法律否认减刑、假释是罪犯的权利，但是，如前所述，赋予罪犯享有减刑、假释权，是法治发展的必然趋势和未来走向。“在程序运行中，罪犯的有效参与体现了对罪犯主体地位的尊重和对其对于决定的作出富有实质性影响作用的确认。此外，程序的自治使实施程序的过程是结果产生的唯一基础。”[②] 由于罪犯可以预期程序运行的结果，并根据程序的要求进行自我控制和调适，这样就能让罪犯感受到主体权利的实现。

在保障罪犯权利的同时，也应当兼顾程序的效率，不能一味追求权利保障而无节制地消耗司法资源。减刑、假释案件审理程序应通过自身的效益价值保障行刑公正和罪犯权利的实现。例如，罪犯在执行机关向人民法

---

① 参见［美］弗里德曼：《选择的共和国》，高鸿钧等译，清华大学出版社 2005 年版，第 112 页。

② 孙琳：《减刑假释程序研究》，中国人民公安大学出版社 2011 年版，第 59 页。

院提出减刑、假释建议之后，人民法院减刑、假释裁定作出之前，出现或被发现新情况：可能又重新违法犯罪，可能被发现其有漏罪，也可能存在严重违反监规纪律等行为。这时执行机关及人民法院需要对罪犯的减刑、假释进行重新审视，其中一些罪犯将不再符合减刑、假释条件。为避免人民法院进行不必要的审理，提高司法效率，必须运用减刑、假释建议的撤回制度，是否准予撤回由人民法院审查决定。人民法院在审查时，应当针对撤回的理由进行审查，并提审罪犯，对相关事实进行核实。

其次，被害方的权利保障。被害方，是指罪犯实施的刑事犯罪所侵害的对象，包括被害人和被害单位等利益受到侵害的主体。减刑、假释虽然针对的是罪犯在监狱里的改造情况，但法院审理减刑、假释案件要综合考察罪犯的各种情况，包括原判刑罚的履行进度、罪犯的悔罪表现等。而罪犯的悔罪情况及原判刑罚的履行状况，很大程度上与当事人密切相关，如是否对被害人真诚道歉、取得被害人谅解，判处返还被害人的财物是否到位、有无主动赔偿被害人损失等。被害人及其家属对这些客观情况应当最为了解，可以参加罪犯的减刑、假释案件审理，公诉案件中的被害单位也同样有参与的必要性。尤其在一些恶性犯罪或是影响较大的犯罪中，法院对此类罪犯的减刑、假释应当更加慎重，对当事人的参与权应当加以保障。

最后，社会公众的权利保障。这里的社会公众权利，主要是指知情权和监督权。目前法律已经明确规定了减刑、假释的公示制度，但是实践中公示程序中提出异议的情况极少，对提出异议的社会公众，应当如何参与到法院审理减刑、假释案件中，或者公众的异议如何体现在法院的审理结果中，仍是一个值得深思的问题。这说明社会公众的权利并未真正得到保障，仅有公示程序这一形式，没有配套的异议处理机制，社会公众自然不会“热衷”参与。也有人指出，在一些社会影响极大的刑事案件中，社会公众对罪犯的减刑、假释应当享有发表意见的权利，甚至可以有庭审参与权。当前我国减刑、假释的法律规范在保障社会公众权利方面还存在空白，亟待完善。

第二章

减刑、假释案件办理程序的域外考察

“现代缓刑制度被认为开始于1841年美国马萨诸塞州波士顿市的鞋匠约翰·奥古斯特斯的实践，假释制度最早起源于18世纪80年代英国殖民地澳大利亚的‘释放许可证制度’。到第二次世界大战后，缓刑、假释制度为世界各国普遍采用。”[①] 减刑、假释案件审理程序是减刑、假释制度的重要环节，抑或说是其载体反映，对减刑、假释案件审理程序进行研究必须结合考察减刑、假释的相关制度。改进和规范我国的减刑、假释案件审理程序，不可避免地要对域外减刑、假释相关制度以及案件办理程序进行考察。此处使用“办理程序”而非“审理程序”，乃是因为不同法系、不同国家和地区之间的称谓和做法存在差异，只有“办理”一词方能涵盖“审理”“听证”等内容。

① 陈光中、[加]丹尼尔·普瑞方廷主编:《联合国刑事司法准则与中国刑事法制》，法律出版社1998年版，第449页。

第一节　减刑、假释案件办理程序域外考察的说明

对减刑、假释案件办理程序进行域外考察，遵循以下路径展开：首先是明确域外考察的必要性，其次是明确域外考察的内容选择。

一、减刑、假释案件办理程序域外考察的必要性

对域外减刑、假释案件办理程序的考察并非只是简单的文字拼凑，而是要通过对域外不同法律制度下减刑、假释案件办理程序的细致分析，扬长避短，目的在于寻找适合我国实际的减刑、假释案件审理程序的完善路径。对减刑、假释案件办理程序进行域外考察的必要性体现在以下几个方面。

（一）为构建我国减刑、假释案件审理程序提供理论支撑

改革开放后随着 1979 年刑法的颁布实施，减刑、假释制度在我国实现较大发展，但是时至今日，从事减刑、假释案件审理程序各个环节的大多数工作者以及绝大多数的服刑人员，依旧简单地认为减刑、假释是一种“恩惠”或者“奖励”，如此就容易忽视将行刑人道化的理念贯穿减刑、假释工作的全过程。通过对域外减刑、假释相关制度和案件办理程序的考察了解，可以看到各种理念、思想的变化与碰撞，从而为我国减刑、假释案件审理程序提供更多的理论支撑，推动当前减刑、假释工作的开展与改革完善。

（二）为健全我国减刑、假释案件审理程序提供规范路径

多年来，全国人大及其常委会、中央政法委、最高人民法院等机关陆续颁布多部与减刑、假释制度相关的法律法规、司法解释和规范性文件。我国已经形成“刑法等法律＋司法解释＋规范性文件”的减刑、假释制度体系，但是，这些规范较为粗线条，在权利保障机制、监督制约机制等方面仍然不够完备。特别是对于减刑、假释案件审理等程序性事项缺乏公开性、可操作性的规定，这些问题在实践中均不同程度地影响着减刑、假释制度应有价值的发挥。对域外减刑、假释相关制度进行梳理和分析、比较和归纳，有助于为我国减刑、假释案件审理程序寻找更加科学合理的规范路径，从而实现在制定法层面上的完善。

（三）为完善我国减刑、假释案件审理程序提供有益参考

受不同文化背景和法律传统的影响，域外各国和地区的减刑、假释制度在规范内容、权力主体、案件办理程序甚至侧重点上有所不同，但是，无一例外地均与本国或者本地区的司法传统和诉讼制度紧密相连。因此，对域外减刑、假释制度的经验借鉴，必须避免不加选择地移植和套用。这就要求结合相关国家和地区的社会实际和法律体制进行深入地对比分析，寻找出其中与我国减刑、假释案件审理实际的契合点，确保“洋为我用”的本土适用性和有效性。

二、减刑、假释案件办理程序域外考察的内容选择

目前，国内学者和实务工作者就完善我国减刑、假释制度提出了很多

建议，对域外减刑、假释相关制度也进行了相应的介绍和对比分析。这些成果具有很强的参考性和前瞻性，无论是研究的视野还是理论的深度均有长足的发展，呈现出理论研究的生机与繁荣。本课题对域外减刑、假释案件办理程序所作的考察正是建立在这些成果基础之上，沿着以下脉络和角度进行内容选择和分析论证：

以大陆法系和英美法系为区分，重点考察主要国家和地区减刑、假释办理程序中的权力行使主体及相关制度。减刑、假释案件办理程序中的权力行使主体与不同法系的法律传统相关，而权力主体的不同直接导致减刑、假释相关制度和案件办理程序的区别。因此，基于司法传统的关联性和延续性，适宜将同一法系主要国家和地区的减刑、假释权力行使主体以及相关制度放在一起进行考察。

以审理程序和听证程序为区分，概括介绍减刑、假释案件的两种办理程序，注重突出各自的特殊之处。现代意义上的减刑、假释制度在全世界范围内的发展史都不长，各国和各地区的相关制度也都是在不断地探索和实践中发展、完善的。对于同样适用司法化的审理程序或者同样适用行政化听证程序的国家和地区，减刑、假释案件的办理程序具有一定的共通之处。此外，还将着重介绍域外减刑、假释撤销案件的办理程序。

第二节　域外减刑、假释权力行使主体及相关制度

为了增强考察的针对性，重点介绍与减刑假释制度起源、发展、改进有关的主要国家和地区的减刑假释权力行使主体及相关制度。

一、大陆法系国家和地区的相关制度

大陆法系国家的刑事诉讼大都采用职权主义诉讼模式，审判机构在诉讼程序中处于主导地位，这样的诉讼传统在一定程度上会影响到作为刑事诉讼之延伸的减刑、假释案件办理程序，大陆法系国家多数是由法院来审查减刑、假释案件，属于司法模式。

（一）减刑的权力行使主体及相关制度

法国关于减刑的实体和程序要件是通过《法国刑事诉讼法典》予以规定。《法国刑事诉讼法典》第 721 条规定，“如正在执行一项或多项自由刑而受到关押的被判刑人（1985 年 12 月 30 日第 85-1407 号法律）已充分表明其行为端正，得对其给予减刑。此种减刑，由执行法官在听取执行委员会的意见后决定给予。……在给予减刑宣告后的当年内，如受关押的被判刑人表现不好，得由执行法官听取执行委员会的意见后，恢复原刑期之全部或部分。为适用本条之规定，每年至少应对被判刑人的状况进行一次审查”。[①] 法国的执行法官和执行法庭是行使减刑及撤销减刑的权力主体，而且有权对罪犯的改造状况进行复查。2004 年 3 月 9 日出台的《与犯罪变化相应的司法调整法》设置了普通减刑和额外减刑两种减刑制度。“普通减刑制度，是指每个被判刑人均享有一定减刑额度的制度。额外减刑制度分为两种：第一种是表现出认真适应社会努力的被判刑人可以享有的额外减刑；第二种是因揭发而避免或者中止犯罪发生的被判刑人可以享受的

---

①《法国刑法典 · 刑事诉讼法典》，罗结珍译，国际文化出版公司 1997 年版，第 607 页。

特殊减刑。”[①]但是,“在被判刑人表现不好的情况下，执行法官根据监狱机构或者共和国检察官的意见，可以撤销已给予的减刑。被判刑人在减刑释放后，又犯新罪被判处自由刑时，审判法院可以全部或部分撤销原先给予的减刑，并执行相应的监禁刑”。[②]同时,《与犯罪变化相应的司法调整法》还规定对于执行法官和执行法庭的判决均可上诉。

意大利的减刑制度主要是通过《意大利监狱法》第 54 条予以规定，即“对被判处监禁性刑罚的受刑人，如果确已接受再教育，为使其更有效地重返社会，可以每服 6 个月监禁性刑罚减刑 20 天。在获得该优待后的行刑期间犯非过失之罪而被判刑，意味着撤销该优待”。[③]意大利决定减刑或撤销减刑的权力主体是执行法官（监察厅法官)。《意大利监狱法》第 70 条规定，“在各上诉法院及其派出庭管区建立监察法庭，负责处理移交社会服务站考验、监视居住、半自由管制、假释、为提前释放而实行的减刑、撤销或终止上述措施”。[④]此外，根据《意大利刑事诉讼法典》第 681 条之规定，“减刑请求权人包括被判刑人，他的近亲属、共同生活人、监护人、保佐人、律师、特别代理人等主体。减刑建议由纪律委员会主席签署，并向监督法院提出。此外，执行法官（监察厅法官）也可以在未提出请求或建议的情况下准予减刑。因此，执行法官（监察厅法官）具有决定

①[法]雅克·搏里康、朱琳编著:《法国当代刑事政策研究及借鉴》，中国人民公安大学出版社 2011 年版，第 294 页。

②[法]雅克·搏里康、朱琳编著:《法国当代刑事政策研究及借鉴》，中国人民公安大学出版社 2011 年版，第 345 页。

③徐静村主编:《减刑、假释制度改革研究》，中国检察出版社 2011 年版，第 36 页。

④《意大利刑法典》，黄风译，中国政法大学出版社 1998 年版，第 266—267 页。

减刑或撤销减刑的权力”。①

日本的减刑属于“恩赦”的范畴，属于宪法赋予内阁的权限，“根据内阁的决定，经天皇认证而实施。个别恩赦，根据其性质，由检察官、行刑设施的首长及保护观察所的所长，基于职权和受刑人本人的申请而向中央改造保护审查会提出申请，中央改造保护审查会接受申请后，认为符合恩赦条件的，向法务大臣提出申请，内阁对此作出决定，并经天皇认证之后，便予以实施”。②

《德国刑法典》第49条规定了特别之法定减刑理由，同时明确减刑权的行使主体是法院。法院可依据适用于本条规定的法律酌定减刑，可将刑罚减至最低刑，或以罚金刑代替自由刑。③《德国刑事诉讼法典》第451条规定，刑罚的执行由检察机关负责，检察机关之间的刑罚执行任务可以互相委托，以符合受有罪判决人的利益，经刑罚执行庭所在地点检察院同意为限。④

我国台湾地区对罪犯的减刑是经监务委员会决议后，报“法务部”核备。减刑的主要依据是“行刑累进处遇条例”。“依‘行刑累进处遇条例’第28条之一规定，‘累进处遇进至第三级以上之有期徒刑受刑人，每月成绩总分在十分以上者，得依左列规定，分别缩短其应执行之刑期……前项缩短之刑期，应经监务委员会决议后告知其本人，并报法务部核备。’”⑤

---

①徐静村主编:《减刑、假释制度改革研究》，中国检察出版社2011年版，第36页。

②[日]大谷实:《刑事政策学》，黎宏译，法律出版社2000年版，第289页。

③参见《德国刑法典》，徐久生、庄敬华译，中国方正出版社2004年版，第18页。

④参见《德国刑事诉讼法》，李昌珂译，中国法制出版社1995年版，第168页。

⑤(台)许福生:《刑事政策学》，中国民主法制出版社2006年版，第354—355页。

当然，我国台湾地区对于罪犯的减刑设置限制条件，“受刑人违反纪律时，得斟酌情形，于二个月内停止进级，并不计算分数；其再违反纪律者，得令降级。停止进级期间，不得缩短刑期；受降级处分者，自当月起，六个月内不得缩短刑期”。[①]

（二）假释的权力行使主体及相关制度

法国的假释权及撤销假释的权力一开始是由执行法官或者司法部长行使。《法国刑事诉讼法典》第 730 条规定，“（1972 年 12 月 29 日第 72-1226 号法律）同意给予假释的权利，依以下区分，或者属于执行法官，或者属于司法部长。被判刑人因当服一项或数项自由刑而受到关押的总时间，自其入狱之日起计算，不超过（1993 年 1 月 4 日第 93-2 号法律）5 年的，由执行法官听取执行委员会的意见后同意给予假释。被判刑人应当服一项或数项自由刑而受到关押的总时间，自其入狱之日起计算，超过（1993 年 1 月 4 日第 93-2 号法律）5 年的，由司法部长同意给予假释”。[②] 第 733 条规定，“（1972 年 12 月 29 日第 72-1229 号法律）获得假释的人如再次被判刑，明显行为不轨，违反假释决定中规定的条件，不遵守该决定中宣告的措施，假释决定得予撤销。假释决定，按以下区分，或者由负责实施该决定的、有管辖权的执行法官，听取对被判刑人负责的‘获释人员援助与监督委员会’的意见后，予以撤销，或者由司法部长依据执行法官的提议，并在相应的情况下，听取假释委员会的意见后，予以撤销”。[③] 2000 年 6 月

①（台）许福生：《刑事政策学》，中国民主法制出版社 2006 年版，第 355 页。

②《法国刑法典 · 刑事诉讼法典》，罗结珍译，国际文化出版公司 1997 年版，第 612—613 页。

③《法国刑法典 · 刑事诉讼法典》，罗结珍译，国际文化出版公司 1997 年版，第 614 页。

实施的《加强无罪推定的保障及被害人权利的保护法》将司法部长的假释决定权移交由设立于上诉法院的地区假释法庭行使，由于出现审级混乱的问题，2004 年 3 月出台《使司法适应犯罪变化法》，对假释的决定机关和办理程序作出新的规定，设立刑罚执行法庭作为刑罚执行初级裁判机关，取代此前的地区假释法庭在假释方面的管辖权，负责 10 年以上判决或者剩余刑期为 3 年以上判决的假释，其余刑期的假释依然由刑罚执行法官负责。同时，在上诉法院增设刑罚执行庭，受理对刑罚执行法官和刑罚执行法庭判决的上诉。对上诉法院刑罚执行庭的判决提出的复核之诉，由最高人民法院刑庭负责。法国假释决定程序借此次修改实现了司法化。[①]

意大利的监督法院和监督法官享有准予和撤销假释的裁决权。《意大利刑法典》第 176 条规定："被判处监禁刑的人在刑罚执行期间表现良好，令人确信有所悔改的，如果至少已服刑 30 个月或者至少已服满所判刑期的一半并且剩余的刑期不超过 5 年，可以获准假释。"[②]《意大利刑法典》第 177 条则对撤销假释的情形予以规定，"对于获准假释的人，在处罚判决中或者在随后的决定中科处的监禁刑保安处分暂缓执行。如果被假释的人实施新的犯罪或者同一性质的违警罪，或者违反第 230 条第（2）项规定的监视自由的义务，假释将予以撤销。在这种情况下，在假释中度过的时间不计入刑期，并且被判刑人不得再次获准假释"。[③] 执行机关、检察机关、被判刑的罪犯或者罪犯的辩护律师均有权申请启动假释程序，监督法院应当组成合议庭来审理。同时，与法国一样，罪犯、辩护人和检察机关对于监

---

①参见张亚平："法国减刑、假释程序司法化之演进及其启示"，《法商研究》2014 年第 5 期。

②《意大利刑法典》，黄风译，中国政法大学出版社 1998 年版，第 56 页。

③《意大利刑法典》，黄风译，中国政法大学出版社 1998 年版，第 57 页。

督法院的最终裁决不服的，可以向最高人民法院提出上诉或者抗诉。[①]

日本则是“以美国的假释制度为基础，并通过制定‘犯罪人预防改造法’，对假释制度进行了大变革。……是否可以被假释，由传统的司法大臣决定改为了由具有司法机关色彩的地方改造保护委员会来决定”[②]“日本司法部下设更生保护局，负责全国的假释工作。全国设立8个地区的地方更生委员会，这8个更生委员会分布在高等法院的8个司法管辖区。地方更生委员会的主要职权包括两个方面：一是作出假释决定；二是若假释犯不遵守假释条件，作出撤销假释的决定。其功能类似于西方国家的假释委员会”。[③]《日本刑法典》第28条、第29条则分别对假释以及假释的撤销予以规定。“被判处惩役或者监禁的人，如果有悔改表现，在有期徒刑的执行经过1/3、无期徒刑的执行经过10年后，可以根据行政机关的决定准许假释。”[④]“根据《犯罪者预防更生法》第28条、第29条的规定，监狱长在受刑者达刑法第28条及少年法（1948年法律第168号）第58条规定的期限时，必须将此情况通报地方委员会。少年院的在院人达到6个月期限后，少年院也具有同样的义务。假释之申请主要由受刑人服刑之监狱长向监狱当地的地方更生保护委员会提出。”[⑤]“地方委员会根据矫正设施的首长的申请及自己的职权开始审理。”[⑥]“在依职权进行审理时，可以作出不许假释的决定。对该决定不服时，刑事设施的首长或犯人本人可以请求中央改

① 参见黄永维：《中国减刑、假释制度的改革与发展》，法律出版社2012年版，第58—59页。

②［日］大谷实：《刑事政策学》，黎宏译，法律出版社2000年版，第266页。

③［日］大谷实：《刑事政策学》，黎宏译，法律出版社2000年版，第279页。

④ 徐静村主编：《减刑、假释制度改革研究》，中国检察出版社2011年版，第44页。

⑤ 柳忠卫：《假释制度比较研究》，山东大学出版社2005年版，第192页。

⑥［日］大谷实：《刑事政策学》，黎宏译，法律出版社2000年版，第268页。

造保护审查会进行审查。中央改造保护审查会受理申请之后，在自收到请求之日起 60 天之内必须作出裁决。对该裁决不服的，可以向法院提起撤销决定的诉讼。另外，司法实践中，也承认受刑人按照《犯罪者预防改造法》第 49 条所提起的审查请求。驳回申请等的决定，不对已根据有效判决关押犯罪人这一事实产生任何影响。又，受刑人获得假释并非法定的应予许可的权利，因此，即使地方委员会不允许假释，也不构成对犯罪人本人权利的侵犯。”①

在德国假释被称为“余刑缓刑”。除了必须符合实体条件外，还必须得到判刑者本人的同意。“德国的法院和检察院都是司法部的下设机构，现德国的假释是由司法部下设的法院决定。德国的假释监督人被称为假释帮助人。由法院负责执行监督，指派司法行政人员具体实施，具体实施监督的保护人员具有向法院和主管法院的司法部报告监督情况的义务。因此，德国许多州的司法部都设有刑罚执行处，设置专职的假释监督保护人员履行监督职责。”②

我国台湾地区核准受刑人假释和撤销假释的权力属于“法务部”。2005 年，台湾地区修正原“刑法”关于假释的规定，“将‘刑法’第七十七条修正为：受徒刑之执行而有悛悔实据者，无期徒刑逾二十五年，有期徒刑逾二分之一、累犯逾三分之二，由监狱报请‘法务部’，得许假释出狱”③“对于受刑人累进处遇进至二级以上，悛悔向上，而与应假释情形结合者，经假释审查委员会决议，由监狱报请‘法务部’核准后，假释出狱。可见台

①［日］大谷实:《刑事政策学》，黎宏译，法律出版社 2000 年版，第 269 页。

② 徐静村主编:《减刑、假释制度改革研究》，中国检察出版社 2011 年版，第 43 页。

③（台）许福生:《刑事政策学》，中国民主法制出版社 2006 年版，第 376 页。

湾地区对于假释之许可，则属‘司法行政机关’之权限”[①]“依‘刑法’第七十八条及九十三条第三项之规定，撤销假释可分为必撤销与得撤销，前者为假释出狱人假释期中更犯罪而受有期徒刑以上刑之宣告者，但过失犯罪不在此限。后者为假释出狱人违反保护管束规则，情节重大者”[②]“提请假释的主体为受刑人或执行机关，假释撤销则由检察官通知典狱长报请‘法务部’进行撤销。各‘地方法院检察处’的检察官负责对假释出狱及受保护管束及监督，假释保护管束由保护司具体负责。同时，台湾地区各监狱中设置有假释审查委员会，聘请心理、教育、社会、法律、犯罪等学者专家及其他公正人士共同参与假释审查”。[③]

二、英美法系国家和地区的相关制度

英美法系国家的减刑案件多由监狱等刑罚执行机构决定，假释案件则多采取委员会制度，采用听证程序进行办理，属于广泛意义上的行政模式。

（一）减刑权的行使主体及相关制度

美国减刑的权力行使主体根据各州情况有所不同，“有些州由原判刑法院作出，有些州由执行主管当局假释委员会（有的州称赦免与假释委员会）作出”。[④]“善行折减制（good-time credit system）是早期的减刑制形式，

①（台）许福生：《刑事政策学》，中国民主法制出版社 2006 年版，第 377 页。

②（台）林山田：《刑罚学》，台湾商务印书馆 1984 年版，第 250 页。

③ 徐静村主编：《减刑、假释制度改革研究》，中国检察出版社 2011 年版，第 44—45 页。

④ 储槐植：《美国刑法》，北京大学出版社 2005 年版，第 266 页。

最早见于1817年纽约州的一项法律。该法规定监狱当局可以对表现良好、服刑超过5年的犯人实行减刑（短期监禁犯不适用该法），所减去的刑期总计不得超过原判刑期的1/4。许多州的善行折减期允许事后被撤销，主要针对犯人在得到善行折减之后又表现不良的情况。但是有的州，如加利福尼亚州，善行折减是按年度计算的，因而不能跨年撤销。"[①]《美国模范刑法典》第305·1条规定对罪犯准予减短监禁刑刑期的权力应当由监狱长（或负责处遇部门的副监狱长）行使。只有当机构内的改正委员会（或者类似委员会）建议时，才可对行为特别值得称赞或者优秀履行义务的罪犯以减短刑期。第305·4条第1款规定，"因行为良好而减短期间的剥夺、中止或恢复。机构内的改正委员会或者纪律委员会召开听证后，监狱长或负责处遇部门的副监狱长可以剥夺、中止、恢复因行为良好和忠实履行义务而减短的刑期。但是罪犯获得假释后，不得剥夺或者中止其减短的刑期"。[②]

英国是由国务大臣及监狱长行使减刑权。"英国1952年颁布的《监狱法条例》第1185条规定了减刑的条件：'服监禁刑的罪犯的劳动和行为表现可作为其减刑的根据。在执行减刑过程中刑期届满即正式出狱。服监禁刑的囚犯，在实际执行刑期超过五天后，根据其劳动和行为，有特殊表现的也可被减刑。'"[③]通过上述规定可以发现，英国的减刑对象仅限于表现良好的罪犯，并非人人皆可获得减刑。

加拿大的减刑模式具有自身的特点，乃是监狱、法院与假释委员会三方共同享有减刑权的混合模式，只是三者的权限有所不同。根据加拿大法

---

① 储槐植：《美国刑法》，北京大学出版社2005年版，第267页。

② 储槐植：《美国刑法》，北京大学出版社2005年版，第267页。

③ 黄永维：《中国减刑、假释制度的改革与发展》，法律出版社2012年版，第45页。

律规定，“犯人一入狱就获得四分之一的减刑，因是强制减刑故由狱方直接决定。只有在狱中又犯新罪才没收减刑，其他情况不没收，被没收减刑的罪犯，可以在一定时间内申请恢复被没收的减刑。同时规定，没收30天以下的减刑由狱方决定；没收30天以上的减刑，由地区法官决定；没收90天以上的减刑，由假释委员会决定”。[①]

（二）假释权的行使主体及相关制度

美国的假释委员会是负责假释的主管机构，假释决定权由其行使。“假释委员会和其他国家机构一样，也有联邦和州两套。联邦假释委员会成员由总统任命并经国会同意。州假释委员会成员由州长任命并经州议会同意。假释委员会既不属于法院系统，也不属于监狱系统。”[②]根据美国各司法区的法律规定，假释大致有两种形式：一种是假释，俗称假释监督（parole supervision），由假释委员会根据犯罪的性质、犯人的狱中表现以及过去的情况等因素综合考虑后主动作出决定；另一种是有条件释放（conditional release），俗称假释释放（parole release），由犯人申请并以书面形式表示同意释放条件，假释委员会斟酌考虑后作出是否批准的决定。[③]美国各州对于假释的适用条件有很大不同。例如，“有些州实行强制性的假释规定，即罪犯服刑到一定的时间，必须假释。一些州允许罪犯对假释进行选择，因为有少数罪犯不愿接受假释，他们不希望在社区受到假释工

---

① 徐静村主编:《减刑、假释制度改革研究》，中国检察出版社2011年版，第35页。

② 储槐植:《美国刑法》，北京大学出版社2005年版，第266页。

③ 参见储槐植:《美国刑法》，北京大学出版社2005年版，第265页。

作人员的监督，所以他们宁愿在监狱服完全部的刑期”。①

英国的假释委员会作为独立于政府的司法部门，是假释的权力行使主体。“假释委员会由 1 名主席和 4 名以上由内务大臣任命的成员组成。假释委员会必须包括下列人员：担任或者曾经担任司法职务的人；研究精神病学的注册医务工作者；内务大臣认为具有罪犯刑满释放后监督和安置经验与知识的人；曾经研究过犯罪原因与罪犯处遇政策的人。”② 假释委员会决定是否对罪犯适用假释的关键并非罪犯过去犯有何种罪行，而是罪犯以后是否会继续危害社会。假释委员会以监狱提供的罪犯人身危险性评估报告为重要依据，在确认罪犯不会再危害社会的情况下才会作出假释决定。③

加拿大的假释程序相对而言比较完备，由假释委员会决定罪犯的假释及撤销。“全国假释委员会和省假释委员会是审查决定假释的专门机构。全国假释委员会是负责审查、决定联邦监狱系统和未建立省假释委员会的省监狱系统的罪犯的假释。省假释委员会负责审查、决定本省监狱系统罪犯的假释。”④ 此外，“加拿大的假释委员会还具有特殊的机制，全国假释委员会监督省假释委员会的工作。假释委员会委员有专职和兼职两种类别。假释委员会的专职委员不得担任与其职责相矛盾的职务”。⑤

---

① 刘强:《美国社区矫正的理论与实务》，中国人民公安大学出版社 2003 年版，第 91 页。

② 郭建安、郑霞泽主编:《社区矫正通论》，法律出版社 2004 年版，第 215 页。

③ 参见黄永维:《中国减刑、假释制度的改革与发展》，法律出版社 2012 年版，第 53—54 页。

④ 郭建安、郑霞泽主编:《社区矫正通论》，法律出版社 2004 年版，第 215 页。

⑤ 徐静村主编:《减刑、假释制度改革研究》，中国检察出版社 2011 年版，第 42 页。

第三节 减刑、假释案件审理程序和听证程序

审理程序和听证程序作为各国和地区减刑、假释案件较为普遍的办理模式，相应的制度和程序已经较为成熟和完善。本部分将重点介绍与考察二者的主要内容。

一、减刑、假释案件审理程序

如前所述，大陆法系国家多由法院审查减刑案件。当然，由于减刑案件本身具有特殊性，减刑案件办理程序的严谨程度通常低于普通刑事案件，“一是法律对这种案件的程序规定得不是很详细和具体，执行起来也不是很严格；二是在许多情况下并不进行开庭审理，而只进行书面审理”。①例如，法国新监狱法将在判决后的刑罚调整变成法官的义务，“这些自动进行刑罚调整的程序无须通过刑罚执行法官即司法化的过程，而是经非司法化的程序，具有行政性质，即无须提出申请，没有律师参与，不经过庭审辩论，没有上诉途径”。②

不仅如此，减刑程序与假释程序本身在各个国家和地区的运行亦有区别。例如，“法国的减刑程序为不开庭书面审理，不经对审辩论作出，实质上为听取意见式，执行法官听取检察官和被害人的意见；假释程序则要经过对审辩论。在同类程序中，大陆法系各国之间也具有区别。如在减刑

① 柳忠卫：《假释制度比较研究》，山东大学出版社 2005 年版，第 196 页。

②[法]雅克·博里康、朱琳编著：《法国当代刑事政策研究及借鉴》，中国人民公安大学出版社 2011 年版，第 350 页。

程序中，意大利采用开庭审理的方式，检察官和律师在此程序中表现活跃，法官需充分听取当事人的意见，较法国的执行法官审理案件相比，更加强调当事人之间的对抗。假释程序中德国不经过言词审理，法官在听取检察官、当事人的意见之后作出裁定，甚至在各方意见一致的情况下，听取意见程序均可省略，而法国、意大利的假释程序均规定需进行言词审理。相较采委员会模式较多的英美法系国家，采司法模式较多的大陆法系国家一般在言词审理程序中都保障了罪犯的出庭权”。[①] 在英美法系国家中，英国的假释委员会必须“提供适当的程序保证，其不应当明显低于在刑事法庭中的程序保障水平。给予罪犯和国家作为双方当事人以平等的保障，保证对双方平等对待，具有一定的对抗性质”。[②] 美国的联邦上诉法院则明确指出，“假释程序在本质上是非对抗的，因为委员会和罪犯双方都关心罪犯改造”。[③]

审判组织通常采用独任制或合议制，在上诉审庭审中，基于纠错目的采用合议制；对于审判公开而言，公开是原则，不公开只能基于社会安全或者保护个人隐私等特定事由。此外，在减刑、假释案件办理程序中，在充分保障当事人诉讼权利的前提下，简化庭审程序包括调整调查顺序、简化调查内容等得到广泛运用，更有利于司法资源的优化配置。

审理程序主要包括以下几项内容：

---

① 徐静村主编:《减刑、假释制度改革研究》，中国检察出版社 2011 年版，第 58 页。

② 孙琳:《减刑假释程序研究》，中国人民公安大学出版社 2011 年版，第 107—108 页。

③ 孙琳:《减刑假释程序研究》，中国人民公安大学出版社 2011 年版，第 102 页。

（一）庭前准备和权利告知

由于各国和地区对减刑、假释的指导原则有所不同，导致案件审理程序特别是诉讼参与人享有的权利内容出现差异。但是，一般来说，开庭审理前应当预先通知相关诉讼参与主体开庭时间和开庭地点等内容，同时还应告知诉讼参与主体享有的相应诉讼权利包括申请回避权、律师帮助权、提供证据权、意见陈述权等。例如意大利，“对于提出假释申请的罪犯没有委托律师或者辩护人的，监督法院应当在罪犯提出申请后的5日内，为罪犯指定一名律师或者辩护人。监督法院在确定开庭审理的时间后，应当在开庭的10日内通知刑罚执行机关、检察机关、罪犯和辩护人”。①

（二）法庭调查

由减刑、假释的提请方承担主要举证责任，必要时法庭也可行使调查职权。如果检察机关、被害人一方或者其他参与人提出反对意见，则需对己方的主张承担举证责任。即使减刑、假释程序是基于服刑人员本人的申请而独立启动，执行机关仍负有协助服刑人员完成举证的义务。“在质证程序中，各方当事人可以对提交法庭审理的所有文书材料进行争论和质询，检察院、罪犯、被害人均有向证人提问的权利。法官可以根据案件事实的发展进程或其他逻辑关系来安排证据的出示顺序或发问顺序，法官

① 黄永维：《中国减刑、假释制度的改革与发展》，法律出版社2012年版，第59页。

自身享有提问的权利。”① 当然，根据案件自身的需要，特别是对于各方当事人之间没有较大争议的物证、书证等证据，调查程序可以适当予以简化。

至于法官调查权的设置方式而言，对于控辩双方针对特定事实未出示的其他证据，大陆法系的刑事法官一般不能依职权主动对案件事实展开调查，即便展开调查，亦应遵循下列的隐含规则：尽可能地收集对被告人有利的证据，而对检察官有利的证据系控方责任，不能越俎代庖。② 但是在减刑、假释案件审理程序中，出于查明案件事实的需要，法官可以依职权收集有利和不利于罪犯的所有证据材料。例如，日本要求主审委员原则上必须会见罪犯本人，同时“为慎重处理长期受刑人的假释审理，从 1979 年开始，规定在审理被处无期徒刑及刑期为 8 年以上的长期刑犯人的过程中，保护观察官应尽量早日开展准备调查，并举行由主审委员所主持的反复面谈或有数名委员参加的面谈”。③

（三）听取意见

多数国家和地区允许罪犯在减刑、假释案件审理程序中进行书面或者口头的陈述，由法官听取意见并且作为裁决依据。由于不存在类似普通刑事案件的激烈对抗性，因此在减刑、假释案件审理程序中，无论是否开庭审理，除非法定免除情形外，均应充分保障诉讼各方包括检察机关、刑罚

①[法]卡斯东·斯特法尼：《法国刑事诉讼法精义》(下)，罗结珍译，中国政法大学出版社 1999 年版，第 703—704 页。转引自孙琳：《减刑假释程序研究》，中国人民公安大学出版社 2011 年版，第 129 页。

② 参见黄永：《刑事证明责任分配研究》，中国人民公安大学出版社 2006 年版，第 415 页。

③[日]大谷实：《刑事政策学》，黎宏译，法律出版社 2000 年版，第 268 页。

执行机关、罪犯、被害人、律师等的意见陈述权。例如，根据《法国刑事诉讼法典》第733-1条规定，假释的决定“得依共和国检察官之申请，向轻罪法院提出异议，轻罪法院在被判刑人与民事当事人的辅佐人提出要求时，应听取他们的陈述，并在听取一切有用的意见后，于评议室作出审理决定”。[①]

有的国家还设置了专门机构来帮助法官审查判断罪犯的矫正表现和人身危险性程度等情况。例如，法国“设立由执行法官主持召集的刑罚执行委员会，检察官或者监狱机构负责人为其当然成员。委员会出具咨询意见，法官要予以听取”。[②] 此外，假释程序中还可包括通过征求社区矫正机构的意见这一程序来评估罪犯的再犯危险，以帮助罪犯回归社会及确保社区安全。需要特别指出的是，域外许多国家和地区均非常重视听取被害人的意见，多数国家甚至规定裁决前必须听取被害人的意见以确定罪犯被假释后对被害人可能产生的影响，并以此作为裁判的重要依据。

当然，意见听取程序可基于各诉讼参与主体程序选择权的行使得以免除。例如，“《德国刑事诉讼法典》第454条规定，当存在以下情形之一时，便可以免除听取当事人的意见：（1）检察官、监狱赞同中止执行刑罚，法院也有中止执行的意图；（2）被执行人提出了中止申请，但不包括服刑不足2个月等过早申请的情形。在法定免除情形外，服刑者、被害人、检察机关或监狱的意见陈述权利必须得到保障”。[③]

---

①《法国刑法典·刑事诉讼法典》，罗结珍译，国际文化出版公司1997年版，第614页。

② 徐静村主编：《减刑、假释制度改革研究》，中国检察出版社2011年版，第62页。

③ 徐静村主编：《减刑、假释制度改革研究》，中国检察出版社2011年版，第61页。

（四）作出裁决

法院根据法定的条件和标准，裁决是否给予罪犯减刑、假释，事实结论以及理由依据均应通过裁决的形式予以说明或公开，依法及时告知相关人员，以满足程序正义的要求。例如，《意大利监狱法》第54条规定："1.如果被判处监禁性刑罚的人，确已接受再教育，为了鼓励他的这种表现并且为使其更有效地重返社会，可以允许每服六个月刑罚减刑45日。为此目的，在预防性羁押或在监禁居住状态中度过的时间也予以计算。2.对此项优待的准许应通知上诉法院或发出执行令的法庭中的检察官，如果执行令是由独任法官发出的，则应通知独任法官。"①

由于在减刑、假释审理过程中，罪犯的人身危险性仍然具有可变性，因此，在裁决作出前或者执行前，一旦出现否定罪犯无再犯可能性的新证据，则可裁定对罪犯不予减刑、假释或者裁决撤销减刑、假释。例如，《德国刑事诉讼法典》第454条a规定："根据新的事实，不能再对受有罪判决人在刑罚执行之外是否将不再实施犯罪行为的实验负责时，在受有罪判决人被释放之前法院可以撤销假释裁定。"②

（五）审理期限和权利救济

虽然各国对于减刑、假释案件审理期限的规定有所不同，但是，无论如何，"在减刑、假释案件审理程序中，同样应贯彻不间断的集中审理原则，及时作出裁决。同时具有延期及中止情形。如出现需调取新的证据、

①《意大利刑法典》，黄风译，中国政法大学出版社1998年版，第258页。

②《德国刑事诉讼法典》，李昌珂译，中国法制出版社1995年版，第170页。

罪犯申请法官回避或法庭出现新情况之时延期审理；中止情形则指罪犯个人自愿放弃减刑、假释程序权利或法庭在裁判之前发现减刑、假释不当或提请者提出中止请求并经法庭审核同意等”。[①]

就权利救济途径而言，在减刑、假释案件审理程序中，多数大陆法系国家明确赋予罪犯本人、检察官等诉讼主体享有提出上诉、询问原因甚至重新提请的权利，但是，很少明确规定被害人的权利救济程序。例如，根据《法国刑事诉讼法典》之规定，“对轻罪法庭或少年法庭的决定，仅能在5日之内向最高人民法院提出上诉。此种上诉不具中止效力”。[②]“法院依检察院或当事人申请，并听取检察院的意见，于评议室作出审理决定。当事人的辅佐人，如其提出请求，或者在相应场合，如当事人本人提出要求，应听取其意见。如法院有此命令，有争议的决定停止执行。”[③]此外，由于各国对于减刑、假释是否属于罪犯权利的界定不同，导致罪犯的救济路径也存在明显差异。例如，在日本，由于受刑人获得假释并非法定应予许可的权利，因此，即使刑事设施的首长或者罪犯本人在不服地方委员会不予假释决定时，也可以请求中央改造保护审查会进行审查，但是，地方委员会不允许假释并不构成对罪犯本人权利的侵犯。

二、减刑、假释案件听证程序

听证也是减刑、假释案件的常见办理程序，但是，各国对于听证的程序规范和重视程度均有显著差别。例如，“在美国假释听证并没有得到

① 徐静村主编:《减刑、假释制度改革研究》，中国检察出版社2011年版，第63页。

②《法国刑法典·刑事诉讼法典》，罗结珍译，国际文化出版公司1997年版，第615页。

③《法国刑法典·刑事诉讼法典》，罗结珍译，国际文化出版公司1997年版，第600页。

应有的重视，最高司法机关也认为假释听证程序是不必要的，由此导致了假释委员会在作出决定时的随意性，并常常受到社会公众的攻击。相比之下，加拿大对假释决定的听证程序规定得较为细致和完备”。①

关于听证程序，需要作出以下几点说明：

首先是听证的范围。出于效率等多方面因素的考虑，并非对每一个罪犯的减刑或者假释均需组织听证。例如，虽然美国许多司法管辖区在假释决定之前必须进行听证，除非罪犯的记录达不到假释的要求或只能在有选择的案件中或在反对异议被提交时，但是，有八个州的法律规定对于同意或拒绝假释可以进行非正式的听证。《加拿大矫正与有条件释放法》规定，对于初犯等轻微犯可以通过不听证的方式作出假释决定。就完全假释的初次审查而言，在假释被中止、取消、终止或撤销之后的审查或法定释放被中止、终止或撤销之后的审查等情形下，假释委员会必须采用听证的方式审查案件，除非罪犯以书面形式放弃听证或拒绝参加听证或以书面形式接受假释条件下准予假释。至于其他案件，假释委员会则均以听证的方式进行审查。②

其次是听证的方式。听证的方式既有正式听证，也有非正式听证。例如，美国有些州的假释是由假释委员会的成员以非正式的听证方式进行裁决。与正式听证的方式相比，非正式听证的方式无疑更具有灵活性，既可以由假释委员会的一个成员实施，也可以由部分或者全部成员进行。例如，美国的一些假释委员会是全部委员会成员共同审查一个案件，一些假

---

① 柳忠卫:《假释制度比较研究》，山东大学出版社 2005 年版，第 196 页。

② 参见徐静村主编:《减刑、假释制度改革研究》，中国检察出版社 2011 年版，第 50 页。

释委员会则是分成几个部门并在不同的司法管辖区进行假释听证。当然，即便是非正式听证，罪犯仍然有机会提出代表其意见的声明。[①]

至于听证是否公开，各国和各地区之间的规定亦有差别。在美国，有些州的听证是秘密进行的，仅有罪犯、假释委员会、监狱代表以及记录员参加。根据立法规定，仅有15个司法管辖区的假释听证是公开的。例如，内布拉斯加州的假释听证向公众公开，任何与此有利害关系或持反对意见的人均可被邀请参加充当证人和提供证据。英国原先的假释听证通常都是在监狱秘密进行，并且采用书面形式，很少实施口头公开听证。现在，假释委员会对所有的撤销假释进行口头听证（公开听证），但是决定假释较少适用口头程序。公开是听证的一般原则，只有在由于申请旁听者参加或与其他人共同参加听证导致听证很有可能被打乱或委员会考虑事情的能力很可能受到负面影响，很可能对被害人、被害人的家庭成员或罪犯的家庭成员等向委员会提供信息的人产生消极影响以及可能对该人或公众知情权与罪犯有效回归社会的公共利益之间的适当平衡产生消极影响以及危及听证机构的安全和良好秩序等例外情形下不予公开。[②]

听证程序通常包括以下几个环节：

（一）听证准备

首先是通知听证的时间、地点以及证据准备。即使是非正式听证，也只是听证在某种程度上的简化，因此不影响通知的对象及通知内容。[③] 例

① 参见孙琳：《减刑假释程序研究》，中国人民公安大学出版社2011年版，第119页。

② 参见徐静村主编：《减刑、假释制度改革研究》，中国检察出版社2011年版，第51页。

③ 参见［美］迈克尔·D.贝勒斯：《程序正义——向个人的分配》，邓海平译，高等教育出版社2005年版，第55页。

如，加拿大假释委员会受理案件时须提前通知罪犯案件已被提交和审查。其次是征询意见。听证程序中同样有征求相关机构或人员意见的征询意见程序。例如，在英国，案件提交到假释委员会之前，一般应征求审判法官的意见。最后是设置和选任听证主持人。为保证听证的程序公正和决定的理性作出，美国有些州在裁决程序中专门设置了听证官来主持听证，假释委员会成员不能参加听证，他们仅负责根据听证笔录作出假释决定。同时，听证官主持听证的方式具有多样性，例如，在科罗拉多州，一名假释委员会成员听审非暴力案件时可以当面进行也可以通过电话进行。①

（二）意见发表和证据提供

除少数国家和地区因为不想假释听证具有更多的对抗因素因而不愿让罪犯到场外，听证通常允许罪犯到场，例如，美国“有 21 个州允许罪犯聘请律师和法律顾问，有 19 个州允许罪犯出示证据。为了表明假释决定的合理性，有 11 个州假释司法区规定罪犯有正式的发言权”。②罪犯不仅有陈述意见的权利，而且一般有权要求传唤证人提供证言，原则上允许当事人提出看法并质问对方证人。需要注意的是，交叉询问仅适用于撤销程序而不适用于裁决程序。除非传唤证人会泄露证人隐私、当事人没有及时申请传唤证人等，假释委员会不得拒绝当事人传唤对方证人进行质证或者拒绝当事人申请延期听证以便对方证人出席。此外，被害人通常也被通知到场发表个人意见，为假释委员会提供影响力陈述。美国一些州规定具有

---

① 参见徐静村主编:《减刑、假释制度改革研究》，中国检察出版社 2011 年版，第 51—52 页。

② 刘强:《美国社区矫正的理论与实务》，中国人民公安大学出版社 2003 年版，第 92 页。

相关职能人员如监狱看守或者执行机关的代表、假释官员、教士、医生、心理专家、法官、控方律师等在听证时也应在场。[①]

（三）调查及意见听取

在减刑、假释案件审查过程中，由假释委员会等机构行使调查权力，并且充分听取各方意见，就是否给予罪犯减刑、假释提供依据。"假释计划的准备一般是由监狱的工作人员（有的州将假释工作人员安排到监狱，他们需要会见犯人和犯人的亲友等）进行。多数情况下，假释委员会需要掌握两个特别重要的文件：假释计划和对犯罪受害人影响的说明。"[②]《加拿大矫正与有条件释放法》规定，各假释委员会应当考虑所有与案件相关的信息，包括量刑法官阐述的理由和提出的建议、来自审理和量刑听证的任何其他信息、矫正机构提供的信息和评估以及从被害人和罪犯等获取的信息。为获取上述信息，假释委员会可以进行一切相关调查。[③]日本为了更有效地开展假释的审理工作，地方更生委员会采取了多项措施，一是为发挥保护观察在行刑矫正中的作用，实行让保护观察官长住行刑设施的设施驻在官制度。二是为了加强对长刑犯的假释审理工作，充分发挥保护观察所为地方更生委员会调查信息的作用。[④]

① 参见徐静村主编：《减刑、假释制度改革研究》，中国检察出版社 2011 年版，第 52—53 页。

② 刘强：《美国社区矫正的理论与实务》，中国人民公安大学出版社 2003 年版，第 93 页。

③ 参见徐静村主编：《减刑、假释制度改革研究》，中国检察出版社 2011 年版，第 53 页。

④ 参见翟中东主编：《自由刑变革——行刑社会化框架下的思考》，群众出版社 2005 年版，第 120 页。

（四）证据规则和证明标准

假释听证实质上只是协商式的听证模式，而并非对抗式的审判型听证，虽然全部证据仍须向当事人出示并且听取意见，但无须严格遵守司法程序中的证据规则，而是根据听证性质灵活多变地适用证据规则，例如，“不禁止采纳传闻证据”等比较方便的证据规则。在减刑、假释裁决听证程序中，交叉询问的程序设置并不必然存在，证据形式主要是书面证据或者专家意见，大量的书面程序和非正式程序也弱化了这种需要。① “从实践中的反馈情况看，假释委员会在决定假释时缺乏非常明确的标准和指导原则。有的学者指出：对罪犯来说，他们在监狱服刑，不知道何时自己能否获得假释，不知道假释的尺度是什么，从这个意义上看，对罪犯存在着残酷的、非人道的和令他们心情沮丧的一面。” ②

基于减刑、假释案件证据规则的特殊性，裁决听证的证明标准是优势证明标准或合理证明标准，后者较前者的要求和位次更低。通常在裁决程序中两种证明标准均可适用，但在撤销程序中出于保障罪犯权利的需要，一般适用优势证明标准而非合理证明标准，例如，美国善行折抵裁决中确立了合理证明标准，而在善行折抵被撤销时为优势证明标准。加拿大也确立了合理证明标准，尽管合理证明的门槛很低，但能防止一些假释委员会没有理由或以其他滥用的方式干涉罪犯减刑、假释特权的行使。③

---

① 参见徐静村主编：《减刑、假释制度改革研究》，中国检察出版社 2011 年版，第 53—54 页。

② 刘强：《美国社区矫正的理论与实务》，中国人民公安大学出版社 2003 年版，第 96 页。

③ 参见徐静村主编：《减刑、假释制度改革研究》，中国检察出版社 2011 年版，第 54 页。

（五）决定的作出和假释协议的签订

假释委员会作出决定的依据是通过听证程序所获取的信息和证据。如果假释委员会成员未参加听证，则以听证记录的内容作为依据。多个成员共同组成审查小组时采用多数裁决原则。正如前文所介绍，假释委员会等假释权力机构在听证程序上享有很大的裁量决定权，加之听证中证据调查机制不完全充分并且证明的标准较低，因此假释委员会成员在作出决定时享有较大的自由裁量权。假释委员会在决定是否给予罪犯假释时会充分考虑其人格因素、性格因素、态度以及职业前景等。此外，在美国许多司法管辖区，监禁机构的建议或者令人满意的监禁记录是给予罪犯假释的条件。由于美国许多州的立法未对假释的标准予以明确规定，对假释机关的活动缺少相应监督，导致假释机构可轻易地修正法院判决，甚至不给予拒绝或予以假释的理由说明。因此，美国矫正协会制定了假释指导准则。此外，主管假释工作的人员召开全国性假释会议并共同制定《假释原则宣言》，各州也相继制定了各自的假释指南或指导原则。[①] 其中的内容都为假释活动提供了较为明确的要求。

美国、英国、加拿大、日本等许多国家均适用假释协议，假释委员会等机构对罪犯作出准予假释的决定时，通常要与罪犯签订假释协议来明确规定假释犯必须遵守的监督条件，这些条件类似我国法律规定的“禁止令”。例如，罪犯有对儿童进行性侵害的历史将被禁止接近儿童经常聚集的某些区域；有酗酒历史的罪犯将被禁止喝酒或进入一些涉酒场所。一旦

① 参见徐静村主编:《减刑、假释制度改革研究》，中国检察出版社 2011 年版，第 54—55 页。

假释犯违反这些监督条件，将面临假释被撤销的风险。日本规定假释犯在假释期间应遵守的事项，由罪犯本人签名盖章并宣誓遵守。在规定的时间内，假释犯必须到所属的保护观察所报到，回到指定的归住地，开始接受保护观察。①

（六）审查时间及权利救济

审查时间主要是指假释委员会审查罪犯减刑、假释所可耗费的最长期限。“一个及时的听证所涵盖的并不仅仅是听证开始前的准备时间，还包括听证（包括休庭）的持续时间和作出决定的时间。”②一些国家对此作出明确的规定，“日本的《假释和保护观察法》第52条明确规定，审查会须在受理审查请求之日起60日内作出裁决”。③有些国家没有限定假释的审理时限，“美国对假释审理的时间是有限的，对每一个案件来说，假释委员会在听证会上花费的时间平均是12到15分钟，这意味着一个假释委员会每天能处理15到20个左右的假释案件”。④过短的审查时间无疑不利于作出正确的结论，同时，“对被告假释决定的延迟也并不能成为宪法性控诉的理由，因为假释成文法中的自由裁量本质使假释的获得具有极强的推断性”。⑤

减刑、假释的裁决作出后，各国和地区均对罪犯设置了一定的救济程序，罪犯的救济途径包括向假释委员会（地方更生委员会）申请复查或

---

① 参见徐静村主编:《减刑、假释制度改革研究》，中国检察出版社2011年版，第56页。

②[美]迈克尔·D.贝勒斯:《程序正义——向个人的分配》，邓海平译，高等教育出版社2005年版，第54页。

③ 转引自司法部编:《外国监狱法汇编(二)》，社会科学文献出版社1988年版，第428—429页、第437页。

④ 刘强:《美国社区矫正的理论与实务》，中国人民公安大学出版社2003年版，第96页。

⑤ 徐静村主编:《减刑、假释制度改革研究》，中国检察出版社2011年版，第57页。

上诉。例如，在英国，如果假释委员会拒绝了罪犯的假释申请，罪犯在一年内仍有进一步被考虑的余地。罪犯个人也可以向欧洲人权委员会提出请求，说明自己是受害者，其被公约所保护的权利遭到侵犯。在加拿大，若假释申请被直接拒绝，对再次审查的日期应进行预期；若假释委员会在听证后拒绝罪犯的请求，应将此案连同拒绝理由交由另一审查小组复查。在假释决定的有效期内，假释委员会每年进行一次审查，启动自动复查机制。假释委员会在每次审查时应进行调查，以确定是否有足够的新信息或证据来支持和修改裁决或作出新的裁决。[①] 与大陆法系审理模式相同，英美法系听证模式较少明确规定被害人的权利救济途径和方式。

第四节 减刑、假释的撤销程序

不少国家和地区法律均有关于减刑和假释的撤销规定。我国《刑法》虽然规定了假释撤销的情形，但是并未规定对减刑的撤销，我国尚未设立减刑撤销制度。概括地讲，减刑撤销是指虽经法院裁定减刑，但当罪犯严重违反监狱纪律甚至违法犯罪，或者有证据证明所获减刑是通过欺骗等手段不当谋取，将其所获减刑予以撤销，全部或者部分恢复所减刑罚的执行。假释撤销是指当被假释人员在假释考验期内违法犯罪或者严重违反假释监督条件时，撤销假释，收监执行尚未执行完毕的刑罚。[②]

① 参见徐静村主编:《减刑、假释制度改革研究》，中国检察出版社 2011 年版，第 57—58 页。

② 参见孙琳:《减刑假释程序研究》，中国人民公安大学出版社 2011 年版，第 137 页。

一、减刑的撤销及程序

美国有些州及联邦法规定，“如果囚犯有伤害、逃脱及其他显著或重大违纪违规行为的，可取消其由于善行而减刑的待遇，惩戒委员会可以建议不给予罪犯减刑或撤销其减刑的决定”。[①] 意大利则规定，如果在减刑后的刑罚执行过程中，服刑人犯非过失性重罪，则应撤销减刑。在法国，如果罪犯在减刑后的服刑期间出现不良行为，可全部或部分撤销所减刑期。[②]

减刑撤销程序主要包括监狱惩戒程序、假释委员会撤销假释中附带撤销程序以及司法程序。“首先，监狱的惩戒程序为行政程序，由监狱自行启动以正式或不正式听证的方式作出决定，满足保障罪犯之陈述权和听证主持人的公正无偏私的最低正当程序标准要求。罪犯是否能获得律师帮助具有争议，一般在监狱的自由裁量范围之内法院不予干预；若作出撤销决定，罪犯可有救济途径，主要分为行政系统之内和行政系统之外救济方式。行政系统之内的救济主要是诉冤和复议；行政系统之外的救济主要是诉讼和提请司法审查。其次，在假释委员会的附带撤销程序中，关于减刑的撤销依假释撤销程序进行。”[③]

“司法程序中撤销由负责执行的法官裁决，提请人通常为行刑机关、检察官或对罪犯具有监管权力的其他机关组织。执行法官在发现罪犯具有减刑撤销的情形后也可直接启动。如法国执行法官应监狱机构提出的请求，或者应共和国检察官提出的意见，受理案卷，撤销已给予的

---

① 转引自何鹏、杨世光:《中外犯罪改造制度比较研究》，社会科学文献出版社 1993 年版，第 199 页。

② 参见黄永维:《中国减刑、假释制度的改革与发展》，法律出版社 2012 年版，第 49 页。

③ 徐静村主编:《减刑、假释制度改革研究》，中国检察出版社 2011 年版，第 68—69 页。

减刑。”[①]“如果犯罪人因实施针对未成年人的杀人、谋杀、酷刑或野蛮行为、强奸、性伤害或性侵犯而被判刑的，以及在监禁期间拒绝接受刑罚执行法官根据医生意见所要求的治疗措施的，刑罚执行法官可直接撤回信用减刑。”[②]此外，“法官具有复查权，在给予减刑宣告后的当年内，执行法官听取社会回归与考验事务委员会的意见后，也可撤销减刑的一部分或全部。减刑撤销审理一般由法官调查清楚事实情况后，听取监狱方、检察官或刑罚执行委员会的意见后作出裁决。通常罪犯、检察官等可对撤销裁决提出上诉”。[③]

二、假释的撤销及程序

“各国对假释的撤销设置了不同的条件。通常撤销假释基于两种情形：一是犯有新罪，二是技术违规。”[④]考虑到监狱的承载负荷和假释人员的有效改造，“被送回监狱的往往是有经常性违规的假释人员，或者工作人员认为有可能再次犯罪的假释人员。事实上大多数撤销假释的原因是假释人员因犯罪的指控被逮捕或假释工作人员无法对其妥善安置”。[⑤]我国台湾地区法律规定，假释撤销的原因可以分为“必要的撤销”和“裁量的撤销”两种，前者如台湾地区“刑法”规定，假释者在假释期间内故意犯罪，而受有期徒刑以上刑之宣告时，于判决确定后六个月内，撤销其假释，但假释期满逾三年者，不在此限。“裁量的撤销”是指对于违反“保

---

①徐静村主编:《减刑、假释制度改革研究》，中国检察出版社 2011 年版，第 69 页。

②张亚平:“法国信用减刑制度及其借鉴意义”，《中国刑事杂志》2013 年第 5 期。

③徐静村主编:《减刑、假释制度改革研究》，中国检察出版社 2011 年版，第 69—70 页。

④刘强:《美国社区矫正的理论与实务》，中国人民公安大学出版社 2003 年版，第 107 页。

⑤刘强:《美国社区矫正的理论与实务》，中国人民公安大学出版社 2003 年版，第 107 页。

安处分执行法”规定的应遵守的事项，情节重大者，监狱长可以报请撤销假释。[①]

大陆法系以法院为权力主体，基于司法权的中立超脱，在主体设置方面程序公正的意义更强。撤销假释的审理程序与假释裁决程序差异并不明显。根据《法国刑事诉讼法典》的相关规定，执行法官撤销假释时，要听取检察官的要求和被判刑人的陈述说明以及被判刑人律师的说明，同时听取负责被判刑人社会回归与考验事务委员会的意见后进行。在假释决定尚未得到执行意见，被判刑人不再具备假释的法定条件时，也可撤销假释决定。[②]

英美法系出于保障人权的需要，在撤销程序的具体设置上较大陆法系更为细致，体现程序的独立价值。“英美法系国家中，尤以美国两步式的假释撤销程序最为正式，凸显出强烈的人权保障属性。英国、加拿大、澳大利亚等国假释委员会仍以一步式听证方式审查假释撤销问题，但较假释裁决程序就假释犯特权或自由权利的保障度有一定的提高，如在实践中加拿大的证据信息披露程序在撤销假释程序中运作得更加规范。”[③] 以下将重点介绍英美法系的听证程序。

美国的假释撤销通常需要以听证方式作出，并且通过多次程序分流的机制来保障假释犯的假释权利；例外情况是有些州规定被假释者被逮捕送回监狱，此种情况则无须听证审查。“在预先听证中，若听证官查明被假释者并不具有违反监督原则的原因则恢复其假释监督。若查明有违反假释

① 参见黄永维:《中国减刑、假释制度的改革与发展》，法律出版社 2012 年版，第 53 页。

② 参见《法国刑事诉讼法典》，罗结珍译，中国法制出版社 2006 年版，第 577—578 页。

③ 徐静村主编:《减刑、假释制度改革研究》，中国检察出版社 2011 年版，第 71 页。

规则的原因，在初步听证后，假释官员准备其违反听证的书面报告，这份报告将被更高级别的假释官员和在假释委员会中准备审查分析和作出决定的地区监督者审查。其后，假释委员会将宣布是否正式惩戒。在此，若决定不予惩戒则罪犯恢复假释；若宣布惩戒后正式的撤销假释听证将预备进行。在进行正式的听证中，假释官员将建议撤销假释，若假释官未提出此建议则惩戒被取消，恢复对罪犯的假释监督；若假释官提出建议，听证官对委员会则提交报告以便审查和安排。最后，由假释委员会决定是否撤销假释。若委员会未作出撤销之决定，则恢复对被假释者的监督。若作出撤销决定，被假释者将被送回监狱。罪犯可以提出上诉，但其上诉将受到上诉机构和委员会的审查。假若上诉被允许，罪犯则可获得新的听证或撤销原惩戒决定。”①

第五节 域外减刑、假释案件办理程序的比较及启示

由于受法律传统和司法模式等因素的影响，域外各国、各地区特别是大陆法系与英美法系之间在减刑、假释案件办理程序及其相关制度上存在很大的差异。同时，程序运作与减刑、假释的权力归属密切相关，抑或说，不同的减刑、假释权力行使主体决定了不同的减刑、假释案件办理程序。从各国、各地区的实践运行来看，不同时期、不同内容和模式的减刑、假释规定，或是促进了本地的减刑、假释工作的发展，或是背离了其减刑、假释的目的和预期。总体来说，各国和各地区的减刑、假释制度及

① 徐静村主编:《减刑、假释制度改革研究》，中国检察出版社 2011 年版，第 72 页。

程序一直都处在演变和发展的状态。

鉴于各国和地区的减刑、假释的制度规定和实际运行情况不同，本课题不宜就其减刑、假释的案件办理程序作出或好或坏的褒贬评价，在此仅就其不同、相通之处和实际效果作简单分析，为完善我国减刑、假释案件审理程序提供依据和参考。

一、域外减刑、假释案件办理程序的分析

大陆法系与英美法系之间乃至法系范围内不同的国家和地区之间，减刑、假释案件办理程序均是各有特色，其中既有不同之处亦有相通之处，产生了各自的施行效果。

（一）不同之处

关于减刑、假释的决定权，纵观各国立法，主要有以下两种运行模式：一种是以美国、加拿大等国家和地区为代表的假释委员会决定模式；另一种是以中国、意大利等国家和地区为代表的法院裁决模式。从权力行使主体来看，大陆法系国家的减刑、假释多由法院行使裁决权，属于司法模式，例如，法国、德国。英美法系国家的减刑多由监狱、内阁等司法行政机关行使裁决权，属于行政模式；而英美法系国家的假释多由假释委员会行使裁决权。从内部看，一些国家和地区的减刑、假释制度与同法系大多数国家和地区也不尽相同，如日本属于传统意义上的大陆法系国家，但其减刑权属于内阁的权限，可以视为行政模式，其假释权受美国假释制度的影响，现为委员会模式；如果从权力行使主体的角度考虑，我国台湾地区的假释权属于“法务部”，亦为行政模式。

从权力机构的人员组成来看，假释委员会的组成人员一般是由法律、行政和社会工作人员等共同组成，通常比法院的审判人员或专业、或全面。美国“各州的假释委员会有3个到12个成员不等。有24个州对假释委员会成员的特别资格具有成文法上的规定。如具备良好品格或有丰富的阅历等。……许多州要求假释委员会成员具有特殊资格，如是律师、刑罚学家、社会学家、心理学家、医生、当地的官员或受到矫正犯人训练或参与社会工作的人士”。[①] 在英国，“现今英格兰和威尔士的假释委员会有156名成员，由副主席、高等法院法官、巡回法院法官、心理学家、缓刑官、犯罪学家和社会人士组成”。[②] 日本的“地方保护改造委员会的委员从具有检察、矫正、保护及其他行政经验的一般公务员中选任”。[③]

从办理程序本身来看，首先是减刑、假释的提起模式。“基于减刑与假释功能的差异，减刑提请程序比假释提请程序的构造更为简单。在设置法定减刑的国家中，减刑程序往往没有具体的启动者，由监狱直接依法减短罪犯的服刑期限或改变行刑种类。”[④] 假释的提起模式则主要有以下几种[⑤]：(1)由执行机关提出假释建议，例如，日本主要由受刑人服刑之监狱长向当地的地方更生保护委员会提出。“《日本犯罪者预防更生法》第28条至第31条规定在假释期日到来前，监狱长须向司法委员会通告。”[⑥] (2)由专门委员会提出假释建议，例如，英国地方复查委员会在对案件进

① 徐静村主编:《减刑、假释制度改革研究》，中国检察出版社2011年版，第39页。
② 徐静村主编:《减刑、假释制度改革研究》，中国检察出版社2011年版，第42页。
③[日]大谷实:《刑事政策学》，黎宏译，法律出版社2000年版，第267页。
④ 徐静村主编:《减刑、假释制度改革研究》，中国检察出版社2011年版，第48页。
⑤ 参见柳忠卫:《假释制度比较研究》，山东大学出版社2005年版，第192页。
⑥ 徐静村主编:《减刑、假释制度改革研究》，中国检察出版社2011年版，第46页。

行复查后可以向国务大臣提出假释建议。（3）由刑罚执行法官提出假释建议，例如，法国《刑事诉讼法典》第 730 条第 3 款规定，对于刑罚执行超过 5 年的罪犯，由执行法官征求刑罚执行委员会的建议后向司法部长提出假释建议。（4）罪犯及其利害关系人和执行机关均可提出假释的申请或建议，例如，美国《监狱与犯人》第 4203 条规定罪犯本人可以直接向假释委员会提出假释申请。“直接赋予罪犯本人以假释申请权具有特别的意义，因为这种做法表明法律不是把罪犯当作行刑的客体，而是作为行刑的主体，把获得假释的主动权交到罪犯手中，当其认为自己符合假释条件时，就可以提出假释申请，这对于充分调动罪犯的改造积极性无疑是具有重要作用的。这也是假释权利说在立法上的直接体现。”①

其次是减刑、假释的办理模式。“对罪犯是否符合假释实质性要件的审核是假释决定机关判断罪犯是否符合假释条件的关键和核心，许多国家的法律对此作出了详细而明确的规定。”②书面审批式的行政模式主要在由行政长官（如监狱长或者司法部部长等）直接决定的减刑、假释程序中适用，这类程序一般无须听取当事人的意见，多数情况下经过书面审核后即由监狱长、司法部部长等行政长官作出决定，罪犯多数情况下被直接通知审批结果，权利救济路径受限。例如，我国台湾地区由法务部直接通知受刑人假释的程序以及美国施行的罪犯获取善行折抵的程序。司法模式多由法院以审理程序进行案件办理，委员会模式则多以听证程序办理案件，包括正式听证和非正式听证两种方式。各国和地区对该程序的重视程度明显

① 柳忠卫:《假释制度比较研究》，山东大学出版社 2005 年版，第 193 页。

② 柳忠卫:《假释制度比较研究》，山东大学出版社 2005 年版，第 194 页。

不一,“在美国假释听证并没有得到应有的重视,最高司法机关也认为假释听证程序是不必要的,由此导致了假释委员会在作出决定时的随意性,并常常受到公众的攻击。相比之下,加拿大对假释决定的听证程序规定得较为细致和完备”。[①] 在效率方面,行政书面审批模式通常比司法模式和委员会模式更为便捷,但是从程序的对抗性、公开性以及从当事人特别是罪犯的权利保障程度等方面考虑,司法审理模式和委员会听证模式均比行政书面审批模式更符合现代程序正义的要求,因而更胜一筹。

(二)相通之处

虽然假释委员会的听证模式与法院的审理模式在组成人员、适用程序、办理期限等方面存在较大差异,但是基于减刑、假释制度具有保障罪犯人权和保护社会的双重作用,故也存在很多相通之处。

人权保障方面。鉴于程序运行的最终结果将极大地影响罪犯权益,因此在减刑、假释办理程序中,必须尽力保障罪犯的诉讼权利。特别是当罪犯符合减刑、假释的条件却遭到决定机关的否定时,这种决定实质上就构成对罪犯减刑、假释权利的侵犯。有鉴于此,各国和地区均赋予罪犯一定的权利救济路径,允许其通过合法途径如提请权、广泛参与权、发表意见权,以及对于不利裁决提请复查和上诉权等得以救济。例如,“美国联邦监狱系统和全国 27 个州都有上诉制度,对最初假释决定不服的人可以上

① 柳忠卫:《假释制度比较研究》,山东大学出版社 2005 年版,第 197 页。

诉，要求审查这一决定”。[①] 此外，“20 世纪 90 年代之后，强调对于犯罪者之处遇，须考量被害人及其遗族之感情”。[②] 被害人作为诉讼一方参与假释案件的办理程序是诸多国家和地区的常见做法，在罪犯处遇阶段适度导入被害人参与机制以充分保障被害人的意见表达权，更是值得借鉴的一种做法。

证据规则和证明标准方面。出于保障罪犯减刑、假释权利的考虑，大多数国家和地区对于证明罪犯是否符合减刑、假释的条件给予较为宽缓的规定。同样，在大多数采用司法模式的国家和地区，减刑、假释案件亦采用优势证明标准或合理证明标准即可。减刑、假释案件无论是审理还是听证，大多数国家和地区都采取言词对抗的方式进行。行使裁决权的机关会根据相关证据、材料，充分听取包括律师、辩护人在内的各方意见后，再作出是否准予减刑、假释的决定。很多国家和地区减刑、假释案件的审理或者听证完全向公众开放，允许旁听和报道。[③]

此外，无论是大陆法系还是英美法系，大多数国家和地区均规定了减刑、假释的撤销制度。在罪犯又犯新罪或者表现不好的情况下，可以撤销减刑或者假释。例如，法国规定在罪犯表现不好的情况下，执行法官可以撤销已给予的减刑。我国目前尚未规定减刑撤销制度，不得不说是减刑、假释程序运行的一大缺憾。

---

①[美]大卫·E. 杜菲:《美国矫正政策与实践》，吴宗宪等译，中国人民公安大学出版社 1992 年版，第 577 页。

②(台)许福生:《刑事政策学》，中国民主法制出版社 2006 年版，第 449 页。

③ 参见黄永维:《中国减刑、假释制度的改革与发展》，法律出版社 2012 年版，第 61 页。

（三）实际效果

通过对域外国家和地区减刑、假释案件办理程序的考察可以看出，具体到不同国家和地区，减刑、假释的适用对象、权力行使主体、案件办理程序以及救济程序等仍旧存在很大区别，由此产生的制度效果亦有不同。总的来说，行政书面审批模式具有案件办理效率高、罪犯减刑和假释权利缺乏有效保障、救济途径较窄的特点；司法审理模式具有减刑、假释权力行使中立、程序设置较为公正、各方参与度高的特点；委员会听证模式具有减刑、假释权力行使机构较为专业综合、罪犯人权保障度较强的特点。

在此仅以法国为例：从 1945 年开始，法国设立刑罚执行法官，此后《法国刑事诉讼法典》《加强无罪推定的保障及被害人权利的保护法》《使司法适应犯罪变化法》等多部法律法规相继出台，刑罚执行庭和刑罚执行法官的减刑、假释权以及撤销减刑、假释的权力得以确立。《使司法适应犯罪变化法》更将法国此前的普通减刑调整为信用减刑。“信用减刑的基本原理在于推定被判刑人在刑罚执行期间会表现良好，从而事前即给予减刑。如果被判刑人在刑罚执行期间没有不良表现，那么就按照刑罚交付执行时确定的减刑后的日期释放。也就是说，这种减刑是自动的，但是被判刑人最终能否实际获得减刑，还需看其是否有‘不良表现’。刑罚能减轻多少，要根据宣告刑的期限进行计算。如果被判刑人在刑罚执行过程中甚至刑罚执行完毕以后确有不良表现，或者不遵守义务或禁止性规定，那么原来给予的减刑就要被撤销。”①

---

① 张亚平：“法国减刑、假释程序司法化之演进及其启示”，《法商研究》2014 年第 5 期。

当然，近年来由于法国犯罪形势比较严峻，累犯率有增无减等原因，不少人质疑信用减刑过于随意，累犯的自动减刑更是受到多方抨击。[①] 此外，“假释及其他刑罚执行措施的程序司法化也带来刑罚执行困难、效率低下、效果不佳等一系列问题。最终，刑罚执行司法化所追求的个别化和再社会化目标并没有如愿实现”。[②]

二、域外减刑、假释案件办理程序的启示

随着中国特色社会主义法治体系的逐步完善，人权保障理念在法律规定和大众观念中的普遍认可，我国减刑、假释案件审理程序的具体规定也实现了从无到有、再到逐步完善，减刑、假释案件审理的程序性、权利保障性也不断得到完善。概括地讲，我国现今减刑、假释案件审理程序是由执行机关向法院提起建议，然后由法院通过书面或者开庭的方式审理并作出最终裁决，这一模式可以归入司法审理模式。但是相比于减刑、假释案件审理程序较为成熟和先进的域外国家和地区，我国现行的减刑、假释案件审理仍旧存在缺乏可操作性和实质性的程序运行机制，法律法规不够完备，对罪犯等当事人权利保障不够到位等问题。此外，相应的配套程序制度和监督机制亦存在一定的缺失。我国的减刑、假释案件审理程序改革理应从域外国家和地区的成熟经验中获得以下几方面的启示。

（一）立法体例方面

我国关于减刑、假释制度以及审理程序的规定散见于《刑事诉讼法》、

---

① 参见张亚平：“法国信用减刑制度及其借鉴意义”，《中国刑事杂志》2013 年第 5 期。

② 张亚平：“法国减刑、假释程序司法化之演进及其启示”，《法商研究》2014 年第 5 期。

司法解释以及一些规范性文件中。例如,《中政委意见》《2012 年规定》《最高人民法院关于适用〈中华人民共和国刑事诉讼法〉的解释》等。2011 年 5 月 1 日起施行的《刑法修正案（八）》对假释的执行方式予以规定。但是，当前仍旧存在程序规定较为混乱、法律规定过于原则、司法解释或规范性文件权威较弱等问题。

目前域外关于减刑、假释的立法规范呈现出由地方立法向国家立法转变、由单行立法向专门立法继而向统一的“刑事执行法”转变的总体趋势。专门的减刑、假释立法以及统一的“刑事执行法”能体现出较完善的立法技术，能够较好地与《刑法》《刑事诉讼法》协调配合。在完善我国减刑、假释制度法律体系上，可对目前的法律法规进行整合，充分考虑到相关法律法规之间的协调，防止在不同法律法规中出现重复、雷同的内容，避免造成立法与执法的混乱。此外，还应提升减刑、假释制度的立法效力层级，加强减刑、假释审理的权威性。

（二）权力行使主体方面

这涉及减刑、假释的裁决权。我国目前减刑、假释的最终裁决权由法院掌控，属于司法模式。但是，不同于法国、意大利等设置专门法官负责减刑假释案件审理的“专门法官模式”，我国目前的审理模式属于“普通法官模式”，即减刑、假释案件的审理多由审判监督庭等业务庭办理，并无专门从事减刑、假释案件审理的法官群体，在加重这些法官工作量的同时，容易导致减刑、假释案件审理流于形式，而且容易造成法官以普通案件办案思维处理减刑、假释案件。“行刑及矫正是专业性较强的领域，由专门的法官进行审理更有利于积累审理经验，探索总结减刑假释案件司法适用的规律。因此，专门法官模式比普通法官模式往往更为科学。”[①] 在减刑、假释案件审理程序的改革中，可以考虑设立减刑、假释专门审判庭以及专门审判法官，实现减刑、假释案件审理队伍的专业化，亦能提高减刑、假释案件的办理效率。

（三）权利保障方面

权利保障不足是我国减刑、假释案件审理程序中存在的突出问题。就减刑而言，刑法规定有应当减刑和可以减刑两种情形，却未规定应当假释的情形。“假释的性质是个别处遇犯罪人的一种宽大措施，而不是犯罪人的权利，犯罪人无权请求必须对其假释。所以，中国的假释是裁量假释，而不是必要假释，这也是世界上绝大部分国家所采用的假释类型。但也有一些国家采用必要假释制度，认为假释是所有犯罪人复归社会的一个必要的过渡期间，假释不是或者不仅是鼓励犯罪人改过自新的优待措施，而是犯罪人的一项实体权利。例如，加拿大刑法规定，假释是受刑人的必要的权利，只要犯罪人不违反法定条件就应当获得假释，假释机关只能在证明犯罪人违反法定条件的情况下才能拒绝假释犯罪人。”[②]

完善这方面的不足，首先需要从事减刑、假释工作的法官、检察官、司法行政人员等主体，以及社会大众包括罪犯本身都意识到，减刑、假释在现代法治社会对罪犯而言是权利，而非恩惠或奖励。赋予罪犯减刑、假释申请权具有特殊意义，因为“这种做法表明法律不是把罪犯当作行刑的

---

① 孙琳:《减刑假释程序研究》，中国人民公安大学出版社 2011 年版，第 67 页。

② 陈光中、[加] 丹尼尔·普瑞方廷主编:《联合国刑事司法准则与中国刑事法制》，法律出版社 1998 年版，第 461 页。

客体，而是作为行刑的主体”[①]。赋予罪犯获得减刑或者假释的主动权，当罪犯本人认为自己已经符合减刑或者假释的条件时，有权提出减刑或者假释申请，对于充分调动罪犯的改造积极性无疑具有非常重要的作用。不仅如此，“欲使已制定出来的法律具有神圣权威而获得社会主体的普遍遵从，就必须使法律自身成为权利的保护神，使法律成为人民自由权利的圣经”。[②]将减刑、假释定位为“权利”而非“恩惠”或者“奖励”，也有利于保证减刑、假释审理程序的规范运行。

其次是通过以下制度和操作层面完善对罪犯及其他诉讼参与人的权利保障。

1. 减刑、假释的提请权

我国目前减刑、假释的提请主体是监狱等执行机关，仍属“奖励式”的启动模式，不利于罪犯减刑、假释权利的实现，亦容易形成腐败空间。在完善我国减刑、假释制度中，可有条件地赋予检察机关、罪犯等主体以减刑、假释程序启动权，并由此契合“权利说”这一法治发展方向。

2. 罪犯的权利救济途径

当前我国并未就罪犯在减刑、假释案件审理程序中的权利救济途径予以明确规定，如对裁定不予减刑、假释的罪犯如何实现权利救济。域外无论是大陆法系还是英美法系，大多数国家和地区均赋予罪犯上诉权或申请复查权作为救济途径。由此，在我国减刑、假释案件审理程序的完善过程中，应当涉及罪犯的上诉权或复查权，这也是程序正义的应有之义。

---

① 柳忠卫：《假释制度比较研究》，山东大学出版社 2005 年版，第 193 页。

② 范进学：《法的观念与现代化》，山东大学出版社 2003 年版，第 263 页。

3. 被害人的诉讼参与权

域外国家和地区在被害人能否参与减刑、假释案件办理程序中虽有不同的规定和看法，但亦有不少有益的实践。例如，“法国对假释制度进行改革，将被判刑人赔偿受害人的努力视为被判刑人适应社会的表现，并允许国家受害人救助协会参与假释决定上诉法庭（设立于最高人民法院）的审理”。[①]我国目前法律并没有被害人参与减刑、假释案件审理程序的规定，在实践中也鲜有听取被害人意见的情况。“‘考虑受害者的利益和征求受害者的意见’并不是法律既定的标准和要求，不能不说是一个缺憾。”[②]对此，建议对减刑、假释案件作类型化区分，让被害人适度参与减刑、假释案件的办理程序，听取其意见和主张。

（四）具体制度设计方面

减刑、假释案件办理过程中由于案多人少的现实状况，导致假释的实际适用率低，减刑、假释效果差也是我国减刑、假释制度存在的实际不足。为此，可通过前文对域外减刑、假释相关制度的考察与分析，获取以下启示。

1. 主要根据减刑、假释的案件类型，同时结合案件自身特点，决定减刑、假释案件的审理方式

首先，在充分保障罪犯权利的前提下，对于大多数没有争议的案件简

---

①[法]雅克·博里康、朱琳编著：《法国当代刑事政策研究及借鉴》，中国人民公安大学出版社2011年版，第193页。

②陈光中、[加]丹尼尔·普瑞方廷主编：《联合国刑事司法准则与中国刑事法制》，法律出版社1998年版，第463—464页。

化审理程序。只要满足当事人基本诉讼权利，符合程序公正原则，简化审理程序显然有利于优化司法资源配置。审理程序的简化主要包括准备程序的简化、审判程序的简化等内容。其次，如果发现案件中存在一些问题，例如，检察机关、受害人强烈地反对罪犯被假释，或者罪犯本人反对减刑而要求适用假释，可以考虑将这类案件纳入必须开庭审理的范畴，而不能仅仅书面审理。对于决定开庭审理的案件，必须强化控辩对抗，不仅赋予罪犯本人以陈述意见的机会，还可以采取通知被害人到庭陈述、关键证人出庭作证等措施，促进减刑、假释案件实质化审理的实现。

2. 在完善减刑制度中，设计类似“减刑预告制”或法国“信用减刑”的制度

赋予被判处监禁刑罪犯以减刑权，实现罪犯减刑的评价基础从“良好表现”到“不良表现”的转变；同时，对于某些罪犯从严控制适用减刑、假释。首先，具体到减刑案件审理程序的司法操作，仅需反向考察罪犯有无“不良表现”即可，无须司法官或狱政管理人员对减刑的适用条件进行具体审查，从而可以达到简化审理程序、减少工作量的司法改革目标。[①]其次，对于某些罪犯，如累犯和故意杀人等严重暴力性犯罪的罪犯，从严控制适用减刑、假释，对于累犯以及因严重暴力性犯罪被判处十年以上有期徒刑、无期徒刑的罪犯一般不得假释。

3. 均衡适用减刑、假释以更好地发挥假释的制度功能

从司法实践来看，假释比减刑的改造效果更为明显，假释罪犯的再犯罪率更低，目前世界各国适用假释乃是一个普遍趋势。“据第 19 届亚太

① 参见张亚平：“法国信用减刑制度及其借鉴意义”，《中国刑事法杂志》2013 年第 5 期。

地区矫正管理者会议数据，新西兰的假释比例最高，其次为中国香港地区48.4；澳大利亚36.3；泰国32.2；中国澳门地区25.3；菲律宾20.6；日本11.6；韩国4.5；我国大陆地区为2.4，在13个国家和地区中列倒数第四。”①我国长期以来减刑适用占绝对优势，假释制度的价值功能未能得到有效发挥。因此，应当均衡适用减刑、假释，适度扩大假释适用率，合理确立被假释人员再犯罪的责任追究机制，更好地实现罪犯再社会化这一假释制度价值。考虑到目前我国社区矫正制度日益健全，扩大适用假释适用的条件不断改善，对于罪行较轻、符合规定条件的罪犯可以依法从宽适用假释，对于既符合减刑条件又符合假释条件的罪犯可以优先适用假释。

4. 构建减刑撤销制度

“犯罪分子一旦被宣告缓刑或者被予以假释，便意味着他将在社会上享受比在监狱中更为广泛的权利。因此，对于缓刑和假释的撤销应按照法定的程序严格进行。但是，在出现第三种情形需要撤销缓刑和假释的条件下，《刑法》和《刑事诉讼法》还没有规定以怎样的具体程序进行，被缓刑人、被假释人的司法抗辩地位和上诉权利将难以得到有效的保障，无疑是中国缓刑、假释撤销制度的一个重大缺陷。”②因此，应当设立减刑撤销制度，针对罪犯被裁定减刑后刑罚执行期间故意犯罪或者发现漏罪的不同情形，予以区别处理，并且设置相应的减刑考验期，对罪犯减刑后的改造表现予以全面综合评估，弥补减刑一般缺乏可预测性的弊端，以此促使罪犯保持改造行为的一贯性。

---

① 冯卫国：“亚太地区监狱情况最新统计资料”，《中国监狱》2000年第1期。

② 陈光中、[加]丹尼尔·普瑞方廷主编：《联合国刑事司法准则与中国刑事法制》，法律出版社1998年版，第464页。

上述启示作为理论上的探讨，应该对我国完善减刑、假释案件审理程序具有一定的裨益。然而，借鉴域外制度必须与我国减刑、假释制度改革相适应，进行本土化设计，唯有此，才能达到“他山之石，可以攻玉”的效果。

第三章

我国减刑、假释案件审理程序现状解析

减刑、假释案件审理程序相对于一般刑事程序而言，无论在法律规定上还是运行模式上均有其独特之处。或许正是由于这一程序的独特性以及在理论研究和司法实践中的相对冷僻，致使许多法律工作者对该程序的相关法律规定及实际运行情况并不十分了解。然而，任何研究均是一个由现象到本质的过程，只有准确地认识现象，才能够把握规律、揭示问题。因此，这一章在总结实践经验的基础上，希望通过法律规定、实践做法的介绍以及数据、案例的分析，来展示减刑、假释案件审理程序的有关法律规定及实际运行状况，并在此基础之上对程序运行中存在的问题进行归纳和解析。

第一节 我国减刑、假释案件审理程序的现行规定

从法条规定的数量上看，我国现行规定中涉及减刑、假释案件审理程序的并不太多，这为本节通过总结法律渊源的方式，对绝大多数相关规范性文件进行梳理、归纳和分类，并以此为基础对减刑、假释案件审理程序

现行规定所呈现的特点进行概括，创造了条件。

一、减刑、假释案件审理程序的主要法律渊源

（一）法律

目前我国有关减刑、假释案件审理程序法律层面的规范，主要散见于《刑法》《刑事诉讼法》以及《监狱法》，上述三部法律通过11个条文对减刑、假释案件的审判组织、[①] 文书送达、[②] 提请机关、[③] 审理期限、[④] 假释的撤销、[⑤] 法律监督 [⑥] 等程序性问题作出相对概括的原则性规定。

（二）司法解释

司法解释是目前我国减刑、假释案件审理程序性规范中最主要也是较成体系的表现形式。这其中既有最高人民法院、最高人民检察院各自独立发布的司法解释，也有“两高”会同司法部、公安部等部门以“会签文件”的形式所共同发布的司法解释，如《社区矫正实施办法》（2012年1月10日发布）；既有整体性的程序规定，如《审理程序规定》（2014年4月23日发布）、《最高人民检察院关于减刑、假释法律监督工作的程序规定》（2007年3月2日发布），也有就某一具体程序所作的规定，如《最高人民

①《刑法》第79条、第82条。

②《刑事诉讼法》第253条。

③《刑事诉讼法》第262条；《监狱法》第30条、第31条。

④《监狱法》第32条。

⑤《刑法》第86条；《监狱法》第33条。

⑥《刑事诉讼法》第265条；《监狱法》第34条。

法院关于死刑缓期执行限制减刑案件审理程序若干问题的规定》(2011年4月25日发布)。还有部分以实体性规范为主的司法解释中也包含了一些程序性规范，如《2012年规定》(2012年1月17日发布)、《2016年规定》(2016年11月15日发布)、《人民检察院监狱检察办法》(2008年3月23日发布)、《人民检察院看守所检察办法》(2008年3月23日发布)等。

（三）部门规章

涉及减刑、假释程序的部门规章有公安部制定的《看守所留所执行刑罚罪犯管理办法》(2013年10月23日发布)、司法部制定的《监狱提请减刑假释工作程序规定》(2014年10月11日发布)、《关于计分考核罪犯的规定》(2016年7月22日发布)，上述三个规范性文件主要对在押罪犯减刑、假释的提请程序、审核程序以及监所内部的公示程序等作出了规定。

（四）刑事政策

尽管刑事政策能否作为正式的法律渊源还是一个备受争议的问题，但鉴于其一直以来对我国立法的引领作用以及对司法实践的实际影响，在事实上刑事政策已经成为我国法律的一个重要渊源，这一点在减刑、假释领域也不例外。2010年2月，最高人民法院印发了《〈关于贯彻宽严相济刑事政策的若干意见〉的通知》(法发〔2010〕9号)，其中第43条对减刑、假释案件的审理方式、开庭审理的案件类型、裁前公示等问题作出规定。2014年年初，《中政委意见》对减刑、假释、暂予监外执行的实体条件、程序规定以及责任追究都作出较现行法律更为严格的规定，尤其是在“三类罪犯”减刑、假释实体条件的把握以及程序要求上对之前制定的法律、司法解释多有突破。对此，《中政委意见》在第 17 条明确规定：“最高人民法院、最高人民检察院、公安部、国家安全部、司法部根据本意见，对相关司法解释、部门规章或者规范性文件相应作出修改，并建立健全相关监督检察制度，确保本意见切实得到执行。”作为回应，最高人民法院也于《中政委意见》发布三个月后出台了《审理程序规定》，及时依照《中政委意见》要求对减刑、假释程序作出相应的调整，事实上认可了《中政委意见》相较于司法解释的更高效力。

（五）其他规范性文件

除了法律、法规、规章，各地尤其是各地司法机关还结合自身的实际情况制定了大量的规范性文件对减刑、假释的实体条件及审理程序进一步细化。这些规范性文件有的是各地人民法院或人民检察院单独发布的，如江苏省高级人民法院 2014 年 6 月发布的《关于减刑、假释案件审理中若干具体问题研讨会纪要》，江苏省人民检察院 2012 年 11 月发布的《减刑、假释、暂予监外执行同步监督暂行规定》；有的则是以多部门会签文件的形式共同发布的，如 2013 年 3 月天津市高级人民法院、人民检察院、公安局、司法局联合制定的《天津市办理减刑、假释案件规程（试行）》。既有省一级司法机关制定的规范性文件，也有很多规范性文件是由地市一级的司法机关制定和发布的，如《镇江市中级人民法院、镇江市人民检察院关于规范减刑、假释案件审理程序的讨论纪要》《金华市中级人民法院关于减刑、假释开庭审理的规定（试行）》等。这些规范性文件的效力在《宪法》和《中华人民共和国立法法》中都没有明确的规定，因此也不具有正式法律渊源的地位，但它们在司法实践中发挥着细化落实上位法规定、统一各地执法标准的重要作用。在目前减刑、假释案件审理程序法律规范还不健全，许多制度仍然处于探索阶段，在尚未配套出台对应程序性规定的实际情况下，大量规范性文件实际上已经成为指导各地司法机关减刑、假释审理工作的操作规程和审理指南。

二、减刑、假释案件审理程序法律法规的主要特点

（一）司法解释“挑大梁”[①]

尽管《刑法》《刑事诉讼法》《监狱法》等基本法对减刑、假释的审理程序问题均有涉及，但规定的都极为原则、简单，不成体系。就上述三部法律而言，涉及减刑、假释程序的条款仅有 11 条，其中还有部分属于重复规定。这些粗略的规定远未覆盖减刑、假释程序的全部领域，而减刑、假释案件的审理程序本身又极具特殊性，无法参照适用普通刑事案件审理程序的有关法律规定。于是为了指导司法实践，大量司法解释应运而生。据统计，最高人民法院、最高人民检察院所颁布的现行司法解释中涉及减刑、假释案件审理程序规范的司法解释共有 12 部，其中专门针对减刑、假释案件审理程序进行规范的司法解释就有 3 部计 46 条，比法律规范总数的 4 倍还多。法律规定零散、不成体系，致使本应仅具补充解释功能的司法解释在减刑、假释领域挑起了大梁，不仅补充法律空白，而且在某些情形下甚至超越了基本法的立法规定。[②] 在法律缺失的情况下，由司法解

---

① 参见孙琳:《减刑假释程序研究》，中国人民公安大学出版社 2011 年版，第 117 页。

② 如文书的送达期限、减刑、假释的审判监督程序等问题司法解释都作出了不同于《刑事诉讼法》普通刑事程序的规定。

释担负起创制规则的重任，这使饱受争议的最高人民法院“造法”现象，在减刑、假释领域表现得尤为突出。

（二）重控权防腐轻权利保障

2013年以来，最高人民法院针对减刑、假释案件审理程序出台了一系列新规，如建立审前公示制度、[①]明确开庭审理的案件范围[②]以及减刑、假释裁判文书上网[③]等，有效提升了减刑、假释案件审理程序的公开和透明程度。上述规定均是从加强社会与法律监督的角度对减刑、假释案件审理程序进行规范，意在达到防范司法腐败与暗箱操作的目的。2014年出台的《中政委意见》，通过完善监督制约机制，从重追究违法违规行为，明确违法违纪责任终身制等方式，确保减刑、假释严格依法规范进行。在《中政委意见》第一段即明确指出：“为严格规范减刑、假释、暂予监外执行，切实防止徇私舞弊、权钱交易等腐败行为……根据法律规定和刑事政策精神，结合实际，现提出如下意见。”同时《中政委意见》还针对司法实践中最容易发生腐败问题的“有权人”“有钱人”，即“三类犯罪”罪犯的减刑、假释作出较其他一般罪犯在实体上和程序上更加严格的规定。因此，现行法律法规注重通过控权防腐来保障减刑、假释案件的程序公正与实体正义。

---

①《最高人民法院关于减刑、假释案件审理程序的规定》第3条，《最高人民法院关于办理减刑、假释案件具体应用法律若干问题的规定》第25条。

②《最高人民法院关于减刑、假释案件审理程序的规定》第26条，《最高人民法院关于办理减刑、假释案件具体应用法律若干问题的规定》第6条。

③《最高人民法院关于办理减刑、假释案件具体应用法律若干问题的规定》第19条。

法谚有云："刑法既是善良人的大宪章，也是犯罪人的大宪章。"[①]然而一直以来，因为受到减刑、假释"奖励说"的影响，现行减刑、假释案件审理程序的相关规定对罪犯以及利害关系人的权利保障并没有给予应有的关注。在减刑、假释的权力配置上，监狱享有提请权，人民法院享有决定权，检察机关享有监督权，罪犯除了在开庭程序中享有最后陈述以及举证的权利外没有被赋予其他任何权利。事实上，由于罪犯在服刑期间自由受到限制的客观情况，加之法律与司法解释也未赋予其委托代理人的权利，因此罪犯举证的权利亦是形同虚设。而在普通刑事程序中罪犯所享有的辩论、质证等基本权利，在减刑、假释案件审理程序的相关法律规定中难觅踪影。我国目前把减刑、假释视为一种国家对罪犯的"奖励"，而非一项"权利"，那么即使不赋予罪犯在其他刑事程序中所享有的权利，其后果至多也只是使其失去奖励，并没有实际侵犯到罪犯的权利。因此，在整个程序之中，罪犯也只能期待国家机关给予其公正人道的对待。

（三）审理模式定位多元化

最高人民法院认为，"减刑、假释案件的开庭审理程序与普通刑事案件的庭审程序有所不同，通常不具有控辩式诉讼模式中控方和辩方的激烈对抗、人民法院居中裁判的诉讼格局，而是更多地表现为人民法院对罪犯是否符合减刑、假释条件的审查与核实"。[②]最高人民法院这种将减刑、假释案件审理程序定位为非诉讼化司法审查模式的观点，在其司法解释所构

① 张明楷:《刑法格言的展开》，北京大学出版社 2013 年版，第 474 页。

② 宫鸣、黄永维主编:《最高人民法院关于减刑、假释司法解释理解与适用》，人民法院出版社 2014 年版，第 285 页。

建的程序规则中得到印证，主要表现在以下三个方面：一是认可以书面审查为主的审理格局。《2012 年规定》第 26 条规定："人民法院审理减刑、假释案件，可以采用书面审理的方式。但下列案件，应当开庭审理……"同时列举了六类必须开庭审理的减刑、假释案件。司法解释的上述表述方式，实际上是对目前司法实践中以书面审查为主、开庭审理为例外情形的减刑、假释审理模式给予认可。二是"有不同意见的人"被排除在程序之外。尽管《审理程序规定》首次将"公示期间提出不同意见的人"纳入人民法院根据需要可以通知参加庭审的人员范畴，[①]但在接下来有关庭审程序的规定中却并没有赋予其任何权利，甚至在庭审各环节的设计中均未将"有不同意见的人"考虑在内，因此，事实上异议人员仍被排除在减刑、假释案件审理程序之外。三是减刑、假释开庭程序中没有设置辩论环节，在法庭调查结束后即直接进入罪犯最后陈述环节。[②]在这样的程序设计之下，大量减刑、假释案件主要通过书面审查的方式进行审理；即使在开庭审理的案件中，带有对抗性的因素如"有不同意见的人"也无法实际参与程序，能够参与程序的罪犯、执行机关与检察机关之间通常并没有实质性的利益冲突与对抗关系，即便存有不同意见也无法通过辩论环节进行充分阐述，当然也不可能具有普通刑事诉讼程序中控辩双方的激烈对抗。

与最高人民法院在司法解释中确定的单一化的审查模式不同，各地规范性文件对减刑、假释案件审理程序的规定呈现出多元化的趋势。如北京

① 参见《最高人民法院关于减刑、假释案件审理程序的规定》第 7 条。

② 参见《最高人民法院关于减刑、假释案件审理程序的规定》第 10 条。

市第一中级人民法院确立了以执行机关和罪犯为申请方，人民法院为审查方，检察机关、被害人及其家属为监督方的权力制衡式的减刑、假释庭审模式；再如浙江省金华市中级人民法院将减刑、假释案件的开庭审理分为审问式开庭和对抗式开庭两种类型，采取“审问式开庭为主，对抗式开庭为辅”的审理方式。对于罪犯本人、检察机关以及其他单位和个人对减刑、假释提出异议的，进行对抗式开庭审理，对其他需要开庭审理的减刑、假释案件进行审问式开庭审理。[①] 在法律、司法解释所作出的规定较为简单、原则的情况下，各地通过地方规范性文件的形式所作的创新与探索，为减刑、假释案件审理程序进一步规范作出有益的尝试。

（四）法律新规层出不穷

从 1997 年《刑法》开始，我国减刑、假释案件审理程序法律规定进入了迅猛发展阶段。第一，在监狱提请程序上出台了细致规定，《监狱提请减刑假释工作程序规定》对监狱提请减刑、假释的公开公示方式作出规定，另外还设立减刑、假释评审委员会及通报接受检察机关监督的程序。第二，在检察院监督程序上也出台了新规。如最高人民检察院 2007 年 3 月实施的《关于减刑、假释法律监督工作的程序规定》、2008 年 3 月实施的《人民检察院监狱检察办法》等专门司法解释对减刑、假释的检察监督程序作出专项规定，增加了检察机关列席减刑、假释评审委员会并发表检察意见制度，明确了检察机关在法院听证中发表意见并进行庭审监督的程

① 参见宫鸣、黄永维主编:《最高人民法院关于减刑、假释司法解释理解与适用》，人民法院出版社 2014 年版，第 285 页。

序。第三，假释程序发生了变化。2003年《最高人民法院、最高人民检察院、公安部、司法部关于开展社区矫正试点工作的通知》标志着我国社区矫正的正式实践。2007年两高、两部又联合出台了补充通知，假释考验期的监督主体由公安机关转变为司法行政机关，公安机关处于协助地位，同时初步建立了对假释罪犯的社区矫正环境调查评估制度。

2010年以后，涉及减刑、假释案件审理程序的法律法规更是层出不穷，很多新的制度以及程序规则由此建立。例如，2012年7月实施的《2012年规定》首次建立了减刑、假释与财产类判决履行情况联动制度。2011年《刑法修正案（八）》对减刑、假释的适用也进行了修改，规定对假释罪犯要考虑其对矫正社区的影响。2012年3月实施的《社区矫正实施办法》对假释案件的审前调查程序、撤销假释程序等提供了可操作性规范。2014年1月出台的《中政委意见》对“三类罪犯”的减刑、假释在实体上和程序上都进行了从严规定。2014年4月最高人民法院审委会通过了《审理程序规定》，首次以司法解释的形式对减刑、假释案件的审理程序进行了相对完整的体系性规定，同时建立了“三类罪犯”开庭审理及减刑、假释裁判文书互联网公示等一系列具有里程碑意义的新制度。新近公布的《2016年规定》，对撤销假释、原判经审判监督程序改判后重新作出减刑假释裁定以及减刑假释审理法院对罪犯履行财产性判项的调查核实权与协助权等程序性问题作出进一步的规范与明确。

减刑、假释案件审理程序相关法律规定的频繁变动，一方面表明近年来减刑、假释工作得到了充分的重视和社会关注，另一方面过于频繁变动的法律规定难免给减刑、假释实际工作带来一定的困扰，同时也给法律的执行者带来挑战。虽然我国减刑、假释相关法律法规较为零散，未成体系，但法律规定的推陈出新对减刑、假释程序以至减刑、假释制度的向前发展，发挥了重要的推动作用。

第二节 我国减刑、假释案件审理程序运行的实践概况

从整体上看，减刑、假释案件审理程序是一个有机统一的整体，然而按照时间的脉络，我国减刑、假释案件审理程序又可以分解为提请程序、公示程序、假释案件的审前调查程序、裁判程序、其他关联制度的配套程序以及监督纠错程序等若干既相互联系又相对独立的子程序。上述程序环节除了有专门的法律规定予以规范外，同时在各自运行过程中还存在着不少法律规定之外的实践做法。因此本章节有必要结合审判实践，对各个程序环节的实际运行情况做一个大致的勾勒。

一、减刑、假释案件的提请程序

（一）提请主体

“提请程序是指由提请权人向裁决机关正式提请对罪犯进行减刑、假释的程序。”[①] 在我国，享有提请权的主体是执行机关。执行机关中最为公众所熟知且提请减刑、假释案件数量最多的是监狱，被判处死刑缓期执行、无期徒刑和绝大多数有期徒刑的罪犯，其减刑、假释由监狱作为提请主体向法院进行呈报。法律规定，被判处拘役和部分剩余刑期在三个月以

---

① 参见孙琳：《减刑假释程序研究》，中国人民公安大学出版社 2011 年版，第 117 页。

下的有期徒刑罪犯的刑罚由看守所执行，[①] 因此看守所对上述两类罪犯享有减刑、假释的提请权。另外，根据《社区矫正实施办法》的规定，社区矫正人员（包括缓刑、管制、假释、暂予监外执行人员）符合减刑条件的也可以减刑，其提请机关为罪犯居住地市级司法行政机关。

（二）提请方式

执行机关向法院提请减刑、假释的方式并不完全相同。监狱一般采取按批次集中呈报的方式，这主要是基于其监管罪犯人数众多，减刑、假释呈报工作量巨大的客观情况，且被提请罪犯名单的确定以及提请建议的形成，在监狱内部还必须经过分监区集体评议、监区长办公会审核、监狱提请减刑、假释评审委员会评审、监狱长办公会决定等一系列严格的内部行政程序。[②] 繁复的程序以及大量符合提请标准的人员，使监狱无法做到随时为每一个达到减刑、假释条件的罪犯立即启动提请程序，只能在一定周期之内将所有符合条件的罪犯进行集中汇总，经内部程序讨论决定后，再统一向法院进行呈报。

实践中，监狱呈报减刑、假释案件的周期长短与批次多少由其自主决定，且常常随相关政策及内部行政规定的变化而有所调整。以江苏地区为例，2015 年以前辖区内各监狱根据其上级行政管理机关江苏省监狱管理局的要求，统一为每两个月向法院呈报一次减刑、假释案件；2014 年《中政委意见》出台后，减刑、假释政策明显呈现出收紧趋势，江苏省高级人

---

①《刑事诉讼法》第 253 条规定，被交付执行前余刑为三个月以下有期徒刑的罪犯，由看守所代为执行。

② 执行机关提请减刑、假释前的具体内部程序参见：《监狱提请减刑假释工作程序规定》（2014 年修订），2014 年 10 月 11 日司法部令第 130 号发布，自 2014 年 12 月 1 日起实施。

民法院、江苏省监狱管理局均依据《中政委意见》的精神对减刑、假释的呈报条件进行了更加严格的限制，因此2015年全省减刑、假释案件数量由2014年的36921件骤降为14642件，降幅达60.3%。[①] 鉴于上述情况，2015年江苏省监狱管理局将省内监狱减刑、假释的呈报批次由原先的两个月一次，调整为每季度一次。

相较之下，在看守所中服刑的拘役人员和少量有期徒刑罪犯以及在社区矫正机构中接受矫正的缓刑、假释与暂予监外执行人员，人数少、刑期短、刑罚体验的程度较轻，故实践中对上述人员一般不适用假释，同时《2016年规定》第18条明确规定，“被判处拘役或三年以下有期徒刑，并宣告缓刑的罪犯，一般不适用减刑。罪犯在缓刑考验期内有重大立功表现的，可以参照《刑法》第78条的规定予以减刑，同时应当依法缩短其缓刑考验期”；司法实践中，对此类确因罪犯具有重大立功表现而提请减刑的案件，由于案件数量较少，一般由执行机关采取一案一报的方式随时向法院提出减刑建议。例如，2014年2月新疆巴音郭楞蒙古自治州中级人民法院审理了一起由司法行政机关提请的对社区矫正人员减刑的案件。罪犯王某，2012年3月被判处有期徒刑三年，缓刑五年。在接受社区矫正期间，王某不仅自觉遵守各项规定，还于同年8月在办事途中遇到一起交通事故时，将四名受伤人员及时送往医院救治；2013年6月王某又将捡到的装有20万元现金的挎包返还失主。王某积极救治伤员、拾金不昧的行为，被当地多家媒体进行报道。2013年11月王某所在社区矫正机构依据《社区矫正实施办法》向法院提出减刑建议，法院经审理裁定对王某减去有期徒刑

① 数据来自江苏省高级人民法院审判监督第一庭。

一年，同时缩短缓刑考验期二年。该案为巴州地区首例，新疆地区第三例社区矫正人员减刑案件。[①]

提请程序中，执行机关除了需要向人民法院提交减刑、假释建议书外，还需要同时移送证明罪犯符合减刑、假释条件的相关证据材料，根据最高人民法院制定的司法解释，这些材料主要包括：终审法院裁判文书、执行通知书、历次减刑裁定书的复印件；罪犯确有悔改或者立功、重大立功表现的具体事实的书面证明材料；罪犯评审鉴定表、奖惩审批表等；社区矫正机构或者基层组织关于罪犯假释后对所居住社区影响的调查评估报告；人民检察院对报请减刑、假释案件提出的检察意见。[②]人民法院在立案时应对上述材料予以审查，材料齐备的，予以立案，则整个提请程序完成；材料不齐备的，则应当通知执行机关予以补送，补送完备后才能予以立案。

（三）提请程序的功能作用

提请程序具有承前启后的重要作用，它既标志着执行机关提请前所有内部行政程序的顺利完成，同时也是减刑、假释案件审理程序第一个环节的开始。随着提请程序的终结，减刑、假释的主导权由执行机关正式转移至审判机关，减刑、假释案件的审理程序正式启动。

---

① 中国楼兰网 http://szb.loulanwang.com/2014-02/15/content_126544.htm，最后访问时间：2016 年 11 月 26 日。

② 参见《最高人民法院关于减刑、假释案件审理程序的规定》第 2 条。

二、减刑、假释案件的公示程序

公示程序是指人民法院在减刑、假释案件立案后，依法将执行机关报请减刑、假释的建议书等材料向社会进行公示的程序。[①]《2012 年规定》第 25 条确立了我国审理减刑、假释案件的公示制度，2014 年实施的《审理程序规定》对公示的时间、地点、方式等具体问题给予了进一步的明确。

（一）公示主体与公示时间

减刑、假释案件审理程序中公示的主体为审理减刑、假释案件的人民法院。《2012 年规定》对于公示的具体时间未予明确，导致实践中有法院在立案之后，作出裁定之前予以公示（如天津、四川）；有的法院则在作出裁定后对裁定结果予以公示（如河南、云南）。鉴于此，《审理程序规定》将公示时间统一确定为立案后五日内。由于司法解释规定在立案后较短的时间内予以公示，且同时又将公示期间收到投诉意见的案件纳入了开庭审理的范围之内，因此公示程序一般均在裁判程序之前完成，也被称为“裁前公示程序”。公示主体与公示时间两个因素，将减刑、假释案件审理程序中的公示与执行机关提请前内部行政程序中的公示区分开来。根据《监狱提请减刑假释工作程序规定》，监狱内部的公示，由监狱在减刑、假释评审委员会对罪犯名单评审后进行，公示期限为五个工作日。

---

① 参见《最高人民法院关于减刑、假释案件审理程序的规定》第 3 条。

（二）公示地点

《2012 年规定》第 25 条规定，人民法院对减刑、假释案件进行公示的地点为罪犯服刑场所的公共区域，有条件的地方应面向社会公示。《审理程序规定》则仅规定了向社会公示。考虑到《2012 年规定》仍然有效，且罪犯服刑场所的公共区域也包含在向社会公示的范围之内，实践中多数法院仍然保留了在服刑区域进行公示的做法。

法律和司法解释均未对公示的方式作出明确的规定，实践中各地公示方法也不尽相同，有的法院在罪犯服刑场所张贴公示内容、有的则通过法院立案大厅电子显示屏进行公示。2014 年 4 月，最高人民法院在举行的《审理程序规定》新闻发布会上指出，所谓向社会公示，原则上应当通过互联网公示。2014 年 6 月 16 日，江苏省高级人民法院印发《关于减刑、假释案件审理中若干具体问题研讨会纪要》，其中第 9 条明确规定：减刑、假释案件一律在江苏法院网依法公示。我们通过网上搜索发现，2015 年 2 月 13 日，最高人民法院正式开通了“全国法院减刑、假释、暂予监外执行信息网”，对“减假暂”案件的立案、开庭进行公示、公告，同时为庭审直播与文书上网等提供网络平台。全国 33 个省区均在该网站设立了链接，公众可以通过点击链接进入各省的公示平台，查阅各地减刑、假释案件的立案公示内容。大多数省份在网络上通过公布投诉电话号码、电子邮箱或寄件地址的方式告知公众异议反馈的具体途径，江苏法院网除了采取上述方式外，还直接在每个公示罪犯的条目中设置了“我有意见”选项，公众可以通过点击“填写意见”按钮，在弹出的对话框内填写意见（见下图）。人民法院、检察机关则可以通过账户密码在公示期满后，对减刑、假释案件公示的异议情况进行查询。

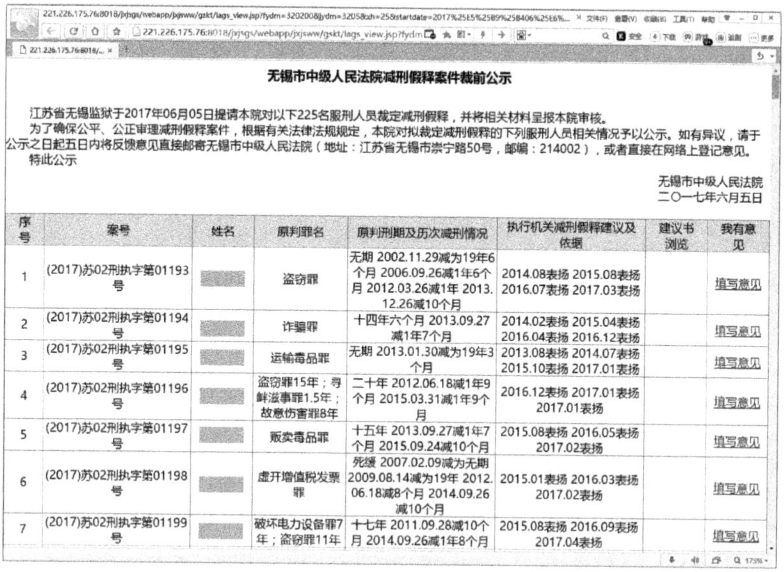

无锡市中级人民法院减刑假释案件裁前公示

江苏省无锡监狱于2017年06月05日提请本院对以下225名服刑人员裁定减刑假释，并将相关材料呈报本院审核。

为了确保公平、公正审理减刑假释案件，根据有关法律法规规定，本院对拟裁定减刑假释的下列服刑人员相关情况予以公示。如有异议，请于公示之日起五日内将反馈意见直接邮寄无锡市中级人民法院（地址：江苏省无锡市崇宁路50号，邮编：214002），或者直接在网络上登记意见。

特此公示

无锡市中级人民法院
二〇一七年六月五日

序号	案号	姓名	原判罪名	原判刑期及历次减刑情况	执行机关减刑假释建议及依据	建议书浏览	我有意见
1	(2017)苏02刑执字第01193号	[redacted]	盗窃罪	无期 2002.11.29减为19年6个月 2006.09.26减1年6个月 2012.03.26减1年 2013.12.26减10个月	2014.08表扬 2015.08表扬 2016.07表扬 2017.03表扬		填写意见
2	(2017)苏02刑执字第01194号	[redacted]	诈骗罪	十四年六个月 2013.09.27减1年7个月	2014.02表扬 2015.04表扬 2016.04表扬 2016.12表扬		填写意见
3	(2017)苏02刑执字第01195号	[redacted]	运输毒品罪	无期 2013.01.30减为19年3个月	2013.08表扬 2014.07表扬 2015.10表扬 2017.01表扬		填写意见
4	(2017)苏02刑执字第01196号	[redacted]	盗窃罪15年；寻衅滋事罪1.5年；故意伤害罪8年	二十年 2012.06.18减1年9个月 2015.03.31减1年9个月	2016.12表扬 2017.01表扬 2017.01表扬		填写意见
5	(2017)苏02刑执字第01197号	[redacted]	贩卖毒品罪	十五年 2013.09.27减1年7个月 2015.09.24减10个月	2015.08表扬 2016.05表扬 2017.02表扬		填写意见
6	(2017)苏02刑执字第01198号	[redacted]	虚开增值税发票罪	死缓 2007.02.09减为无期 2009.08.14减为19年 2012.06.18减8个月 2014.09.26减10个月	2015.01表扬 2016.03表扬 2017.02表扬		填写意见
7	(2017)苏02刑执字第01199号	[redacted]	破坏电力设备罪7年；盗窃罪11年	十七年 2011.09.28减10个月 2014.09.26减1年8个月	2015.08表扬 2016.09表扬 2017.04表扬		填写意见

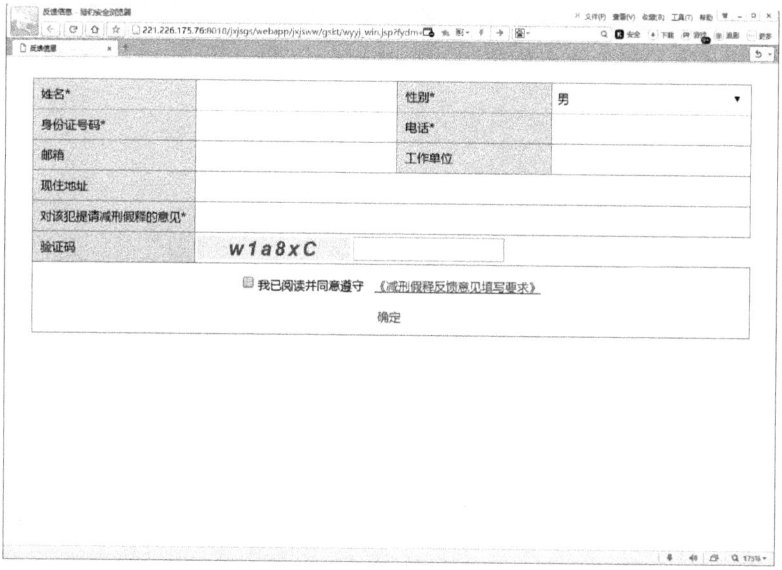

姓名*		性别*	男
身份证号码*		电话*	
邮箱		工作单位	
现住地址			
对该犯提请减刑假释的意见*			
验证码	w1a8xC		

我已阅读并同意遵守《减刑假释反馈意见填写要求》

确定

（三）公示的内容

根据《审理程序规定》第 3 条的规定，公示内容应当包括罪犯的个人情况、原判认定的罪名和刑期、罪犯历次减刑情况、执行机关的建议及依据。实践中，公示的内容并不仅限于上述规定的要求所列项目，部分法院还将合议庭组成人员和书记员名单、人民法院拟减刑幅度及假释意见等一并予以公示。

（四）公示程序的作用

建立减刑、假释审理中的公示程序，是审判公开原则的要求，有利于提高人民法院审理减刑、假释案件的透明度，确保案件的质量；也有利于加强社会公众对执行机关和人民法院的监督，防止减刑、假释案件中的“暗箱操作”等司法腐败问题，树立司法公信力。同时公示程序还为服刑人员及其家属、社会公众提供了一个表达异议的途径，对完善和规范整个减刑、假释案件审理程序具有重要的意义。

三、假释案件的审前调查程序

我国假释案件审前调查程序的全面启用，源于 2011 年《刑法修正案（八）》第 16 条第 3 款的规定，即“对犯罪分子决定假释时，应当考虑其假释后对所居住社区的影响”。2012 年 1 月出台的《社区矫正实施办法》第 4 条第 1 款对包括假释在内的社区矫正审前调查制度进行了具体的诠释，该条规定“人民法院、人民检察院、公安机关、监狱对拟适用社区矫正的被告人、罪犯，需要调查其对所居住社区影响的，可以委托县级司法行政机关进行调查评估”。随后，同年实施的《2012年规定》第24条将“社区矫正机构关于罪犯假释后对所居住社区影响的调查评估报告”列为执行机关提请假释时所必须提交的材料。至此，审前调查程序成为审理假释案件的必经程序。

（一）审前调查的主体

根据《社区矫正工作实施办法》第4条的规定，出具社区调查评估报告的主体是县级司法行政机关即社区矫正机构，实践中具体完成这一工作的则是司法行政机关下属的各社区矫正机构，如乡、镇司法所等。同样依据该条规定，人民法院、人民检察院、公安机关、监狱均享有对拟适用社区矫正的被告人、罪犯启动审前调查程序的权力，但是社区矫正除了适用于假释之外还适用于缓刑、暂予监外执行等制度，那么假释案件审前调查程序的调查权主体究竟是人民法院还是执行机关呢？

2012年以前，由于法律与司法解释对假释案件审前调查权主体未予明确，实践中也曾一度出现过混乱。作为全国首批开展社区矫正试点工作的地区，江苏省早在2010年就已制定了假释案件审前调查（或称假释罪犯社区矫正环境评估）制度的相关规定，2010年4月江苏省公、检、法、司联合印发的《关于加强假释案件审理与社区矫正工作对接的意见（试行）》将假释案件审前调查的委托机关明确为人民法院，[①] 执行机关在该程序中的作用仅是核实罪犯居住地并代为寄送人民法院《评估假释罪犯矫正环境委

---

①《关于加强假释案件审理与社区矫正工作对接的意见（试行）》（苏高法〔2010〕224）第3条第3款规定，监狱、看守所在确定提请假释罪犯名单后，应向罪犯核实居住地（户籍地一般为罪犯居住地，户籍地和经常居住地不一致的，以经常居住地为居住地），并向其居住地县（市、区）司法局代为寄送人民法院《评估假释罪犯矫正环境委托书》（正本）。

托书》。《2012 年规定》将“居住社区影响的调查评估报告”规定为执行机关提请立案时必须移送的材料，[①] 执行机关成为提交假释罪犯审前调查报告的责任主体，实现了提请机关、材料移送义务机关与审前调查委托机关的统一。

（二）审前调查的主要内容

涉及假释案件审前调查具体内容的法律规定有三条：一是《社区矫正实施办法》第 4 条第 2 款，“受委托的司法行政机关应当根据委托机关的要求，对被告人或者罪犯的居所情况、家庭和社会关系、一贯表现、犯罪行为的后果和影响、居住地村（居）民委员会和被害人意见、拟禁止的事项等进行调查了解，形成评估意见，及时提交委托机关”。但该条是就所有社区矫正前社区调查评估的内容所作出的统一规定，并不是专门针对拟假释罪犯审前调查评估内容所作的规定。二是《2012 年规定》第 15 条，关于“没有再犯罪危险”判断因素的规定：办理假释案件，判断“没有再犯罪的危险”，除符合《刑法》第 81 条规定的情形外，还应根据犯罪的具体情节、原判刑罚情况，在刑罚执行中的一贯表现，罪犯的年龄、身体状况、性格特征，假释后生活来源以及监管条件等因素综合考虑；《2016 年规定》第 22 条也作出了相同的规定。上述判断罪犯“没有再犯罪的危险”所需考虑的因素中，罪犯的性格特征、假释后生活来源以及监管条件等因素，执行机关和审判机关难以直接掌握，同样需要依赖罪犯所在社区矫正机构的调查获得，但司法解释并未明确将上述内容纳入社区审前调查评估

① 参见《关于办理减刑、假释案件具体应用法律若干问题的规定》第 24 条第 2 款。

的范围之内。三是《2012年规定》第24条第2款，该条明确社区调查评估报告的内容为罪犯假释后对所居住社区的影响。也就是说将《刑法修正案（八）》第16条第3款规定的条件，作为假释审前调查的必须内容，重点考察社区对罪犯的接纳能力和接纳意愿。

实践中，受司法解释规定的影响，多数地区仅将罪犯假释后对社区的影响作为审前调查的全部内容，对罪犯的人格特征、社会关系以及假释后的监管条件等不作调查或仅对部分客观情况如家庭成员、收入等作简单的表述。江苏省专门针对假释案件设计了《假释罪犯矫正环境评估报告》，从报告的名称上可以看出，其对社区矫正环境调查的侧重以及对罪犯个人情况的相对忽视。部分省份则探索开展由社区矫正机构对罪犯进行审前社会调查或人格调查，称之为“庭前社会调查”或“判决前人格调查”，将拟假释人员的性格、品行、生活经历、婚姻状况等也纳入必须调查的范围之内。[①] 大多数地区社区矫正机构在调查客观事实的基础上，同时对罪犯是否适用社区矫正给出了明确的意见或建议；也有一些地区则在在调查报告中仅对调查的客观事实进行表述，而不作出主观性的判断。

（三）假释审前调查程序的作用

审前调查作为法院审理假释案件的一项前置程序，为法院全面了解拟假释人员的人格特点、成长与生活经历、家庭状况、邻里关系和社区环境等情况，从而为准确判定罪犯再犯罪的危险性大小以及假释后对社区造成

① 参见宫鸣、黄永维主编：《最高人民法院关于减刑、假释司法解释理解与适用》，人民法院出版社2014年版，第264页。

的影响提供可靠的依据，对于加强假释案件的实质审查以及落实“宽严相济”的刑事司法政策，具有重要的保障作用。

四、减刑、假释案件的裁判程序

减刑、假释的裁判程序，是指人民法院在对提请机关提交的减刑、假释建议书及相关证明材料进行审理的基础上，裁定是否对罪犯予以减刑、假释并确定具体减刑幅度的程序。裁判程序是整个减刑、假释程序的核心部分。根据法律及司法解释的规定，目前减刑、假释案件的裁判程序主要表现为书面审理和开庭审理两种形式。

（一）裁判程序的运行特点

1. 书面审理为主

《2012 年规定》与《审理程序规定》均规定：人民法院可以采用书面方式审理减刑、假释案件。[①] 所谓书面审理，是指法官通过书面审查、核实执行机关移送的有关证据材料，对罪犯是否符合减刑、假释条件以及适用减刑、假释的具体幅度作出裁判的审理方式。书面审理是一种不需要与罪犯见面的审理方式。在这一模式之下，既避免了押送罪犯至监外的高风险与高成本，法官也免去了往返监所的劳苦，简化了开庭审理的诸多繁琐程序，因其简便、高效，在目前审判实践中运用最为广泛。据统计，2011 年至 2013 年，江苏法院书面审理减刑、假释案件的比例均在 86% 以上，2014 年《中政委意见》出台以后，大大扩大了开庭审理案件的范围，书面

①《最高人民法院关于办理减刑、假释案件具体应用法律若干问题的规定》第 26 条以及《最高人民法院关于减刑、假释案件审理程序的规定》第 6 条。

审理案件的数量有了一定程度的下降，但书面审理比例仍达到了78%（具体数据见下表）。①

江苏法院书面审理减刑、假释案件情况统计

年　度	审理案件数	书面审理案件数	书面审理率
2011	39121	33779	86%
2012	43727	38079	87%
2013	44068	38039	86%
2014	18550	14467	78%

2. 提讯作为书面审理的补充

提讯并非减刑、假释案件审理程序中一类独立的程序，而是书面审理的一种特殊的补充形式，《审理程序规定》也是将提讯罪犯作为书面审理减刑、假释案件的一种补充程序进行规定的。其第15条规定："人民法院书面审理减刑案件，可以提讯被报请减刑罪犯；书面审理假释案件，应当提讯被报请假释罪犯。"所谓提讯，是指法官在书面审理案件的基础上，对拟减刑、假释的罪犯进行讯问，以进一步了解、核实有关情况，从而对罪犯作出能否适用减刑、假释以及适用减刑、假释具体幅度的裁判。提讯罪犯通常在监、所内单独的场所，由两人以上（通常为一名审判人员和一名书记员）共同进行，并制作笔录，提讯也可以邀请驻监检察机关共同参加。②早在司法解释出台之前，江苏省就已将提讯程序普遍适用于执行

① 数据来自江苏省高级人民法院审判监督第一庭。

②《江苏省高级人民法院关于审理减刑、假释案件若干问题的讨论纪要》（苏高法审委〔2012〕第13号）第37条。

机关建议减刑、假释幅度较大的案件（一般为减刑幅度或假释考验期在两年以上的案件）；2012年12月江苏省高级人民法院印发的《关于审理减刑、假释案件若干问题的讨论纪要》（苏高法审委〔2012〕第13号）第37条，将假释案件和合议庭认为有必要的减刑案件，规定为应当提讯的案件，因此该纪要出台之后，全省假释案件除开庭审理的以外，一律适用提讯程序。

法官通过提讯可以更翔实地了解罪犯情况，听取罪犯对监狱内部呈报减刑、假释程序的意见和建议，同时还可以对即将刑满或假释出狱的罪犯进行警示教育。提讯程序给予了罪犯与法官面对面直接对话的平台，相比一般的书面审理程序，在死板的书面材料之外，给予了法官一个更加直观了解罪犯本人服刑改造情况的机会，相比正式的开庭程序，又免去了不少繁琐的程序环节。因此实践中，提讯审理的减刑、假释案件比例通常介于书面审理与开庭审理之间。仍以江苏省为例，2011年至2013年通过提讯审理案件的比例均稳定在11%，但由于该程序并非法定程序且2014年以后立法和司法实践中提高了对减刑、假释审理的程序要求，不少原先提讯审理的案件也被纳入开庭审理的范围，因此2014年江苏省提讯审理的案件比例仅为2%。

3. 开庭审理的案件范围不断扩大

开庭程序是审理减刑、假释案件最审慎也是最复杂的裁判程序，《刑事诉讼法》并未以法律的形式对其作出规范。考虑到减刑、假释裁定作出的过程应尽可能公开以增加透明度，以及司法实践也需要统一的程序规则予以指导，最高人民法院在《审理程序规定》中首次对减刑、假释案件开庭审理的具体步骤作出规定，该司法解释第10条规定："减刑、假释案件的开庭审理由审判长主持，应当按照以下程序进行：（一）审判长宣布开庭，核实被报请减刑、假释罪犯的基本情况；（二）审判长宣布合议庭组成人员、检察人员、执行机关代表及其他庭审参加人；（三）执行机关代表宣读减刑、假释建议书，并说明主要理由；（四）检察人员发表检察意见；（五）法庭对被报请减刑、假释罪犯确有悔改表现或立功表现、重大立功表现的事实以及其他影响减刑、假释的情况进行调查核实；（六）被报请减刑、假释罪犯作最后陈述；（七）审判长对庭审情况进行总结并宣布休庭评议。”同时第 11 条还规定了庭审过程中，合议庭成员有向罪犯、证人、执行机关代表、检察人员提问的权利；检察人员有出示证据，申请证人到庭，向罪犯及证人提问并发表意见的权利；罪犯有出示证据，申请证人到庭，向证人提问并发表意见的权利。

从上述开庭程序设置可以看出，尽管相比于一般刑事案件，减刑、假释庭审程序省略了辩论环节，举证环节也相对简单，但较之书面审理和提讯程序而言还是要复杂许多。加之还要考虑到监狱管理的特殊性，庭审之外还有一系列繁琐的出入监手续，适用开庭程序审理减刑、假释案件的司法成本与风险都大大高于其他程序，因此，开庭审理的案件范围也经历了一个逐渐扩大的过程。2010 年 2 月《最高人民法院关于贯彻宽严相济刑事政策的若干意见》第 43 条规定，“对于职务犯罪案件，尤其是原为县处级以上领导干部罪犯的减刑、假释案件，要一律开庭审理。对于故意杀人、抢劫、故意伤害等严重危害社会治安的暴力犯罪分子，有组织犯罪案件中的首要分子和其他主犯以及其他重大、有影响案件罪犯的减刑、假释，原则上也要开庭审理”。《2012 年规定》首次以司法解释的形式明确了以下六类案件必须开庭审理：（1）因罪犯有重大立功表现提请减刑的；（2）提请减刑的起始时间、间隔时间或者减刑幅度不符合一般规定的；（3）在社会上有重大影响或社会关注度高的；（4）公示期间收到投诉意见的；（5）人民检察院有异议的；（6）人民法院认为有开庭审理必要的。2014年，为了贯彻落实《中政委意见》的要求，在《审理程序规定》中将“职务犯罪、组织（领导、参加、包庇、纵容）黑社会性质组织犯罪、破坏金融管理秩序和金融诈骗犯罪罪犯”的减刑、假释案件增列为必须开庭审理的案件，极大地提高了开庭审理案件的比例。这一点也可以从江苏省开庭审理案件的比例上得到印证，2011年至2013年全省开庭审理的比例均在2%～3%之间，2014年在收案总体数量明显下降的情况下，开庭审理的案件数比2013年增加了2倍，开庭比例则大幅度提升到20%，比2013年上升了近10倍。

江苏法院开庭审理减刑、假释案件情况统计①

年度	审理案件总数	开庭审理案件数	开庭审理率
2011	39121	870	2%
2012	43727	931	2%
2013	44068	1271	3%
2014	18550	3694	20%

（二）审判组织的组成

《刑事诉讼法》规定，人民法院应当组成合议庭审理减刑、假释案件，

① 数据来自江苏省高级人民法院审判监督第一庭。

但合议庭如何组成，人民陪审员能否参与案件审理，2014年以前法律、司法解释一直未作出明确的规定。实践中，由于法律规定不甚明了以及有权审理减刑、假释案件的中级以上人民法院本身就较少适用一审程序审理案件，因此一般很少出现由人民陪审员与审判员共同组成合议庭审理减刑、假释案件的情况。考虑到增强人民群众对减刑、假释工作监督的需要，《审理程序规定》第4条明确了减刑、假释案件审理中人民陪审员也可以参加合议庭的组成，[①] 目前不少省份在审判实践中已将人民陪审员纳入合议庭的组成，既促进了审判过程的公开，也有利于取得人民群众对减刑、假释工作的认同与理解，获得了良好的社会效果。[②]

（三）庭审程序的参加人员

根据《审理程序规定》，参加减刑、假释案件开庭审理的人员分为两类，一类是应当参加庭审的人员：包括提出减刑、假释建议的执行机关代表，被提请减刑、假释罪犯以及人民检察院指派的检察人员；另一类是人民法院根据需要可以通知参加庭审的人员：包括证明罪犯确有悔改表现或者立功、重大立功表现的证人，公示期间提出不同意见的人，以及鉴定人、翻译人员等其他人员。[③] 审判实践中，司法解释所规定的第一类人员仍然是不可或缺的庭审参加人，只是有些地区在此基础上根据案件的具体类型对此类人员进行了进一步的扩充：如江苏省规定，“三类罪犯”假释案件

---

①《最高人民法院关于减刑、假释案件审理程序的规定》第4条规定：人民法院审理减刑、假释案件，应当依法由审判员或者由审判员和人民陪审员组成合议庭进行。

② 参见宫鸣、黄永维主编：《最高人民法院关于减刑、假释司法解释理解与适用》，人民法院出版社2014年版，第284页。

③ 参见《最高人民法院关于减刑、假释案件审理程序的规定》第7条。

以及司法行政机关建议不宜适用假释的案件开庭审理的，应当通知居住地县（市、区）司法局参加庭审。[①]

至于第二类“人民法院根据需要可以通知参加庭审”的人员，审判实践中则很少实际参与到庭审之中。根据审判实际以及调研过程中向其他法院了解的情况，减刑、假释庭审中，除了证人之外几乎没有出现过鉴定人、翻译人以及公示期间提出不同意见的人员参加庭审的情况，而参加庭审的证人则是与罪犯同监区服刑的其他罪犯或监管罪犯的民警，法官在庭审中对证人进行询问的目的是核实被提请罪犯的改造表现是否属实。作证的服刑人员往往由执行机关事先指定并同时作为旁听人员旁听整个案件的审理，其实已非一般法律意义上的“证人”。

（四）裁判所依据的证据材料

1. 证据的类型与证明目的

尽管被提请减刑、假释的罪犯千差万别，但用以证明其符合减刑、假释条件的证据却是高度一致或者说是高度模式化的。实践中，法官对减刑、假释作出裁判主要依据的证据有以下几类：

一是证明罪犯基本情况的材料，主要有法院裁判文书、执行通知书、历次减刑裁定书。此类证据主要反映减刑、假释形式条件的成就与否，法官通过审核上述证据材料以认定罪犯的原判罪名与刑期、已实际服刑的期限、本次减刑距上次减刑的间隔期等，同时罪犯是否累犯或未成年犯等影响减刑、假释的情况也可以从这些材料中得以体现。

---

①《关于假释案件办理与社区矫正工作对接的规定》（苏司通〔2014〕123 号）第 4 条。

二是证明罪犯改造表现的材料，主要有罪犯评审鉴定表、奖惩审批表、计分考核台账、认罪悔过书等。此类证据主要反映罪犯遵守监规、接受教育改造以及认罪悔罪的情况，实践中法官审核上述证据的最主要目的是确认罪犯所获行政奖励是否属实，从而将上述行政奖励与一定的减刑、假释幅度进行对应。

三是证明罪犯具有减刑、假释的从严或从宽情节的材料，主要有罪犯立功或重大立功表现的书面证明材料、罪犯财产性判项履行情况的证明材料、病残犯的鉴定表等。上述证据反映罪犯是否具有立功、积极履行财产性判项或是被鉴定为病残犯等可以从宽或是存在“有履行能力拒不履行财产性判项”等从严掌握减刑幅度的情节。

另外，对于假释案件，社区矫正机构的审前调查评估报告也是不可或缺的证据材料。

2. 举证的权利义务

审判实践中，证明罪犯符合减刑、假释条件的大多数证据材料由执行机关所掌握并由执行机关在立案时一并向人民法院移送，《2012 年规定》也将移送有关证明材料的义务分配给了执行机关。同时根据《审理程序规定》第 11 条的规定，检察机关、罪犯也有出示证据、申请证人到庭作证的权利。实践中，执行机关不直接掌握而需罪犯提供的证据主要是证明其财产性判项履行情况的相关材料（如罚没机关的收据、发票、证明等），由于罪犯人身自由受到限制，客观上不能自行搜集证据，因此上述证据一般是由其家属将相关证据送至执行机关由执行机关一并向法院移送。至于罪犯及其家属是否可以委托代理人代为搜集证据甚至出庭参加举证、质证，法律及司法解释虽没有作出禁止性规定，但实践中很少出现上述情况。

（五）宣判与送达

减刑、假释案件一般通过两种形式进行宣判：一是当庭宣判，主要适用于开庭审理的减刑、假释案件；二是召开宣判大会集中宣判，适用于任何形式进行审理的减刑、假释案件，在法院作出减刑、假释裁定后由执行机关组织被减刑、假释人员以及其他服刑人员集中进行宣判，意在对其他服刑人员进行教育和激励。

减刑、假释的生效裁定由人民法院在裁定作出之日起七日内送达执行机关（包括执行机关和社区矫正机构）、人民检察院（一般是同级人民检察院）以及罪犯本人，由于罪犯人身自由受限的特殊性，一般也是由执行机关代为送达的。《2016 年规定》第 40 条第 2 款首次明确了以“前一次裁定送达之日”与“本次减刑报请之日”为节点，计算“减刑间隔时间”的方式，故此后审理减刑、假释案件的过程中，对送达相关证据的审查以及对送达时间的认定将具有重要的意义。

五、减刑、假释关联制度的配套程序

（一）减刑、假释的撤回程序

《2012 年规定》第 27 条规定了减刑、假释建议的撤回制度。所谓撤回，是指在执行机关提出减刑、假释建议后，人民法院作出裁定前，发现罪犯存在不符合减刑、假释条件的情形，以书面的形式向人民法院提请撤回减刑、假释建议。是否准许撤回，由人民法院决定。审判实践中，执行机关的撤回事由主要集中在提请期间罪犯又犯新罪、发现漏罪或者出现违反监规的行为，当然也包括提请之前上述情形就已存在，提请后才发现的情况。法院适用何种程序审理此类案件，法律、司法解释均没有作出规定。实践中，一般采用书面审理的方式对执行机关提交的撤回减刑、假释意见书以及证明罪犯不符合减刑、假释条件的相关材料进行审查，对尚未经过合议的案件进行合议，如已经过合议的则进行复议。合议庭经审查及合议，认为执行机关反映的情况属实、撤回理由充分的，则决定准许执行机关撤回减刑、假释建议；反之，如认为反映情况不属实，或罪犯虽有违纪行为但情节并不严重，不足以影响减刑、假释的则决定不准许撤回建议，并裁定对罪犯予以减刑、假释。同时，考虑到充分查明事实、保护罪犯权利或警示教育其他罪犯的需要，部分案件也采用开庭的方式进行审理。

（二）减刑的撤销程序

撤销减刑是指通过法定程序撤销已经生效减刑裁定的制度。司法实践中的撤销减刑主要有三种情形。

一是因“确有错误”而对原减刑裁定予以撤销的情形，《2012 年规定》第 29 条对此种撤销减刑进行了规定并将其定位为人民法院的监督纠错程序，本课题将在下节减刑、假释的监督纠错程序中一并予以讨论。

二是罪犯原判罪行经审判监督程序被依法改判后，因原先裁定减刑依据的前提发生变化而撤销原生效减刑裁定的情形，对此种撤销减刑应当适用的程序，最高人民法院曾先后通过批复以及司法解释的方式作出不同的规定，概括起来主要有以下几种：（1）再审改判后由原作出减刑裁定的法院对该裁定予以撤销，如罪犯在原判执行期间确有悔改表现，还需依法减刑的，重新办理改判后有期徒刑减刑的法律手续（法研复〔1998〕2 号）；（2）再审法院在改判时将本来打算改判的刑期减去已裁定减刑的刑期，确定为应改判的刑期，并在改判的法律文书中说明改判的刑期已经扣除了改判前裁定减刑的刑期（1994 年 6 月《最高人民法院研究室关于有期徒刑罪犯减刑后又改判应如何确定执行刑期问题的答复》)；(3) 再审改判后，原减刑、裁定在认定事实和适用法律上亦视为错误的，按照审判监督程序撤销原减刑裁定（1994 年 11 月《最高人民法院研究室关于对无期徒刑犯减刑后原审法院发现原判决确有错误予以改判，原减刑裁定应如何适用法律条款予以撤销的答复》)；(4) 由执行机关依照再审裁判情况和原减刑、假释情况，提请有管辖权的人民法院重新作出减刑、假释裁定，至于重新作出裁定的同时是否需要撤销原裁定，该司法解释没有明确规定，实践中也有不同的认识和做法。由于最高人民法院所作批复在撤销主体和程序上的规定互有矛盾，给审判实践造成了一定的困扰。《2016 年规定》第 32 条第 2 款规定，“再审裁判改变原判决、裁定的，原减刑、假释裁定自动失效，执行机关应当及时报请有管辖权的人民法院重新作出是否减刑、假释的裁定”。上述规定的出台，使原裁判经再审改判后，法院无须再启动撤销程序，即可直接依据该规定重新作出减刑、假释裁定，这为再审后如何对原减刑裁定进行处理提供了明确的指导。

三是减刑裁定生效后，因罪犯又出现违规违纪的情况而撤销已生效减刑裁定的情形。[①] 此种情形法律及司法解释均没有规定，仅存在于学理讨论与司法实践之中。在调研过程中课题组发现，执行机关对建立这一制度的呼声很高，在课题组向监狱干警发放并回收的 355 份调查问卷中，有 250 人认为十分有必要建立撤销减刑制度，占所有受调查者的 70.4%。课

① 本课题以下讨论的撤销减刑，如不作特别说明，均指该种情形。

题组在与执行机关座谈调研过程中了解到，有些罪犯平时伪装积极改造，在达到减刑目的后则原形毕露，消极怠工甚至公然违规抗拒改造的现象屡有发生，对其他服刑罪犯造成了恶劣的影响。在课题组同期回收的调查问卷中有343名监狱干警认为罪犯在最后一次减刑后存在放松改造的情况，所占比例高达96.7%。也许正是因为这个原因，部分地区在尚无法律明确规定情况下已先行开展该项工作，如2009年四川省成都市中级人民法院审理的一起撤销减刑案件：罪犯冯某在其减刑裁定生效后第二天，因找管教干部调换宿舍未果而心生不满，回到监舍后打碎茶杯抵住颈部扬言自杀，在服刑罪犯中造成恶劣影响。执行机关四川省成都监狱以其公然在监狱违规抗改为由提请法院撤销减刑。法院审理后认为，罪犯冯某在服刑期间因个人目的未能满足，不服从管教，以自杀相威胁，发泄不满，是严重违反监规、抗拒改造的行为，在服刑罪犯中造成恶劣影响。该犯的行为不符合《刑法》第78条、第79条以及《监狱法》第29条的规定。为维护监狱的正常监管秩序，体现宽严相济的刑事司法政策，裁定对原减刑裁定予以撤销。①

（三）假释的撤销程序②

我国《刑法》第86条规定了撤销假释制度。在2012年以前，由于多数地区尚未设立专门的社区矫正机构，通常是由公安机关向作出假释裁定

① 参见何利："法院是否可以依执行机关建议撤销减刑"，《中国审判》2009年第12期。

② 由于罪犯在假释考验期内因犯新罪或发现漏罪而撤销假释的，由对上述犯罪进行审理的法院在普通刑事程序中对撤销假释问题一并处理，因此本课题所称撤销假释，是指假释罪犯在考验期内因出现《刑法》第86条第3款规定的情形而被撤销假释的情况。

的人民法院提出撤销假释建议；2012年《社区矫正实施办法》正式实施，其中第25条规定，由罪犯居住地同级司法行政机关向原裁判人民法院提出撤销缓刑、假释建议书并附相关证明材料，人民法院应当自收到之日起一个月内依法作出裁定；考虑到部分地区社区矫正机构仍未建立，实践中仍然存在由公安机关代为提起撤销假释的情况，《2016年规定》第29条规定，罪犯在假释考验期内违反法律、行政法规或者国务院有关部门关于假释的监督管理规定的，作出假释裁定的人民法院，应当在收到报请机关或者检察机关撤销假释建议书后及时审查，作出是否撤销假释的裁定，并送达报请机关，同时抄送人民检察院、公安机关和原执行机关。

撤销假释案件适用何种程序进行审理，法律与司法解释没有作出规定，各地也未形成统一的实践标准，目前仍处于探索实践之中。从课题组进行调研的情况来看，由于假释罪犯多数在异地接受社区矫正，因此大部分法院选择采用书面审理的方式，对司法行政机关提供的罪犯在假释期间违法违规的证据进行书面审查核实后，直接作出撤销假释裁定。此外，部分地区法院还采取了异地公开开庭审理撤销假释案件的方式，将撤销假释案件的公开庭审安排在假释罪犯所在社区或当地法院的法庭进行，并通知罪犯原居住地社区矫正机关代表、当地检察机关代表参加庭审，这种审理方式初步实现了假释罪犯原执行机关与社区矫正机关的逆向无缝对接。例如，2012年4月11日，镇江市中级人民法院在南通市崇川区社区矫正服务中心公开开庭审理了社区矫正人员何某撤销假释一案。罪犯何某，2005年因犯盗窃罪被判处十年有期徒刑，在江苏省句容监狱服刑。2011年3月被镇江市中级人民法院依法裁定假释，假释考验期至2012年8月结束。假释考验期间，何某两次因违法行为被公安机关处以行政处罚。南通市司法局遂依照《社区矫正实施办法》的相关规定，向镇江市中级人民法院提出建议，撤销何某的假释。在庭审中，法庭认真听取了社区矫正机关的撤销假释建议，检察机关对撤销假释建议提出的意见，还听取了罪犯对自己在接受社区矫正期间表现的陈述，审核了社区矫正机关提供的证据材料。在此基础上，法庭当庭依法宣判：撤销何某的原假释裁定，对何某收监执行未执行完毕的刑罚。何某原服刑的江苏省句容监狱在宣判后立即对何某采取了收监措施。本案是《社区矫正实施办法》施行以后江苏省第一起公开开庭审理的撤销假释案件。此后，镇江市中级人民法院又多次赴南通、苏州、扬州等地开庭审理撤销假释案件，并在审判实践中不断积累经验，逐渐形成了一套较为可行的撤销假释庭审程序，具体为：（1）法院在接到撤销假释建议书后，经初步审查相关证据材料，认为情况基本属实的则下达逮捕决定书对罪犯实施逮捕；（2）通知罪犯居住地同级司法行政机关、检察机关以及罪犯本人参加庭审；（3）开庭审理撤销假释案件，首先由司法行政机关宣读撤销假释建议书，然后对罪犯就相关事实进行法庭调查（包括司法行政机关举证、罪犯以及检察机关质证环节），罪犯进行最后陈述，最后由检察机关发表检察意见；（4）当庭宣判，对经合议庭合议认为符合撤销假释条件的案件当庭宣布撤销本院作出的原假释裁定，对罪犯继续收监执行未执行完毕的刑罚。这种开庭审理的方式受到了各地司法行政机关的积极支持和极大欢迎，不少司法行政机关组织当地社区矫正人员旁听庭审，并在庭审结束后对其进行集中教育，起到了很好的警示和威慑效果，同时镇江市中级人民法院还将历次撤销假释的庭审情况制作成宣传片在监狱内播放，配合执行机关对即将假释或刑满释放人员进行预防性教育。

（四）减刑、假释与财产性判项履行情况联动制度的关联程序

《2012年规定》第2条第3款确立了减刑、假释与财产性判项履行情况相关联的制度，将罪犯履行财产刑与附带民事赔偿义务的情况作为认定其是否具有认罪悔罪表现的一个考量标准。《2016年规定》出台以后，不再将财产性判项履行情况作为认定罪犯“确有悔改表现”的条件之一，而是将其作为综合考察罪犯是否符合《刑法》第78条第1款规定“可以减刑”条件的因素之一；同时《2016年规定》第27条还规定，“对于生效裁判中有财产性判项，罪犯确有履行能力而不履行或者不全部履行的，不予假释”。

减刑、假释与财产性判项履行情况联动制度的建立与完善，使罪犯财产性判项履执情况，成为法院审理减刑、假释案件需要调查的重要事实，相关证明材料也成为审理此类案件的重要证据。2013年5月，镇江市中级人民法院首次适用财产性判项履行与减刑、假释关联制度审理了一起减刑案件。该案罪犯王某，2010年因犯受贿罪、职务侵占罪被常州市天宁区人民法院判处有期徒刑11年，并处没收财产人民币6万元。2013年，执行机关向镇江市中级人民法院提出减刑建议，以罪犯王某受到监狱表扬并被评为改造积极分子，确有悔改表现为由，报减有期徒刑一年三个月；同时，因罪犯王某在原判决生效后能够积极履行财产刑义务，执行机关建议法院对其适当放宽减刑幅度。庭审过程中，执行机关向法庭提交了江苏省罚没款专用收据、常州市人民检察院反贪污贿赂局出具的情况说明等证据用以证明罪犯王某在原判决生效后已主动履行了全部财产刑义务。法院经审理认为，罪犯王某在服刑期间，能够认罪悔罪，接受教育改造，确有悔

改表现，符合减刑条件，应当准予减刑，同时罪犯王某积极主动履行人民法院生效裁判确定的义务，应酌情增加减刑幅度。根据《刑法》和有关司法解释的规定，裁定对其减去有期徒刑一年五个月。

法律及司法解释对于涉及财产性判项履行的减刑、假释案件的审理程序没有作出特别要求。实践中对于此类案件的审理一般也仅是在普通案件审理的基础上增加一个审理财产性判项履行情况的环节，审判人员通过审查罪犯原审裁判文书、相关履行票据以及罪犯在服刑期间消费台账，来确定罪犯应当以及已经履行的财产性判项的数额、履行能力等，从而确定对其从宽或从严的幅度。由于罪犯自由受到限制，部分掌握证据的家属又不能直接参与到减刑、假释程序中来，因此实践中证明罪犯财产性判项履行情况的举证责任主要由执行机关来承担，至于对上述证据如何认证，举证责任应当如何分配等问题，法律及司法解释均未规定，在大量案件进行书面审理的情况下也不存在举证、质证的可能，因此对证据的认定，目前主要还是依赖于法官的形式审查以及内心判断。

六、减刑、假释案件的监督纠错程序

减刑、假释制度自建立以来，在实践中不断完善，整体运转情况良好。然而，由于减刑、假释案件全面审查原则贯彻仍不到位，审理过程透明度还不够高，人民法院集中办案、突击办案的现象在较大范围内仍然存在，部分法院对减刑、假释工作重视程度不够，审判力量配备不齐，案多人少的矛盾比较突出等原因，实践中不可避免地存在个别减刑、假释案件裁判出现错误的问题，客观上需要有效的渠道予以纠正。考虑到减刑、假释案件审理程序并不是一个普通、独立的审级，按照一般刑事案件的审判监督程序进行纠错可能产生一些较为复杂的法律问题，《刑事诉讼法》与《2012 年规定》专门针对减刑、假释案件设置了独有的监督纠错程序。从纠错主体来看，减刑、假释案件的监督纠错程序可以分为人民法院启动和检察机关启动两种形式。

（一）人民法院启动的监督纠错程序

《2012 年规定》第 29 条规定人民法院发现本院或者下级法院已经生效的减刑、假释裁定确有错误，应当依法重新组成合议庭进行审理并作出裁定。该条规定与《刑事诉讼法》第 243 条所规定的审判监督程序在字面表述上有一定的相似性，如管辖法院均为本院或上级法院，启动事由均为原生效裁判“确有错误”，均应当重新组成合议庭进行审理。尽管如此，课题组通过仔细比较发现两者仍然存在些许差别，如审判监督程序中本院发现错误的必须由院长提交审判委员会处理，纠错监督程序则无此要求；上级法院发现下级法院错误的，在审判监督程序中应当提审或指令下级法院再审，而纠错监督程序则仅要求“重新组成合议庭进行审理”。因此，司法解释所规定的减刑、假释监督纠错程序是一类具有自身特色的独有程序，并不完全等同普通刑事案件的审判监督程序。

由于审判机关地位的被动性和中立性以及罪犯行使申诉权存在诸多客观障碍，因此，实践中由人民法院主动启动监督纠错程序的情况并不十分常见。2014 年 12 月，镇江市中级人民法院通过纠错监督程序，审理了一起因罪犯在服刑期间行贿管教干部而对原减刑裁定予以撤销的案件。罪犯王某，2013 年 10 月经执行机关提请，被镇江市中级人民法院裁定对其减去有期徒刑一年。后经检察机关侦查发现，罪犯王某在服刑期间为在调换工种、减刑等方面获得照顾，存在向管教干部行贿等违纪违法行为。镇江市中级人民法院在王某的上述行为被检察机关查证属实后，立即启动减刑、假释纠错监督程序，另行组成合议庭对王某减刑一案重新进行审理。镇江市中级人民法院经审理认为，王某在服刑期间对管教民警行贿，执行机关因此给予其记过处分，故王某不符合“接受教育改造，确有悔改表现”的减刑条件，镇江市中级人民法院作出裁定对原减刑裁定予以撤销。在本案审理过程中，审理法院并未适用普通刑事案件的审判监督程序，将本案提交审判委员会讨论决定是否进入再审，而是依据《2012 年规定》第 29 条的规定，直接重新组成合议庭对原减刑裁定予以了撤销。

（二）检察机关启动的监督纠错程序

2012 年以前，检察机关启动减刑、假释监督程序有两种方式，一是通过向人民法院提出书面纠正意见的形式，这种纠错方式源于 1996 年刑事诉讼法第 222 条规定，“人民检察院认为人民法院减刑、假释的裁定不当，应当在收到裁定书副本后二十日以内，向人民法院提出书面纠正意见。人民法院应当在收到纠正意见后一个月以内重新组成合议庭进行审理，作出最终裁定”。2012 年《刑事诉讼法》第 263 条对此条内容未作修改，仍然予以保留。二是以抗诉的形式启动审判监督程序，这一启动方式源于 1994 年监狱法第 34 条第 2 款规定：“人民检察院认为人民法院减刑、假释的裁定不当，应当依照刑事诉讼法规定的期间提出抗诉，对于人民检察院抗诉的案件，人民法院应当重新审理。”对于检察机关究竟应当适用何种方式启动减刑、假释的审判监督程序，由于上述两种方式均由法律所规定，因此一度存有争论，理论上任何一种启动方式均符合法律的规定。但从实践的情况来看，通过提出书面纠正意见的方式更为常见，也许是相对抗诉而言，这种方式更为缓和的缘故。2012 年《监狱法》将第 34 条第 2 款中的“抗诉”改为了“书面纠正意见”，至此检察机关不再具有抗诉启动减刑、假释审判监督程序的权力，从而实现了检察机关在启动监督程序方式上的统一。

检察机关通过提出“书面纠正意见”进行监督纠错，与普通刑事案件中检察机关依审判监督程序提出抗诉具有本质性的区别，这不仅体现在字面表达上，还体现在期限设置以及处理后果上。审判监督程序中，检察机关提出抗诉没有期限限制，而纠错监督程序中检察机关必须在收到裁定书副本二十日内提出“书面纠正意见”；审判监督程序中，人民法院对于抗诉案件可以指令下级法院再审，而监督纠错程序中接收纠正意见的法院应当重新组成合议庭并作出最终裁定。检察纠错程序的上述特点，体现出该程序仅为减刑、假释案件审理所独有的特殊性。

实践中，由于检察机关一般在执行机关中设有驻监检察室，检察人员可以随时进入监区了解罪犯的日常改造情况，因此往往比法院更有条件掌握执行机关呈报减刑、假释的各个环节，也更有可能发现减刑、假释案件中存在的错误，进而提出纠正意见。翟中东所著《减刑、假释制度适用》一书就列举了一个由检察机关通过书面纠正意见启动减刑、假释监督纠错程序的案例：“罪犯刘某入监后，虽然能够积极改造，表现较好，但是刘某所获得奖励分值未达到计分考核规定的减刑分值。执行机关将刘某家属向监狱捐赠的一百多件物品作为该犯减刑条件呈报减刑。在庭审中检察机关向执行机关及罪犯本人就此问题提出异议，人民法院审核裁定时仍然对刘某裁定减刑十一个月，并送达了减刑裁定书。事后检察机关根据司法部《关于禁止监狱以任何形式接受罪犯及其家属捐赠钱物的通知》第 3 条‘对向监狱捐赠钱物的罪犯给予计分奖励的，在呈报减刑意见时应当扣除因向监狱捐赠钱物所获奖励的分值'的规定，向人民法院提出书面纠正意见。人民法院接到纠正意见书后，立即重新组成合议庭进行了审理，作出最终裁定，撤销了对刘某的减刑裁定。"①

第三节　我国减刑、假释案件审理程序中的问题分析

目前我国减刑、假释案件的审理程序存在着形式化严重、公开透明度不高等诸多不够规范的问题，这些问题的存在一定程度上为减刑、假释过程中的权力腐败与"暗箱操作"留下空间，同时也与《中政委意见》中强化减刑、假释案件实质审查的要求不相符合。然而上述问题的存在，绝非某一程序环节的缺陷或个别执法、司法人员的问题所造成，而是整个程序运行中诸多主、客观因素共同作用的结果。本节依循审理流程的脉络，在总结实践经验和广泛调查研究的基础上，对各个程序环节运行中存在的问题进行逐一归纳并对其形成原因进行深入解析。

一、提请程序演变为"提前裁判"

在提请程序中，执行机关通过《提请减刑、假释建议书》对每一个罪犯向人民法院建议一个具体的减刑幅度或者建议对罪犯予以假释；对执行机关提出的减刑或假释建议，人民法院经裁判程序后很少作出变动，大多数案件是按照执行机关《提请减刑、假释建议书》中提请的理由及建议的

① 翟中东:《减刑、假释制度适用》，中国公安大学出版社 2015 年版，第 135 页。

幅度作出最终裁判。简言之，绝大多数案件“监狱怎么报，法院怎么判”，因而在实际上造成了执行机关在提请时已“提前裁判”的现象。为了更直观地说明上述问题，课题组选取了江苏省减刑、假释案件数量较多的南通、常州、镇江三地中级人民法院，对上述法院 2015 年 1 ～ 6 月经裁判程序后变更执行机关减刑、假释建议的数据进行了统计。经过统计可以发现，三地法院对执行机关减刑建议的平均变更率为 3.36%，其中变更率最高的为常州市中级人民法院 6.3%，南通市中级人民法院与镇江市中级人民法院的变更率均未超过 1.5%；三地法院对执行机关假释建议的变更率则很低，除镇江市中级人民法院为 2.2% 以外，其他两家中院的变更率均为 0（具体数据见下表）。[①]

2015 年 1 ～ 6 月裁判变更执行机关减刑建议情况

地区	审结减刑案件数	变动执行机关减刑建议案件数		变更率
		变更减刑幅度案件数	裁定不予减刑案件数	
南通	1044	15	0	1.44%
常州	2319	131	15	6.3%
镇江	1464	16	0	1.09%

2015 年 1 ～ 6 月裁判变更执行机关假释建议情况

地区	审结假释案件数	裁定不予假释案件数	变更率
南通	55	0	0
常州	221	0	0
镇江	99	2	2.2%

① 数据来自江苏省高级人民法院审判监督第一庭。

提请程序“提前裁判”的问题，使人民法院在其后的裁判程序中陷入被动，同时也造成执行机关在整个程序中权力过大，为少数监狱干警利用职权“暗箱操作”或进行权钱交易留下空间，对调动改造罪犯的积极性产生了消极影响。究其原因，主要有以下几个方面。

（一）计分考核直接与提请幅度挂钩

提请程序中，执行机关对罪犯所提出的减刑建议是一个具体的幅度（如建议对罪犯 ×× 减刑一年），而非一个可以选择的幅度区间，形成这个具体幅度的依据是我国监狱管理中所普遍采用的“计分考核奖罚罪犯”制度。《司法部关于计分考核奖罚罪犯的规定》（司发〔1990〕158 号，已废止），确立了运用计分的办法对罪犯改造表现进行考核的制度。该规定出台之后，各地也纷纷出台相关实施细则、考核办法，将《刑法》所规定的“认真遵守监规，接受教育改造，确有悔改表现”等适用减刑、假释的法定条件，直观地量化为具体的分数，如《江苏省监狱系统罪犯改造计分考核及奖罚规定》将罪犯计分考核分为基础分考核与奖励分考核两个部分，其中基础分考核又分为基本规范、生活规范、学习规范、劳动规范、文明礼貌五个方面；奖励分考核则以当月的基础分为依据，按照从高到低的原则进行排序并确定相应的等级，对不同等级予以一定的分值奖励。当罪犯的得分累积到一定标准，即可根据各地监狱系统内部规定的标准折换成相应的行政奖励，如江苏地区得 20 分可获 1 次记奖、60 分可获 1 次大会表扬、120 分可获 1 个监狱改造积极分子；而上述行政奖励对应着一定的减刑、假释幅度，如《天津市办理减刑、假释案件规程（试行）》第 7 条就明确规定，“行政奖励对应减刑幅度一般掌握为：（一）获得单项奖励的罪犯减刑不超过一个月;(二)获得监狱级表扬(含特殊表扬)的奖励的罪犯减刑不超过三个月;(三)获得监狱改造积极分子奖励的罪犯减刑不超过四个月……”

在课题组与执行机关调研座谈的过程中，执行机关普遍认为计分考核制度虽然存在着“唯分是举”等不合理因素，但仍是目前最为公平的考核办法。该制度的优势在于，通过“一断于分”的考核方式，将千差万别的罪犯改造表现、难以衡量的悔改程度等极难把握的尺度标准，量化为直观并且是便于比较的考核成绩，并可折换成相应的行政奖励，最终转化为相对应的提请减刑、假释的具体幅度。这种相对透明又便于操作的考核方法，在一定程度上也有利于激励罪犯积极改造并消除其对在减刑、假释中可能遭受不公平待遇的疑虑。然而这种将考核计分直接与减刑、假释幅度挂钩的提请标准，同时也会使执行机关与罪犯在法院作出最终裁判之前即形成强烈的心理预判，如若最终法院的裁判结果与其心理预期不相符合，则会影响计分考核制度在罪犯中已经确立的权威性，进而使执行机关多年构建并已行之有效的以计分考核管理罪犯的体系受到威胁。因此，法院在考核计分之外依据其他酌定情节对执行机关建议幅度作出调整往往受到执行机关和罪犯的抵触，法院出于配合执行机关管理工作的目的，如非十分必要也不会轻易变动执行机关的提请幅度。通过镇江市中级人民法院审理的一个减刑案例，可以更加形象地说明上述问题。

【案例】罪犯邵某某，因犯受贿罪，被判处有期徒刑十一年，并处罚金18万元，服刑期间邵某某因改造表现良好获得监狱表扬二次，执行机关江苏省边城监狱根据其获得的行政奖励(边城监狱的提请标准为一个表扬可以减刑五个月)提请法院对其予以减刑十个月。在法院开庭审理该案件的过程中，邵某某当庭陈述，其在服刑期间全部履行了包括退赃在内的财产性判项并当庭提供了罚没收据等证据予以证明，请求法院予以从宽。合议庭经评议认为，邵某某在服刑期间，能接受教育改造，确有悔改表现，符合减刑条件；鉴于该犯财产性判项已全部履行，可以酌情对其减刑幅度予以从宽掌握，故拟在执行机关呈报幅度的基础上增加两个月，对其减刑一年。作出裁定之前，合议庭将有关情况与执行机关进行了沟通。执行机关认为，如若对邵某某增加减刑幅度，会引起其他获得同样行政奖励罪犯的不满；同时还有部分罪犯也全部履行了财产性判项，但因所获行政奖励已达到司法解释规定提请幅度的上限，不可能再予以从宽，因此也会使此类罪犯感到不公，从而给今后的监狱管理工作带来难题。最终法院在充分考虑执行机关意见与法律规定的基础上进行了折中，在执行机关呈报幅度基础上予以从宽一个月，对邵某某减刑十一个月。

（二）被提请减刑、假释人员“优中选优”

执行机关对罪犯提请减刑、假释，除了要求罪犯获得相应的考核成绩与行政奖励以外，还受到其上级管理机关设定比例以及司法解释规定减刑幅度上限的限制。这其中设定的比例，是指被提请减刑、假释人员占所有在押人员的比例以及罪犯累计减刑、假释幅度占总刑期的比例。上述两个比例并不是固定不变的，但均小于实际达到减刑、假释条件人员的比例且随着地域、刑事政策的变化而变化。

在2014年以前，对于减刑、假释的刑事政策较为宽缓，相应地上述“两个比例”的设定也较为宽松。2014年以后，随着《中政委意见》的出台，中央明确提出了“严格规范减刑、假释”的要求，各地对于上述“两个比例”的设置进一步缩小，使最终被提请减刑、假释的人员需在所有符合条件的人员中通过一定标准筛选产生，如江苏省监狱管理局2015年1月印发的《江苏省监狱提请罪犯减刑、假释择优呈报办法》，要求“各监区按照监狱分配的减刑、假释名额，对符合法定条件的罪犯，根据其悔改表现等因素进行全面考核排序，择优确定拟呈报减刑、假释的罪犯名单”。[①]也就是说，在“两个比例”的限制之下，即使是按照执行机关的计分考核制度，罪犯得分达到一定标准、获得相应的行政奖励、符合提请减刑、假释条件，也未必能够最终获得提请减刑、假释的机会，而是要根据其在同一监区内考核得分的高低，以及自身实际累计减刑幅度的多少再次进行排序，在上级机关规定的比例内择优予以呈报。

另外，《2012年规定》规定，一般情况下有期徒刑罪犯一次减刑一般不超过一年；在确有悔改表现并有立功表现，或者有重大立功表现的情况下，一次减刑一般不超过二年；而经过执行机关层层“择优”之后，只有在同一监区中积分较高、所获行政奖励较多的罪犯才能被提请减刑、假释，而这些罪犯按照其所获行政奖励本应呈报的幅度大多已远远超过一年，受到司法解释对减刑幅度的限制，执行机关最多也只能呈报一年。因此，在严格的呈报条件与司法解释设置幅度上限的双重限制之下，人民法院几乎没有余地再对执行机关提出的减刑、假释建议予以进一步的从宽或从严调整。下面仍然通过两个案例说明上述问题。

【案例一】罪犯吴某，2012年因犯非法吸收公众存款罪，被判处有期

①《江苏省监狱提请罪犯减刑、假释择优呈报办法》第2条。

徒刑四年六个月，并处罚金15万元。2015年12月，执行机关向法院提出减刑建议，认为该犯入监后能认罪悔罪，服从管教，认真遵守法律法规及监规，积极参加思想、文化、职业技术教育。2013年以来，受到监狱表扬一次，被监狱批准为改造积极分子一次，确有悔改表现，故建议法院对其减去有期徒刑一年。法院经审理查明，执行机关提出罪犯吴某在服刑期间的认罪悔改表现属实，符合减刑条件，应当予以减刑。同时该犯在服刑期间主动向原审法院缴纳了罚金15万元，应认定其具有积极履行财产性判项的情节，根据《2012年规定》第2条第3款，可以对其减刑幅度从宽掌握。但由于吴某所获行政奖励所对应的减刑幅度（一个表扬对应六个月，一个改造积极分子对应一年）已经超过了法定减刑幅度的上限，故法院裁判时已没有在执行机关呈报幅度基础之上对吴某再予以从宽的余地，因而法院最终仍裁定对其减刑一年。

【案例二】罪犯丁某，2013年因犯盗窃罪，被判处有期徒刑三年九个月，并处罚金人民币7000元。2016年1月，执行机关向法院提出减刑建议，认为该犯服刑以来，能认罪悔罪，认真遵守法律法规及监规，接受教育改造；积极参加思想、文化、职业技术教育；被监狱评为改造积极分子两次，悔改表现突出，故建议法院对其减去有期徒刑一年。法院经审理查明，执行机关提出罪犯丁某在服刑期间的认罪悔改表现属实；但同时承办法官认为，丁某在本次犯罪之前多次因盗窃被定罪量刑，虽未构成累犯，但其主观恶性较深，故对其减刑幅度可从严掌握。经与执行机关沟通，执行机关认为，丁某服刑期间悔改表现突出，其取得的行政奖励所对应的减刑幅度已经远超过法定幅度的上限，对其呈报减刑一年实际上已经在其应当获得减刑幅度的基础上予以了从严，且其多次犯罪未构成累犯并非法定的从严情节，如再予以从严会打击罪犯的改造积极性。法院最终采纳了执行机关的意见，仍对丁某裁定减去有期徒刑一年。

（三）检察意见强化提请建议正当性

2014年出台的《中政委意见》第8条规定，“刑罚执行机关在决定提请减刑、假释、暂予监外执行前，应当征求检察机关意见”“刑罚执行机关、审判机关对检察机关提出的不同意见未予采纳的，应当予以回复或者在裁定书、决定书中说明理由”；最高人民法院在所制定的司法解释中虽然未将检察机关的审查意见作为执行机关提请减刑、假释时必须移送的材料，但均规定“人民检察院对提请减刑、假释案件提出的检察意见，应当一并移送受理减刑、假释案件的人民法院”①。

审判实践中，早在《中政委意见》出台之前，许多地区就在公、检、法、司联合制定的地方规范性文件中作出执行机关提请减刑、假释前，应先征求检察机关意见的规定。如吉林省《关于办理减刑、假释案件有关问题第一次联席会议纪要》第37条规定：“执行机关在向人民法院呈报减刑、假释案件前，应将减刑、假释案件材料报送担负派驻检察任务的人民检察院审查”“人民检察院认为减刑、假释不当的，应当提出纠正意见。认为提请减刑、假释符合条件和程序，应签署‘经审查，符合减刑或假释条件和程序’的意见。”《中政委意见》出台之后，成为实际指导减刑、假释审判实践的行为准则，执行机关依照《中政委意见》要求在向法院提请减刑、

①《最高人民法院关于办理减刑、假释案件具体应用法律若干问题的规定》第24条第3款以及《最高人民法院关于减刑、假释案件审理程序的规定》第2条第3款。

假释之前，先征求检察机关的意见已成为实践中的必经程序。有些地区先将案件相关材料报送检察机关审查，取得书面检察意见后一并移送法院进行审理，如前述的吉林省以及内蒙古自治区；还有些地区则邀请检察机关列席监狱审核拟提请减刑、假释的会议，由检察机关代表对会议形成的提请意见签字确认后，再与减刑、假释建议书一并呈报法院，如江苏地区。

课题组通过对执行机关和检察机关的调研发现，检察机关对执行机关的提请建议存有异议时，通常会选择将异议理由与执行机关先行沟通；执行机关对检察机关所提出的不同意见，或直接予以采纳而对先前的提请意见予以变更，或进一步向检察机关说明提请意见的正当依据以获得检察机关的认可。执行机关与检察机关之间的不同意见，无法协调一致的情况极少出现。因此，执行机关征求检察机关意见的过程，实际上是两个机关相互交换意见、消除分歧并最终达成一致的过程。在此机制下，绝大多数执行机关向法院提出的减刑、假释建议，均已获得了检察机关的认可与支持。也就是说，执行机关最终呈报至法院的提请建议，事实上经过了两个国家机关的一致认可，从而具有了双重权力保障的色彩。在此情形下，法院若要经过裁判程序对执行机关的减刑、假释建议进行变更，则会多增一重是否会因与检察机关意见不一致，从而引发其启动监督纠错程序的顾虑。实践中，人民法院在审理程序中变更执行机关减刑、假释建议的案件，尤其是那些对减刑幅度予以从宽掌握的案件也的确是检察机关展开检察监督的重点对象。因此，执行机关在提请前先行征求检察机关意见，或许确实在一定程度上将不少提请减刑、假释中执行机关的不当行为扼杀在萌芽状态；但另一方面检察机关的检察意见也在很大程度上强化了执行机关提请减刑、假释建议的正当性，使执行机关在提请程序中所作的“提前裁判”更加难以撼动。

二、减刑、假释公示程序虚化

设立减刑、假释公示制度的目的在于进一步规范执行机关的提请，加强检察机关及社会各界对减刑、假释的监督，弥补未开庭审理案件程序公开不足的缺陷，防止“暗箱操作”和司法腐败。[①]但从司法实践的情况来看，社会公众及检察机关在公示环节提出异议的情况极为罕见，这其中固然有检察监督前移，使执行机关在法院公示之前已经就提请减刑、假释的情况征求过检察机关意见的因素；但另一方面从未参与到减刑、假释案件审理程序中的社会公众对减刑、假释的全面公示也未表现出太高的热情。在《审理程序规定》明确要求人民法院审理减刑、假释案件应当依法向社会公示，各地法院相继开通减刑、假释网上公示平台的情况下，社会公众通过法院公示程序对减刑、假释实施监督，并最终对案件的审理产生实质影响的情况仍然凤毛麟角。近年来减刑、假释中所出现的一系列引发公众关注的违法腐败案件也均非通过公示环节暴露并发现问题。或许公示程序的存在，确实间接发挥了警示威慑办案人员公正执法、司法的作用，然而从其近几年的实际运行情况来看，公示制度仍然存在着形式大于实质的问题，设立该制度之初所期望的广泛接受社会监督的直接功能收效甚微。课题组经过调研认为，造成目前公示制度虚化的主要原因在于以下三个方面。

---

① 参见宫鸣、黄永维主编:《最高人民法院关于减刑、假释司法解释理解与适用》，人民法院出版社 2014 年版，第 268—269 页。

（一）服刑场所公示功能重复

《2012 年规定》规定，人民法院对减刑、假释案件进行公示的地点为罪犯服刑场所的公共区域，有条件的地方应面向社会公示。2014 年实施的《审理程序规定》则仅规定了向社会公示。考虑到《2012 年规定》仍然有效，且罪犯服刑场所的公共区域也包含在向社会公示的范围之内，实践中多数法院仍然保留了在服刑区域进行公示的做法。

在服刑地点进行公示的目的，是接受监狱罪犯（包括拟被提请减刑、假释的罪犯和其他罪犯）与监狱警察提出的异议。作为减刑、假释的直接利害关系人与减刑、假释政策的直接掌握者，上述两类人员对整个减刑、假释的运作过程、相关规定最为了解，最有需要也最有可能提出实质性的不同意见。然而实践中，几乎没有罪犯或者狱警在法院公示环节中提出异议，这主要是由于执行机关在提请减刑、假释前已经按照《监狱提请减刑假释工作程序规定》在监区内进行过公示，且执行机关公示的场所、公示的对象以及公示的内容与人民法院进行的公示基本一致。同时《监狱提请减刑假释工作程序规定》《看守所留所执行刑罚罪犯管理办法》等还规定了执行机关公示过程中，对罪犯或警察提出异议进行处理的复核程序，要求执行机关对提出的异议应提请减刑、假释评审委员会或召开所务会进行复核，并告知复核结果。在执行机关已有公示异议处理机制的情况下，罪犯及警察的异议在这一环节多数已经得到处理与回复，即使部分人员对执行机关处理结果仍然心存不满，但虑及监狱管理的封闭性以及罪犯自由受限的特殊性，出于对可能招致打击报复的恐惧，也不大可能选择在法院公示的环节再行提出异议。

（二）社会公众难以及时有效掌握公示信息

减刑、假释网上公示平台开通之前，法院主要采取公告栏书面张贴、电子显示屏滚动播放、报纸刊登等方式向社会进行公示。上述公示方法虽然也具有一定的公开性，但受公示地点、公示手段的限制，受众有限，公示效果并不理想。2014年以来，各地法院相继建立了减刑、假释网上公示平台，利用互联网技术传播快、受众广等特点，理论上使更多公众有机会接触到减刑、假释的公示信息。但自网上公示实施以来，在公示程序中提出异议的公众并未呈现增长态势，公示程序依然没有达到预期效果。

上述问题的出现主要有以下两个方面的原因。

一是利害关系人难以及时获取特定罪犯的公示信息。罪犯的亲属、被害人以及罪犯假释后居住社区的居民，与减刑、假释案件具有直接的利害关系，也对案件的审理最为关切。然而，尽管上述人员均有机会通过互联网查阅到罪犯的相关公示信息，但对于他们所特别关注的与其存在利害关系的特定罪犯何时被提请减刑、假释，何时相关信息上网公示，却很难及时掌握。执行机关呈报减刑、假释时间的不确定性造成了利害关系人对公示时间的不可预测，这种情况之下，要让上述人员在不可预知的时间、在不计其数的公示名单中找寻出自己所期望获得的特定信息，并在规定时间内提出异议，几乎成为不可能完成的任务。

二是社会公众难以通过公示信息展开实质性监督。俗话说，“内行看门道，外行看热闹”，普通社会公众对于减刑、假释工作而言绝对算得上外行。专业化的计分考核制度、实践中各地不相统一且又不断变化的具体减刑、假释幅度标准，公众很难知悉和掌握。至于罪犯的实际改造表现与公示的信息是否相符，公众更是不得而知。尽管理论上一般社会公众可以随时通过上网浏览公示信息的方式，随意对不特定罪犯的减刑、假释案件展开监督，但减刑、假释工作的专业性以及相关信息的高度不对称，使社会公众面对相对简单、格式化的公示信息不可能进行实质性的监督进而提出实质性的异议。如广东张海案中，罪犯张海通过其家属向他人购买发明专利方法，获得重大立功并进而得以减刑，但单纯从张海的提请减刑建议书等相关信息中难以发现其虚构重大立功的蛛丝马迹。

（三）缺乏明确的公示异议处理机制

司法解释确立了减刑、假释案件的公示制度，但对公示期间收到的异议如何处理却没有作出明确规定。尽管《2012 年规定》规定，“对于公示期间收到投诉意见的减刑、假释案件，应当开庭进行审理”；同时《审理程序规定》也将“公示期间提出异议的人”作为法院可以通知参加庭审的人员。需要注意的是，司法解释这里使用的措辞是可以参加而非应当参加，并且最高人民法院在其后的具体庭审程序的规定中，没有设置任何针对提出异议人员的程序环节，也没有赋予异议人员任何程序性权利。至于法院是否在审理过程中一定要对公示中的异议作出回应，应当以什么样的形式作出回复，是否要在裁判文书中列明异议的内容以及处理依据和结果，对于异议的处理是否也有一个期限，这些内容司法解释都没有作出要求。相比监狱公示过程中，对提出的异议必须提请减刑、假释评审委员会进行复核，并告知复核结果的复核机制，法院公示过程中的异议处理机制尚处于起步阶段。在法院不能确保给公示期间提出异议的人员一个说法的前提下，公众参与这一程序的积极性不高也就不足为奇了。

三、假释审前调查程序片面化

假释前司法行政机关进行的审前调查既是法官考量罪犯假释后对所居住社区影响的重要依据，也是法官获取罪犯家庭环境、入狱前一贯表现、人格特征等判断罪犯是否具有再犯危险的重要信息来源。但是从立法和审判实践来看，我国目前尚未开展真正意义上的假释审前调查，仅是要求司法行政机关对假释罪犯社区环境进行调查评估，即更侧重于社区对拟假释罪犯接纳能力与接纳意愿的调查，而罪犯的家庭背景、婚姻状况、生活经历等对于假释裁判同样具有重要意义的信息，往往不作为调查的重点，甚至可以不作调查。同时司法行政机关进行的假释审前调查还存在着重结论意见轻客观事实的问题，在调查报告的综合评估中常常直接给出结论性意见，如同意（建议）/不同意（不建议）对罪犯 ×× 进行社区矫正，而对得出该结论的事实与法律依据则不作表述或不加分析，使其结论意见失去了客观依据的支撑。

司法行政机关在假释审前调查中所存在的上述重社区环境评估、轻罪犯自身信息调查与重主观意见结论、轻客观事实依据的问题，使假释审前调查程序失之于片面，法官难以通过该程序获取实质审查假释案件所需的重要信息，也难以对评估的结论性意见准确与否作出合理的评判，多数情况下只得简单对其结论意见予以采纳，进而在审判实践中造成社区评估意见“一票否决”的现象。上述问题的出现，可以归结于以下几个原因。

（一）司法解释规定存在局限性

《社区矫正实施办法》第 4 条第 2 款规定：“受委托的司法行政机关应

当根据委托机关的要求，对被告人或者罪犯的居所情况、家庭和社会关系、一贯表现、犯罪行为的后果和影响、居住地村（居）民委员会和被害人意见、拟禁止的事项等进行调查了解，形成评估意见，及时提交委托机关。”但需要注意的是，上述规定并不仅仅针对假释罪犯，其适用范围还包括所有“拟适用社区矫正的被告人、罪犯”，也就是说并非该款列举的所有内容均要体现在假释罪犯的审前调查报告中；同样，《2012 年规定》第 15 条以及《2016 年规定》第 22 条，虽然均明确将“犯罪的具体情节、原判刑罚情况，在刑罚执行中的一贯表现，罪犯的年龄、身体状况、性格特征，假释后生活来源以及监管条件”等，作为办理假释案件，认定“没有再犯罪的危险”应当综合考虑的因素，但并未同时将上述因素明确规定为假释案件审前调查的必须内容。

那么究竟哪些事项是属于假释案件必须调查的内容呢？根据《2012 年规定》第 24 条第 2 款以及《审理程序规定》第 2 条第 2 款的规定，“执行机关提请假释的，应当附有社区矫正机构关于罪犯假释后对所居住社区影响的调查评估报告”。因此，从现行司法解释的规定来看，假释案件审理前，社区矫正机构必须予以调查和评估的内容仅限于罪犯假释后对所居住社区的影响，至于审理假释案件时判断罪犯“没有再犯罪危险”的因素，如“罪犯性格特征、假释后生活来源、生活经历”等也需依赖社区调查获得的信息，司法解释并没有作出强制性的调查要求。

从最高人民法院对司法解释所作的说明和相关解释性文章中，可以窥知立法者对假释案件审前调查评估所持的态度。如最高人民法院审判监督庭编著的《最高人民法院关于减刑、假释司法解释理解与适用》一书中指出：“在一些省份尝试开展的‘审前调查’‘庭前调查’或者‘判决前的人格调查’中，调查的内容还包括拟适用社区矫正人员的性格、品行、生活经历、婚姻状况、心理状况、社会交往、日常表现、犯罪成因、人身危险性或重新犯罪的可能性，等等。在确保调查内容涵盖了‘拟假释罪犯对社区影响’的前提下，我们鼓励和欢迎社区矫正机构对罪犯的情况予以更全面细致的调查，这也是为更好地适用假释制度并推进社区矫正制度发展进行的有益探索。”① 从这段话可以看出，最高人民法院审监庭认为，目前对假释案件所开展的社区调查评估，不完全等同于“审前调查”的概念，“对社区影响”以外的内容并不必然涵盖于内，现有条件之下鼓励但不强求有条件的地区开展更全面细致的调查。同时还可以看出，完整意义上的“审前调查”是应将罪犯“人格特征、生活经历、犯罪成因”等判断其是否具有再犯罪危险的因素包括在内的，最高人民法院对于这一点也是认可的，仅是因为目前社区矫正制度仍然处于起步和探索阶段而未能全面实施。若从长远考虑，将审前调查的内容扩展到“对所在社区影响”以外的内容，是更好地适用假释制度并推进社区矫正制度发展的必然趋势。

综上所述，无论司法解释的字面表述还是制定者的立法意图，均将假释案件审前调查内容主要定位为“罪犯假释后对所在社区的影响”，而对罪犯人格信息的调查被排除在必须调查的内容之外，因此司法解释要求的局限性，是目前审前调查片面化的一个重要原因。

---

① 宫鸣、黄永维主编:《最高人民法院关于减刑、假释司法解释理解与适用》，人民法院出版社 2014 年版，第 264 页。

（二）非正当因素影响调查结果

前已论及，由于现行司法解释规定的局限性，社区矫正机构将“罪犯假释后对社区的影响”作为审前调查评估的主要内容，有时甚至是唯一内容，这种做法虽不免有失偏颇但也是实际条件制约之下的现实之选。因此，社区矫正机构依据上述调查内容作出同意（建议）或不同意（不建议）适用假释的结论性意见，在目前情况下仍然是正当合理的。但在课题组与执行机关、其他法院的座谈过程中，参会同志反映强烈的是，不少社区矫正机构作出的结论性评估意见并非全部基于“罪犯假释后对社区影响”的合理考虑，许多非合理的因素也成为影响其作出是否同意对罪犯适用假释结论性意见的主要原因。上述情况主要表现为以下几个方面：

一是为了减轻工作负担，出具不同意假释的意见。如课题组在调研过程中，有监狱民警反映，有些社区矫正机构出具的审前调查评估意见显示社区开展矫正工作的条件较好，罪犯亲属愿意接收，社区的其他居民对罪犯的假释也无反对意见，但最后的综合评估意见为“建议不予适用社区矫正”。执行机关收到评估报告后进一步向社区矫正机构求证不予接收的具体原因，社区矫正机构回复，目前社区内矫正对象太多，工作负担太重，不愿再接纳罪犯进行社区矫正。

二是考量不相关因素，作出结论性评估意见。正常情况之下，社区矫正机构只应在其调查内容的基础之上作出结论性意见，但是课题组在实际办理案件的过程中发现，有些矫正机构将罪犯的改造表现、原判罪行轻重等不属于其考量范围之内的因素，也作为作出评估结论的依据，如某社区矫正机构在评估报告中认为，因监狱仅将拟假释罪犯服刑期间的改造情况表述为“较好”而没有达到“良好”的标准，所以认为目前该罪犯不适合予以假释；还有的矫正机构认为，罪犯原判罪行较重，故不适宜假释。而判断罪犯的改造表现、原判罪行是否符合假释条件，是人民法院的职责，社区矫正机构据此作出是否建议假释的评估意见并不符合法律的规定。

三是社区矫正机构滥用权力。有权力就有可能出现权力滥用，尤其是在目前社区矫正工作尚不成熟，相关的监督机制尚未完全建立的情况下，不排除少数社区矫正机构出现人为操作的问题。如江苏省边城监狱就曾接到罪犯家属的举报称，社区矫正机构在对该罪犯进行调查评估的过程中，向其家属推荐律师代理该阶段事务，由于其家属没有按要求聘请指定律师，社区矫正机构拒绝为该罪犯出具社区调查评估意见。

此外，还有部分社区矫正机构，不按要求开展调查或者虽开展了调查却不在评估报告中说明调查的具体情况，在没有任何依据的情况下直接作出是否同意假释的结论性意见，使整个评估意见过于主观，使人难以信服。这其中固然有部分社区矫正机构工作负担过重或未完全理解社区调查评估的功能作用，而无暇或者忽略了对客观事实的调查和表述，仅仅依据行政工作的惯性思维直接给出了结论性意见的因素，但也不排除少数社区矫正机构是基于非正当因素的考虑不愿接受假释罪犯，碍于不接受的理由不大“上得了台面”，因而在没有任何依据的情况下，直接给出了不同意或不建议适用假释的意见。

本课题组认为：目前社区矫正工作仍处于起步阶段，社区矫正机构确实面临着人员少、任务重、配套制度与设施不健全等诸多问题，而社区矫正条件的具备与否以及矫正系统的运行情况直接关系到假释罪犯能否通过有效的矫正最终顺利回归社会。因此，社区在客观上确实难以承担矫正任务的情况下，不建议对罪犯适用假释，具有一定的正当性，法院也应予以采纳。但社区是否确实存在客观上的接纳困难，不应由社区自己作出评价，更不能不作任何说明而直接作出结论，因为这一方面会造成社区单纯出于减轻工作负担的目的而不愿意多接受矫正对象，另一方面也可能使社区以此为借口滥用权力，在没有正当理由的情况下随意决定是否接纳矫正对象。因此，上述几种情形之下，社区矫正机构所出具的评估意见均受到了非正当因素的影响，使调查结果背离了国家开展假释罪犯审前调查评估的根本目的，影响了社区评估调查作用的有效发挥，部分社区矫正机构人员滥用权力的行为甚至还造成了公众对该项制度的误解。

（三）社区意见“一票否决”

审判实践中，法院对于由社区矫正机构出具的审前调查评估意见通常直接予以采纳，而不再进行实质审查。在社区矫正机构不同意或不建议适用假释的情况下，只要其出具的结论性评估意见所依据的事实或理由不存在违反法律或明显有违常理等问题，即使罪犯的悔改表现十分突出，执行机关认为其完全符合假释条件，法院也会优先采纳社区意见而对罪犯作出不予假释的裁定，或者直接将假释建议退回执行机关不予立案，从而形成了假释案件审理中社区矫正机构评估意见“一票否决”的现象。

在罪犯的悔罪表现与社区的接纳意愿之间，法院优先考虑后者主要是基于以下几点考虑：首先，社区矫正机构的审前评估意见是由司法行政机关在展开调查的基础上作出的，其虽非具有公定力的行政行为，但与行政行为在具体实施者与内容上有很大的相似性，法官对司法行政机关建议的采纳体现出司法活动在一定范围内对行政主体权威的尊重。其次，社区调查意见是由司法行政机关按照一定的规范和程序制作的，[①]其证明力较高，不易被其他证据予以否认。再次，罪犯通常异地关押的特点决定了假释罪犯所对应的社区矫正机构与审理法院不在同一行政区域，在案多人少矛盾极为突出的客观制约下，法院不可能再耗费大量的人力物力远赴异地对社区调查评估意见的真实性与合理性展开实质性审查。最后，法院采纳社区矫正机构的评估意见对罪犯裁定不予假释，既不易将罪犯及家属未获假释的不满转移到法院，也不会产生因罪犯假释后再犯罪追究承办法官责任的风险。同时审前调查意见的内容相对规范和专业，法院直接采纳还可以减少工作量，有效提高审判效率。

尽管社区意见“一票否决”现象有其存在的合理性因素，但仍然面临着诸多问题。首先，社区矫正机构的调查评估报告对是否适用假释只有建议权而非决定权，既是建议就没有法律上的强制性。即使是具有公定力的行政行为，也只是在形式上被暂定为有效，[②]法院并非不能通过审查排除其适用。因而即便在《刑法》中，也只是使用了语气较为轻缓的“考虑其假释后对所居住社区的影响”而非毫无余地的“应当征得社区的同意”，所以直接采纳社区意见缺乏法律与理论依据。其次，前已论及，社区矫正机构在进行调查评估时，存在将不正当因素考虑在内的可能，那么在此基础之上作出的结论性意见就失去了被采纳的根据，而这些不正当因素通常具有隐蔽性，不可能直接呈现于评估调查报告之中，法院难以通过简单的形式审查而轻易发觉。在没有进一步对社区意见的事实依据及其合法性、真实

---

① 如江苏省于 2010 年 4 月实施的《关于加强假释与审理社区矫正工作对接的意见（试行）》中对社区调查评估意见的范式及程序作出规定。

② 参见周佑勇：《行政法专论》，中国人民大学出版社 2010 年版，第 265 页。

性、关联性进行实质审查的基础上而直接采纳，既可能滋长社区矫正机构滥用权力问题，也是对罪犯权益和情感的粗暴伤害。最后，社区矫正机构在调查中不可避免会出现事实认识上的错误或对调查功能的误解，本可以通过法院的进一步审查而予以消除，但由于法院直接采纳了其意见从而造成其错误和误解长期不能得到纠正。如常州监狱呈报的一起假释案件中，社区矫正机构认为罪犯不具备家庭监管条件而出具了不同意假释的意见，常州市中级人民法院通过邀请社区矫正机构参加庭审，使社区矫正机构在深入了解事实的基础上，在庭审中改变了原来的意见，最终同意假释。

四、裁判程序功能弱化

裁判程序是整个减刑、假释案件审理程序的核心，也是当前备受质疑与批评的程序环节。目前该程序存在的问题主要表现在：书面审理审批化，开庭审理走过场，程序严重流于形式；直接言辞原则、辩护原则、审判公开原则等刑事诉讼基本原则在以书面审理为主的格局下难以得到贯彻。在整个减刑、假释裁判程序中，司法裁判权弱化，并主动让位于建议权，成为服务执行机关的“橡皮图章”。①

裁判程序中存在的问题是各个程序环节中出现问题共同作用的结果，因此前文中所提到的提请程序提前裁判、公示程序虚化、假释审前调查程序功能片面化等，均是造成当前减刑、假释裁判程序弱化的重要因素，在此不再赘述。此处仅从裁判权运行的角度，讨论减刑、假释裁判程序中存在的问题以及形成原因。

---

① 参见孙琳:《减刑假释程序研究》，中国人民公安大学出版社 2011 年版，第 160 页。

（一）裁判标准与提请标准高度一致

减刑、假释案件裁判标准与提请标准的高度一致性主要表现在以下两个方面：

一是司法机关对执行机关计分考核制度的认可与采纳。前已论及，执行机关评价罪犯是否具有悔改表现并进而决定是否对其提起减刑、假释建议所依据的是《司法部关于计分考核奖罚罪犯的规定》（已废止），2016年8月1日起实施的司法部《关于计分考核罪犯的规定》以及各地监狱管理机关在此基础之上所制定的具体实施办法。上述规范性文件尽管在效力层级上仅处于部门规章以下的等级，对司法机关并无必然的约束力。但在实践中，司法机关对这种通过计分考核与行政奖励挂钩确定呈报减刑、假释幅度的方式普遍采取了认可与采纳的态度。一方面，法律及司法解释并未在计分考核之外再创制其他的方法与标准对罪犯的改造与悔改表现进行认定；另一方面，法律与司法解释在一定程度上对计分考核的效力也予以了认可。如《监狱法》第29条规定，被判处无期徒刑、有期徒刑的罪犯，在服刑期间确有悔改或立功表现的，根据监狱考核的结果，可以减刑。最高人民法院司法解释将执行机关制作的评审鉴定表、奖惩审批表作为认定罪犯是否符合减刑、假释条件的重要证据材料。①

二是不少地区以公、检、法、司会签文件的形式，对办理减刑、假释案件的具体条件进行细化和统一。如2013年天津市高级人民法院联合该市人民检察院、公安局、司法局共同制定了《天津市办理减刑、假释案件

---

①《最高人民法院关于减刑、假释案件审理程序的规定》第2条第1款第（四）项。

规程（试行）》，该规程对罪犯行政奖励与处分的等级及对减刑的影响、从严与从宽减刑罪犯的范围及具体幅度、减刑幅度及间隔时间等都作了明确的规定。这种多部门共同参与的会签文件，本身就是在各部门充分讨论与协商的基础上制定的，自然能得到各部门的普遍认可与自觉贯彻，同时由于其内容具体确定、可操作性强，因此在实践中已成为指导执行机关、司法机关具体办理减刑、假释案件的主要行为准则。从以上两个方面可以看出，目前执行机关的提请标准与法院裁判标准呈现出较高程度的一致性，甚至部分提请标准是执行机关、司法机关共同协商形成的，而且这些标准大多高度量化易于认定，一般不存在认识上的分歧，因此经过裁判程序对执行机关提出减刑、假释建议进行纠正的情况鲜有发生。

（二）减刑、假释实质审理难以开展

从法律规定的层面来看，减刑、假释的适用条件分为形式条件和实质条件两部分。减刑、假释的形式条件主要包括刑种条件和刑期条件，[①] 这是减刑、假释适用条件的刚性部分，我国法律已有比较明确和可操作的规定，法院在审理时只需对罪犯的原审判决书、执行通知书、历次减刑裁定书等已经具有法律效力的文书进行形式审查即可认定罪犯是否符合上述条件。

形式条件之外，法律还规定了适用减刑、假释的实质条件，根据《刑法》的规定，罪犯“可以减刑”的条件是“确有悔改表现”或“有立

---

① 主要是指减刑、假释适用于哪些刑罚种类、最低服刑期限、减刑间隔期等，以及对哪些罪犯不适用或者应限制适用减刑、假释。

功表现”;“可以假释”的条件除了“确有悔改表现”之外，还要“假释后没有再犯罪的危险”并且“应当考虑其假释后对所居住社区的影响”。对于什么是“确有悔改表现”，尽管通过计分考核对罪犯的改造表现进行评估，是执行机关经过多年实践摸索而建立的一套行之有效的提请标准，也在一定程度上得到了司法实践的认可与采纳，但法律与司法解释并未规定直接将其作为认定罪犯是否“确有悔改表现”的唯一依据和量化标准，因此罪犯的计分考核成绩仅是法院审理减刑案件的重要依据，而非唯一标准；而对于另外两个适用于假释的实质条件，计分考核制度无法考量，只能由法院在案件审理中进行认定，且司法解释也对审判中法院具体如何认定上述实质条件提供了一定的标准，如《2012 年规定》第 15 条以及《2016 年规定》第 22 条均规定，办理假释案件，判断“没有再犯罪的危险”，除符合刑法第 81 条规定的情形外，还应当根据犯罪的具体情节、原判刑罚情况，在刑罚执行中的一贯表现，罪犯的年龄、身体状况、性格特征，假释后生活来源以及监管条件等因素综合考虑。

无论从法律规定还是审理案件的实际需要出发，法院都有必要对减刑、假释案件展开实质审查。然而审判实践中，直接将“计分考核”与减刑、假释挂钩，不开展实质审查的情况仍然普遍存在。很多地区法院在审理减刑、假释案件时，仅局限于对执行机关提供的证明罪犯改造表现的相关材料（主要是评审鉴定表、奖惩审批表、计分考核台账）以及社区矫正机构提供的调查评估报告进行形式审查，在不违反法律强制规定（如原判刑种、实际服刑时间、是否累犯）、社区又同意接纳矫正的情况下，只要罪犯积分达到一定标准，即按照执行机关的建议对罪犯裁定予以减刑、假释。

法院不能有效开展减刑、假释的实质审查，使执行机关所掌握的计分考核奖惩标准实际上成为考察减刑、假释的唯一依据，建议权取代司法裁判权成为减刑、假释的主导力量，在根本上造成了减刑、假释裁判程序的弱化，也成为导致整个程序流于形式的主要原因。然而上述问题的普遍出现，看似是司法机关“消极怠工”“有法不依”，实则确也有“情非得已”的一面。

1. 法定实质审查条件的原则抽象

前已论及，除了《刑法》对减刑、假释适用的实质条件作出规定之外，司法解释也对如何认定“确有悔改表现”“没有再犯罪的危险”等实质条件提供了一定的审查标准。但是在司法实践中，上述规定仍然比较原则抽象，难以具体操作。如“确有悔改表现”需同时满足的四个情形：认罪悔罪；认真遵守法律法规及监规，接受教育改造；积极参加思想、文化、职业技术教育；积极参加劳动，努力完成劳动任务。对于上述条件，且不说罪犯服刑期间处于封闭的监所之中，法院无权也没有可能随意出入监所对罪犯在改造中是否符合上述条件进行长期的、实质上的调查，即使法院可以展开调查，那么罪犯怎样才算是“认罪悔罪”，又如何表现才能达到“积极参加思想、文化、职业技术教育和劳动”的程度？这些司法解释都没有作出统一的认定标准，只能凭法官的内心判断。相较之下，执行机关因本身负有监管罪犯的职责，对罪犯的认罪悔罪情况、改造表现最有发言权，其实行的计分考核制度也更能直观量化地反映罪犯的“悔改表现”，使罪犯之间能在相对公平的条件进行比较。因此，法院在认定罪犯是否“确有悔改”表现这一实质条件时，除了采纳执行机关的考核标准，别无更好的选择。

对于拟假释罪犯是否“没有再犯罪的危险”这一实质条件，虽然司法解释也规定了“在刑罚执行中的一贯表现，罪犯的年龄、身体状况、性格特征，假释后生活来源以及监管条件”等诸多审查因素，但这些因素同样也面临着没有具体标准可以依循的问题。多大年龄没有再犯罪的危险、什么性格特征适宜假释，家庭监管条件达到什么程度才对假释人员具有约束力，这么多因素又怎样结合起来进行综合考虑才合理？目前既无统一尺度，也无参照标准。法律、司法解释对于适用减刑、假释实质条件规定的高度抽象，使司法实践中对考量实质条件的具体尺度无法把握。

2. 审判人员缺少自由裁量的积极性

法律、司法解释对减刑、假释案件实质审查条件规定的高度抽象，尽管给实际操作带来了困难，但客观上也为审判人员自由裁量留下空间。然而，实践中法官们对于这种自由裁量权并没有表现出多少热情；相反，法官在裁判阶段对减刑、假释案件进行实质审查并通过自由裁量变更执行机关建议的情形少之又少。究其原因既有客观上的不能，也有主观上的不愿。

客观层面上，案多人少尽管是各级法院、各部门普遍存在的问题，但在减刑、假释案件审判领域，这一矛盾尤为凸显。以江苏地区法院为例，2011 年至 2013 年审理减刑、假释案件的数量分别为 39121 件、43727 件、44068 件，2014 年《中政委意见》出台之后，收案数量虽有所下降，但工作量却因《中政委意见》的严格要求而有增无减，2014 年开庭审理的减刑、假释案件数为 3694 件，开庭率达 19.9%，比 2013 年提高了 17 个百分点。[①] 江苏省辖区内监狱数量较多的镇江市中级人民法院，2013 年共受理减刑、假释案件 6042 件，而 2013 年全院受理的其他各类诉讼案件的总

① 数据来自江苏省高级人民法院审判监督第一庭。

数为 3895 件，[①] 减刑、假释案件的数量已达到其他案件总数的 1.5 倍；同时负责审理减刑、假释案件的审判监督庭通常还承担有审判各类再审案件的职责，在这样巨大的工作量之下，哪怕仅进行形式审查都已使审判人员应接不暇，若在实体或是程序上再对减刑、假释案件的审理提出更高的要求，必将成为审判人员的“不能承受之重”。

从主观层面上来分析，依照法律规定的形式条件审理减刑、假释案件以及通过将可量化的计分考核直接与减刑、假释挂钩的方式来裁定能否予以减刑、假释，审判人员操作起来最为简捷、便利。同时上述标准公开和统一程度也较高，一般为公众所知晓和接受，因而以此作为定案依据不易造成罪犯、家属以及社会公众的猜疑与不满。前已论及，现行法律与司法解释对减刑、假释实质条件的规定高度原则和抽象，除了执行机关所实行的计分考核之外，没有任何可操作的量化标准。法官对实质条件的审查，只能依赖个人经验和内心判断，这些柔性尺度的掌握，难免因审判人员的不同、地域的差异而有所差别。若把握过严而在裁判程序中对执行机关建议的幅度予以缩减，极有可能造成罪犯及其家属的不满，打击罪犯的改造积极性；若把握较宽，又易引起检察机关以及社会公众对于裁判程序中是否存在“暗箱操作”、权钱交易的质疑与猜测。同时从上文中所举的几个案例中也可以看出，裁判程序中频繁变动执行机关的减刑、假释建议还会造成执行机关的抵触，因为这使原本透明、量化的计分考核管理标准变幻莫测，罪犯通过争取积分而获取相应减刑、假释幅度的预期不能正常实现，从而使狱政管理的效果大打折扣。

---

① 数据来自镇江市中级人民法院《审判管理工作通报》2014 年总第 471 期。

综上所述，无论是受客观条件的制约，还是出于主观上的种种疑虑，审判人员都不可能在减刑、假释案件的审理中对行使自由裁量权表现出太大的兴趣。在上述多种因素的共同驱动之下，主动放弃自由裁量权，直接依据法定的形式条件及执行机关的计分考核结果审理案件，成为目前审判人员最“明智”的选择。

3. 实证数据及相关方法的缺乏

相对于高度原则、抽象的法律规定而言，统一、具体、可操作性强的减刑、假释实质条件审查标准需要建立在大量、详实的实证调查、数据分析以及科学的评估方法之上。如最早从事假释预测研究的美国芝加哥大学布尔杰斯教授，对三个矫正机构选出的三千名罪犯的假释前生活进行了调查，从所得到的调查结果中，归纳出二十一个预测因子，对各因子给予点数，再根据各假释者就各预测因子所得点数的多寡，制成世界上最早的再犯预测表。[①] 目前在西方国家作为假释决策辅助工具所普遍适用的“突出因素分数法”[②]“12 项因子预测法”[③] 都是建立在对大量假释人员长期调查并对影响假释的各种因素进行定量分析的基础之上的。相比而言，我国相关的实证研究则显得逊色许多，迄今为止，我国尚没有编制出统一、实用的假释预测量表，也没有形成普遍认可的对减刑、假释实质条件进行认定的方法与标准。没有通过长期调研所获得的大量实证数据，就难以归纳出具体可操作的、适合我国情况的认定标准；不建立在坚实研究与科学方法论的基础之上，审判人员单纯依靠自我经验对减刑、假释实质条件作出

① 参见张甘妹：《刑事政策》，台湾三民书局 1979 年版，第 189 页。

② 吴宗宪等：《非监禁刑研究》，中国公安大学出版社 2003 年版，第 437—439 页。

③ 林萃春："我国假释适用条件的缺陷及其改进"，《法律视角》2012 年第 10 期。

认定的裁判尺度也无法令公众信服。

（三）裁判程序中缺乏对抗因素

法院裁判程序是否流于形式，与庭审对抗格局的形成与否密切相关。综观当代各国的刑事诉讼制度，无论是职权主义、当事人主义还是混合式的诉讼模式，其庭审均具有一定的控辩对抗性。而目前我国减刑、假释的裁判程序正是由于对抗因素的缺乏而无法形成对抗格局，最终演变为“你好我好大家好”的集体走过场。

一方面，减刑、假释裁判程序的参加人员之间不具有对抗性。根据司法解释的规定，应当参加庭审的人员包括提出减刑、假释建议的执行机关代表，被提请减刑、假释罪犯以及人民检察院指派的检察人员。这其中罪犯期望经裁判程序获得减刑或假释，执行机关为罪犯向司法机关提出减刑、假释建议并且提供相关证据材料用以证明罪犯符合减刑、假释条件，这两方都希望罪犯最终能够获得减刑、假释，具有根本目的上的一致性，因此他们之间不仅不存在对抗，甚至还具有一种协助与被协助的关系。检察机关作为法律监督机关，有权对执行机关的减刑、假释建议依法提出异议。但由于检察监督权的前移，执行机关在决定提请减刑、假释前，已经征求检察机关的意见。根据课题组与多所监狱、检察机关调研所了解的情况，实践中执行机关对检察机关提出的不同意见一般均会在双方协调并达成一致后再呈报法院。执行机关与检察机关之间的分歧无法协调一并报送法院进行审理的情况虽也存在，但极少出现。因此，进入裁判程序的减刑、假释建议从某种意义上可以说是已经取得检察机关认可并且更多了一层检察监督权保障的建议。此种情形之下，进入裁判程序之后检察机关与罪犯、执行机关之间亦不存在任何对抗性。

关于可以参加减刑、假释裁判程序（主要是庭审程序）的人员，根据司法解释的规定，包括证明罪犯确有悔改表现或者立功、重大立功表现的证人，公示期间提出不同意见的人以及鉴定人、翻译人员等其他人员。这其中鉴定人、翻译人员是客观事实的认定者和转述者，本身对罪犯的减刑、假释并不具有独立的意思表示亦不可能产生对抗性。再来看证人，司法实践中作为减刑、假释案件证人的主要是与被提请罪犯一起服刑的其他罪犯以及对罪犯进行监管的狱警。理论上讲，上述两类人员对于被提请罪犯的改造和悔改表现最为了解，在执行机关的提请存在“暗箱操作”的情况下，他们最有可能向法庭提出不同意见。但不可忽略的是，监管民警是执行机关的工作人员，同时也是提请工作的参与者和具体执行者，当庭作出自相矛盾证言的可能性很小；而同监区服刑的罪犯，处于执行机关的监管之下，行动自由和精神自由都受到一定程度的强制，因此也不敢作出对执行机关及被提请罪犯不利的证言。另外，司法解释将证人定义为“证明罪犯确有悔改表现或者立功、重大立功表现”的人，① 这个表述本身就具有一定的倾向性，也就是说证人的作用是证明积极事实的存在，而非对上述事实提出异议。从这个意义上讲，参加程序的证人对罪犯的减刑、假释仅具有积极作用而不具有对抗性。最后，公示期间提出不同意见的人，是所有参加程序人员中本应具有鲜明对抗因素的角色。但是前文已经分析过，目前我国减刑、假释公示程序的效果并不理想，经此程序提出异议的

①《最高人民法院关于减刑、假释案件审理程序的规定》第 7 条第 2 款规定：人民法院根据需要，可以通知证明罪犯确有悔改表现或者立功、重大立功表现的证人，公示期间提出不同意见的人，以及鉴定人、翻译人员等其他人员参加庭审。

人员极为罕见；同时司法解释仅规定异议人员可以参加庭审而非必须参加庭审，有关庭审程序的规定中，亦未设置任何针对提出异议人员的程序环节，也没有赋予异议人员任何程序性权利。因此即使存在异议人员，法院也未必通知其参加庭审；即使参加庭审，其对抗性也因为没有相应的权利保障而不能充分展现。如果异议人员仅作为庭审的旁听者，或者在庭审中仅能发表异议而不能展开辩论，那么其对抗性本身所蕴含的辨明事理、促使庭审实质化的功能不仅不能彰显，反而会因程序性权利的缺失而被大大削弱或削减。

另一方面，减刑、假释裁判程序的设计也不具有对抗性。我国立法普遍将减刑、假释的裁判程序定位为一种非诉讼程序，这主要是由于我国立法以及理论界普遍持减刑、假释“奖励说”而非“权利说”，认为减刑、假释是国家对罪犯的一种奖励。在此观念支配之下，减刑、假释程序被视为国家的公权力审查程序，而罪犯的个人权利只能是等待公权力给予其公正或人道的结果。[①] 基于这种公权力为主导的非诉讼程序定位，减刑、假释裁判程序在立法本意上就不具有对抗性。这种定位在具体的程序设计上体现为，《审理程序规定》规定在法庭调查程序结束之后直接由罪犯进行最后陈述，而未专门设置法庭辩论程序，也未设置对抗性较强的举证质证程序，仅是规定合议庭、检察机关、罪犯对提请理由有疑问的可以询问证人，检察机关和罪犯同时还可以出示证据。在制度设计上则表现为，减刑、假释裁判程序中并未明确规定辩护制度，甚至部分地区基于减刑、假释程序的非诉性或是考虑到安全和监管的需要明确该程序中罪犯不允许委

---

① 参见孙琳:《减刑假释程序研究》，中国人民公安大学出版社 2011 年版，第 157—162 页。

托律师或代理人参与庭审，使罪犯在自由受限的情况下亦不可能借助他人为自己取证、辩护，因此即使罪犯对执行机关的提请确有异议，也无法取得对抗的依据。这种情况在减刑、假释与财产性判项履行情况关联之后表现得更为突出，有些罪犯在庭审中一再表示其履行数额与执行机关建议书中认定的数额不一致，但由于罪犯无法提供相关证据予以证明，法院只能依据执行机关掌握并提交的证据进行认定。

（四）审判公开与社会参与仍然存在客观障碍

关于减刑、假释案件的审理方式，现行法律未作明文规定，司法解释则规定了书面审理、开庭审理两种方式。尽管2014年《中政委意见》出台之后，开庭审理案件的范围大大扩充，但书面审理仍然占据主导地位。以江苏省为例，2011～2014年江苏地区法院书面审理减刑、假释案件的比例分别为86.3%、87.1%、86.3%和78.0%（具体数据见下图），在所有审理方式中毫无疑问地占据绝对多数比例；与书面审理主导地位相对应的，是开庭比例的畸低，仍以江苏地区法院为例，2011～2014年减刑、假释案件的开庭率分别为2.2%、2.1%、2.9%、20.1%。尽管2014年开庭比例大幅上升，但从数据横向比较的情况看，开庭审理案件的数量仍然处于较低水平。书面审理占据主流地位的做法所带来的主要问题是程序公开无法保障，这难免让公众产生“暗箱操作”的质疑；另外即使是通过公开开庭审理的案件，普通公众也不可能像普通的刑事案件一样随意旁听并随时展开社会监督。书面程序不公开，庭审程序不透明，使减刑、假释裁判程序对普通公众而言神秘莫测，甚至被称为“秘密审判”。[①]

江苏法院2011年至2014年办理减刑、假释案件情况统计表（单位：件）

年 度	受理案件数	审理方式		
		书 面	开 庭	提 讯
2011	39121	33779	870	4472
2012	43727	38078	931	4718
2013	44068	38039	1271	4758
2014	18550	14467	3694	389

减刑、假释裁判程序的公开价值之所以不能有效发挥，主要还是受到客观条件的制约。一方面，仍然是囿于案多人少突出矛盾的客观障碍，开庭审理耗时耗力，摒弃以书面审理为主的裁判方式而向全面开庭审理转化，必将成为各级审理法院不可能完成的任务。另一方面，则是受罪犯关押于封闭的服刑场所的限制，无论是将罪犯提至法院进行公开开庭审理，还是让公众进入监区设置的法庭进行旁听，都面临着极为繁琐的出入监手续、安全保障问题，这将给执行机关的日常管理造成很大的困扰。另外目前减刑、假释案件是按批次进行呈报和审理的，每一批次罪犯人数众多，而执行机关出于安保需要通常都远离市区，如镇江市中级人民法院辖区内四家监所，除镇江监狱地处市区、交通方便以外，其余三家均距离市区数十公里。在远程视频审理尚未在全国全面推进完成的情形之下，若要实现全面开庭审理，要么是押解大量罪犯至法院，要么是法官频繁奔波于法院

① 应秀良、金峰等："关于减刑、假释公开审理方式的调研报告"，《审判监督指导》2011年第3辑。

与执行机关之间；除了安全问题之外，要在法定的一个月审限内审结案件亦是难上加难。上述客观障碍的综合作用，使目前书面审理为主、庭审难以公开、公众不能参与的局面短期内无法得到根本改观。

五、关联制度的配套程序缺失

（一）未成年犯减刑、假释缺少人性化程序

目前我国对于未成年犯减刑、假释从宽政策的把握主要体现在实体条件的适用上；在程序设计上，司法解释并没有作出任何特别的规定。审判实践中除了对未成年犯一律不适用公示制度以及一般不公开审理外，其他程序的适用与成年犯几乎没有差异。执行机关对于未成年犯减刑、假释的提请同其他罪犯一样，也是按批次呈报，一般两个月至三个月提请一次。而未成年犯由于犯罪时年龄较小，承担的刑事责任相对较轻，大量未成年犯均属于原判三年以下有期徒刑的短刑犯。现行按批次呈报的提请方式周期较长，不少未成年短刑犯在所获得的成绩达到可以减刑、假释的标准后，因执行机关未立即启动提请程序，而失去了获得减刑的机会。这种程序安排，不仅不利于激励未成年犯积极改造，也使未成年犯从宽的刑事政策不能通过减刑、假释的裁判程序进一步放大，甚至在一定程度上还制约了其政策功能的有效发挥，使实体条件上的宽缓被缺少人文关怀的程序稀释与消解。

（二）部分减刑、假释关联制度缺少程序性规则

我国法律、司法解释已经确立了减刑、假释撤回制度，撤销假释制度以及减刑、假释与财产性判项履行情况联动制度，但对上述制度的配套

程序却均未进行统一规定。由于上述程序与一般减刑、假释程序有本质的区别，因此无法直接套用减刑、假释案件的审理程序，亦不能适用普通刑事案件程序进行审理。在司法实践中，各地对上述制度的程序适用也很不统一，仍处于各自摸索的阶段。如针对减刑、假释撤回案件，有的地区采取书面审理的方式、有的地区采取开庭审理的方式，有的则兼采上述两种方式。

程序规定的缺失还给制度的实际执行带来困难。例如，在撤销假释程序中，司法解释未对撤销裁定作出前对罪犯如何进行控制的问题作出规定，造成实践中部分地区司法行政机关与公安机关的相互推诿，多次发生罪犯在撤销裁定下达之前脱离监管从而无法及时收监的情况。鉴于此，《江苏省关于假释案件办理与社区矫正工作对接的规定》（苏司通〔2014〕123 号）规定，“由法院对司法行政机关提供的相应证据审查后认为情况属实，依法应予撤销假释的，可以决定逮捕，出具《逮捕决定书》，由罪犯居住地县级公安机关执行”。但这种做法也存在争议：赞成的人认为，罪犯在假释期间仍是罪犯，因此可以对其实施逮捕；持反对意见者则认为，罪犯虽因违反社区矫正规定而被提请撤销假释，但并未构成新的犯罪，故不应予以逮捕。另外，撤销后罪犯的收监问题也不统一，部分规定之间还出现了冲突。如《监狱法》第 33 条第 2 款规定，“由公安机关将罪犯送交监狱收监”；最高人民法院等四部门联合印发的《社区矫正实施办法》第 27 条第 1 款规定，由“居住地县级司法行政机关应当及时将罪犯送交监狱或者看守所，公安机关予以协助”；《看守所留所执行刑罚罪犯管理办法》则在第 38 条规定，“看守所应当在收到撤销假释裁定后将罪犯收监”。法律规定之间的相互冲突，容易造成各部门在履行职责时的协调障碍，进而影响整个撤销程序的顺利运行。

（三）撤销减刑程序尚未明确

前已论及，目前我国法律与司法解释尚未建立撤销减刑制度，因此更谈不上对撤销减刑程序进行规范了。实践中，执行机关对于建立撤销减刑制度要求强烈，有些地区法院亦已依据执行机关的建议对部分裁定生效后又违规违纪的罪犯作出撤销原减刑裁定的处理。因此，鉴于司法实践中已经实际出现了撤销减刑案件，法律与司法解释就有必要对这一制度能否适用，以及如何适用予以进一步明确，否则就会造成各地在裁判标准与适用程序上各行其是，无章可循。如在前述成都市中级人民法院所审理的冯某撤销减刑一案中，法院认为冯某的行为不符合获得减刑应具备的“认真遵守监规，接受教育改造、确有悔改表现”的规定，故对原减刑裁定予以撤销；而镇江市中级人民法院在2014年所办理的一起撤销减刑案件中，法院原裁定对罪犯钱某减刑十个月，裁定生效后钱某在监区内因琐事与他人打架，执行机关提请法院撤销原减刑裁定，法院经审理认为：钱某的行为违反了监规，但情节较轻，在裁定撤销原减刑裁定的同时又重新作出对钱某减刑八个月的裁定。上述两家法院尽管均对原减刑裁定予以了撤销，但法律后果却大不相同，这背后所体现的是不同法院对撤销减刑这一制度理论基础与法律功能的不同理解与各自诠释。从这个意义上讲，目前急需通过法律与司法解释来统一认识、确立标准、规范裁判。

（四）财产性判项履行的证明标准与证明责任不明确

《2012年规定》建立了减刑、假释与财产性判项履行联动制度，但对于如何适用这一制度并没有作出具体规定，给审判实践带来困扰。仅从程序意义上考察，目前审理此类案件主要面临着证明标准与举证责任不明确的问题，具体表现在以下几个方面。

一是部分案件财产性判项的具体数额难以确定。罪犯所应承担财产性判项的数额是认定罪犯履行情况的基础事实。大多数案件中，原审裁判文书对于罪犯具体应履行的罚金、没收财产、退赃、民事赔偿等数额均有明确的表述，但有少数裁判文书中则出现了“继续追缴违法所得”等比较模糊的表述，而从判决内容中又无法计算出罪犯具体还有多少违法所得未予追缴；还有一些罪犯被判处“没收个人全部财产”，但“个人全部财产”的范围该如何界定，是限于判决当时发现的个人财产，还是罪犯过去、现在、将来所拥有的全部财产，不同的界定标准会造成对罪犯履行情况的不同认定结果；另外共同犯罪中，罪犯应当履行财产性判项的数额也难以认定，“一部行为，全部责任”是共同犯罪刑事责任认定的基本原则，因此法院在判决中也将追缴赃款赃物等财产责任判由所有罪犯共同承担，然而在刑罚执行阶段共同犯罪中的部分罪犯特别是从犯在仅履行部分退赔责任的情况下，能否认定其积极履行，仍然有待司法解释予以进一步地明确。

二是罪犯履行能力的认定标准不统一。罪犯的履行能力大小是判断其是否积极履行财产性判项的重要依据，但对于罪犯的履行能力需要通过哪些证据予以证明，以及不同证据的证明力大小等问题法律与司法解释也没有作出统一规定。司法实践中，各地认定标准也很不统一。有的法院将负责执行法院出具的履行证明或执行终结裁定等作为认定罪犯履行能力的主要依据；有的法院将罪犯居住地民政部门出具的“家庭贫困”或“低保户”证明作为认定依据；还有一些法院则将村委会、居委会等基层组织出具的证明也纳入可以证明履行能力的证据之列。证明标准的不一致造成各地在认定罪犯是否具有履行能力时有很大差异。

《刑法修正案（九）》第3条第2款明确规定，罪犯在缴纳罚金确实有困难的情况下，“经人民法院裁定”可以延期缴纳、酌情减少或者免除罚金。该条修正案实际上将认定罪犯罚金履行能力和变更缴纳方式的权力同时赋予了负责执行罚金的人民法院，[①]为审理涉及罚金判决的减刑、假释案件提供了证明标准。根据上述规定，2016年年初镇江市中级人民法院审判监督庭在与检察机关、执行机关充分讨论的基础上，制定了《关于财产类判决履行情况与罪犯减刑、假释具体关联的讨论纪要（二）》，该纪要规定，在减刑、假释案件的审理中，罪犯有罚金刑尚未履行完毕的，如果罪犯能够提供原一审法院“可以延期缴纳、酌情减少或者免除罚金”裁定的，在裁定“减少、免除”罚金的数额范围内或延期的期限内，相应未履行的部分不再作为对罪犯减刑、假释从严掌握的考量情节；如果罪犯不能提供原一审法院“可以延期缴纳、酌情减少或者免除罚金”裁定的，则在减刑、假释时不认为其已全部或部分丧失履行能力，相应地对其减刑、假释的幅度应当予以从严掌握。也就是说，原判有罚金尚未履行完毕的罪犯，必须提供执行法院对其作出的“可以延期缴纳、酌情减少或者免除罚金”的裁定，才能证明其履行能力的丧失或降低。然而《刑法修正案（九）》的规定仅适用于罚金刑的履行，对于减刑、假释案件审理中涉及的其他财产性判项（如没收财产、附带民事赔偿）的履行能力问题，仍然没有明确的认定标准。

---

① 这里的人民法院，根据此前最高人民法院出台的《关于适用财产刑若干问题的规定》（法释〔2000〕45号）等司法解释，应当是指负责执行的人民法院。

三是举证责任主体不明确。2012年、2014年最高人民法院出台的司法解释，虽然均将证明罪犯符合减刑、假释法定条件的主要举证责任分配给了执行机关，但上述司法解释所明确列举的应由执行机关向法院移送的材料中，并未涉及证明罪犯财产性判项履行情况的相关材料。实践中，除了原审裁判文书载明罪犯应当履行及已经履行的部分外，罪犯在裁判生效后履行的收据、发票或其他证据并不随罪犯一同移交至执行机关，而由罪犯家属代为保留。还有一些案件中，有关机关收取或扣押了罪犯的罚金或赃款赃物后，并未及时向罪犯出具相关收据。部分罪犯及其家属将其所掌握的履行证据先行提交给执行机关，再由执行机关一并移送法院进行审查。但是在罪犯无法联系到家属，或家属不愿代为搜集相关证据的情况下，法院应当如何认定罪犯的履行情况呢？在审判实践中，多次有罪犯在庭审中反映，其已履行了相关财产性判项，但无法提供证据予以证实。这种情况下，法院又应当如何分配举证责任呢？若将罪犯作为举证责任主体，因其举证不能而对其主张的履行数额不予认定，这似乎忽视了罪犯自由受限，客观上不可能直接取证的事实；若将举证责任分配给执行机关，由执行机关向负责执行的法院或其他机关直接调取证据，这一方面超越了执行机关刑罚执行的基本职责，极大地增加了其工作负担，同时客观上也不可能对执行机关实际形成承担不利后果的法律约束力；也有人提出，应由法院依职权调取证据，理由是财产性判项本身由原审法院负责执行，相关证据材料也为法院系统掌握，法院系统可以通过建立数字信息共享平台的方式，轻松获取罪犯的履行信息。[①] 但是由法院主动依职权取证并没有

① 宁波法院网 http://www.nbcourt.gov.cn/Content.aspx?Aid=71，最后访问时间：2015年11月9日。

法律依据，且审理减刑、假释案件的法院通常与执行财产性判项的法院并不一致，在全国性财产性判项执行信息平台建成之前，由法院负责赴异地法院调查取证势必会严重浪费司法资源。

鉴于上述问题，《2016年规定》第38条第1款、第2款规定，“人民法院作出的刑事判决、裁定发生法律效力后，在依照刑事诉讼法第二百五十三条、第二百五十四条的规定将罪犯交付执行刑罚时，如果生效裁判中有财产性判项，人民法院应当将反映财产性判项执行、履行情况的有关材料一并随案移送刑罚执行机关。罪犯在服刑期间本人履行或者其亲属代为履行生效裁判中财产性判项的，应当及时向刑罚执行机关报告。刑罚执行机关报请减刑时应随案移送以上材料。人民法院办理减刑、假释案件时，可以向原一审人民法院核实罪犯履行财产性判项的情况。原一审人民法院应当出具相关证明”。司法解释的上述规定，将罪犯财产性判项履行情况的证明责任明确分配给了原判法院、罪犯及其亲属，同时赋予了审理减刑、假释案件法院对财产性判项履行情况的核实权；而执行机关在此过程中仅需承担向法院移送相关证据材料的义务。从立法意图上看，上述规定明确了举证责任的主体，减轻了执行机关的证明责任，通过赋予审理法院核实权的方式使法院依职权调查相关证据有法可依，同时也以此作为对罪犯举证能力受限的救济方式；然而，调查取证仅是审理法院的权利而非义务，在案多人少矛盾突出的大背景下，法院能否充分、及时行使上述权利，在罪犯无法举证的情况下公平公正的给予其司法救济，仍然有待实践给出最终的答案。

六、监督纠错程序功能模糊

（一）法院监督纠错程序与审判监督程序并行

《2012年规定》第29条创设了人民法院对减刑、假释案件的监督纠错程序，并指出这一程序虽与审判监督程序有某些共通之处，但为减刑、假释程序所独有，是独立于审判监督程序之外的一类特殊程序。最高人民法院认为，减刑、假释案件的审理程序并非一个普通的、独立的审级，按照审判监督程序审理减刑、假释案件将可能产生一些更为复杂的法律问题；同时《刑事诉讼法》规定人民检察院认为减刑、假释裁定不当的，应当向人民法院提出“书面纠正意见”，这与人民检察院按照审判监督程序向人民法院抗诉也有本质不同。[①] 因此，相应地，也应设立减刑、假释案件所独有的、区别于一般刑事案件审判监督程序的法院纠错程序。

可是最高人民法院所创设的上述监督纠错程序难免有越位法律之嫌，首先，《刑事诉讼法》在规定检察机关特殊的减刑、假释监督方式的同时并没有另外为人民法院设置独有的监督纠错方式，因此司法解释所创设的法院监督纠错程序缺少法律依据；其次，《刑事诉讼法》所规定的审判监督程序并没有明确将减刑、假释案件排除在适用范围之外，即使是最高人民法院在司法解释以及对法院主动纠错程序所作的解释性说明中，也未明确此种程序将替代审判监督程序，或减刑、假释案件不再适用审判监督程序。只是强调应当慎用审判监督程序纠正减刑、假释案件中存在的错误。

---

① 参见宫鸣、黄永维主编：《最高人民法院关于减刑、假释司法解释理解与适用》，人民法院出版社2014年版，第304—307页。

由于司法解释所规定法院纠错监督程序在字面表述上与审判监督程序又有很大程度的相似性，部分法院仍然将其等同于审判监督程序，这既造成了司法解释所创设的法院监督纠错程序在法律上的尴尬地位，同时也使实践中出现了两种程序并行、混用乱用的局面，不利于减刑、假释案件审理程序的规范与统一。

（二）检察机关监督纠错程序的功能未充分发挥

目前检察机关的监督纠错程序主要存在以下两个方面的问题。

一是重实体监督轻程序监督。实践中，检察机关对于人民法院审理减刑、假释案件的监督主要体现在对审理结果的监督上，而对法院审理程序的监督则相对薄弱。这主要是由于，目前减刑、假释案件主要采取书面审理的方式，大多数案件检察机关无法实际参与到审理程序中，仅通过阅读裁定书等书面材料，很难发现审理程序中所存在的问题。

二是检察机关展开监督的立场相对尴尬。前已论及，《中政委意见》实施以后，检察机关对减刑、假释的监督工作已移至法院立案审理之前。执行机关提请减刑、假释案件必须事先征求检察机关的意见，因此绝大多数案件是在双方达成一致甚至是检察机关签署了书面同意意见的情况下才向法院进行呈报，即使少数案件执行机关与检察机关最终未能达成一致，按照司法解释的规定也必须将检察机关提出的不同意见一并移交法院，对此类案件法院在审理过程中必须开庭审理，在充分听取检察机关意见的基础上作出裁判。

检察机关这种审前介入、全程参与的监督模式，一方面使检察机关可以在整个减刑、假释过程中随时监督、提出意见，但这同时也使检察机关事后监督纠错程序发挥作用的余地不断缩小；另一方面，在这一过程中检察机关与执行机关、审判机关之间的不同意见经过不同程序环节中的异议协调机制，不断从分歧走向一致，检察机关的角色事实上也从相对超脱的监督者演变为难以置身事外的程序参与者，其法律监督地位也伴随着程序的不断推进而逐渐丧失。而检察机关的事前、事中监督也并非万无一失。据统计，近几年来全国监狱系统每年办理减刑、假释案件均在50万件左右，而截至2010年全国共有驻监检察室3507个，每个驻监检察机构通常仅一至两人，[①] 在这样巨大的工作量之下，检察机关不可能做到对每个罪犯的改造情况、悔改表现都深入调查、了如指掌，对每个减刑、假释案卷都在短时间内进行认真细致的审查核实。因此，很多问题在裁定生效前并没有被检察机关所及时发现纠正，反而顺利获得了其同意意见，或者检察机关在事前审查中甚至提出了错误的意见，此时检察机关若再行启动监督纠错程序其立场则较为尴尬，如何划分责任也会出现问题。而且大多数检察机关对减刑、假释开展事前、事中、事后监督的均为同一部门、同样人员，再行纠错难免陷入前后矛盾、自我否定的悖论之中，检察监督行为的权威性与严肃性亦会遭到质疑。或许正是由于检察机关在纠错程序中的这种尴尬地位，在一定程度上抑制了其依法纠错的主动性与积极性，使检察纠错监督程序的作用未能得到充分发挥。

---

① 参见宫鸣、黄永维主编：《最高人民法院关于减刑、假释司法解释理解与适用》，人民法院出版社2014年版，第257页。

第四章

减刑、假释案件审理程序的规范化路径

减刑、假释案件近几年来备受社会关注，尤其是广东健力宝集团原董事长张海服刑期间频繁调换监狱、两次假立功减刑[①]等违法减刑、假释事件的发生，引发了公众对减刑、假释案件审理程序是否公平公正、是否存在权钱交易的担忧，进而影响了司法公信力。基于此，中央政法委、最高人民法院、最高人民检察院等部门高度重视，相继对减刑、假释案件审理程序出台相关制度予以规范。本章在此基础上针对现行减刑、假释案件审理程序中存在的问题从审理程序规范化的基本思路、宏观制度的改革、微观制度的重整、配套制度的完善等方面提出相应解决路径，进一步完善该项制度，使减刑、假释制度的设计更加公平公正，以契合人民群众对加强司法公正的呼声和需求。

① 参见最高人民检察院检察长曹建明在 2015 年 11 月 2 日第十二届全国人民代表大会常务委员会第十七次会议上代表最高人民检察院所作《关于刑罚执行监督工作情况的报告》。

第一节 审理程序规范化的基本思路

改革思路指引着改革的方向，只有明确改革目标，确定理念，找到恰当的方法，才能为具体改革路径的设计奠定基础。因此探讨减刑、假释案件审理程序规范化的具体路径，首先应当明确规范化的基本思路，包括规范化的基本目标、基本理念、基本方法等。

一、坚持防止司法腐败、维护司法公正的基本目标

（一）防止司法腐败提高司法公信力

《中共中央关于全面深化改革若干重大问题的决定》要求，要严格规范减刑、假释、保外就医程序，强化监督制度。2014年出台的《中政委意见》中指出，要坚决杜绝社会反映强烈的“有权人”“有钱人”被判刑后减刑快、假释及暂予监外执行比例高、实际服刑时间偏短等现象。最高人民检察院检察长曹建明也指出，刑罚变更执行包括减刑、假释、暂予监外执行是实践中容易滋生腐败、产生执法司法不公问题的重点环节。[①]

因此减刑、假释案件审理程序规范化的目标之一是防止司法腐败，维护司法公信力，杜绝“关几年托关系、走门子变相出狱”的现象。

（二）重视罪犯权利保障维护司法公正

虽然减刑、假释案件所面对的对象均是罪犯，但是罪犯也享有相应

① 参见最高人民检察院检察长曹建明在2015年11月2日第十二届全国人民代表大会常务委员会第十七次会议上代表最高人民检察院所作《关于刑罚执行监督工作情况的报告》。

的权利，除了法律明确剥夺的权利之外，罪犯依然有其基本人权和公民权利，有权得到公正、平等、人道对待。减刑、假释案件审理程序的规范化，要求对罪犯一视同仁，避免出现不公正的现象。在审理减刑、假释案件时，要强化对罪犯实行公正待遇的意识，保障罪犯享有减刑、假释的平等机会。

二、秉承从"奖励说"向"权利说"逐步转化的基本理念

目前我国减刑、假释程序设计秉承的基本理念仍然是"奖励说"，具体在立法上体现为：（1）罪犯不享有提起减刑、假释的权利；（2）法律对于被判决有期徒刑、无期徒刑等自由刑的罪犯，在执行期间，如果认真遵守监规，接受教育改造，确有悔改表现的，或者有立功表现的，可以减刑，而不是应当减刑（重大立功除外）；（3）罪犯对于符合减刑、假释的条件但执行机关未予申报的情况无权提出申诉，对于法院的减刑、假释裁定不享有相关的诉讼权利。这是法律层面所呈现出来的状态，这也与我国所秉承的"奖励说"相一致。并且，《2016 年规定》第 1 条开宗明义地再次直接表明我国立法对减刑、假释所持"奖励说"的态度，认为减刑、假释是激励罪犯改造的刑罚制度，是刑罚执行过程中对积极改造罪犯的一种奖励性措施，罪犯只有积极改造，表现优异者，才能获得减刑、假释。

但是在实践层面上，"奖励说"的存在基础正在被撼动。在此次调研过程中，执行机关管理人员提出，由于服刑过程中会组织罪犯进行法律学习，而减刑、假释的条件与罪犯切身利益密切相关，罪犯对这方面法律法规的认识非常深入，不亚于司法机关。尤其是目前减刑、假释的条件比较机械，主要是以罪犯的劳动改造计分为参考因素，因此罪犯对自己是否符

合减刑、假释条件，应当减多长时间的刑期，甚至隔多长时间申请，每次减多少可以达到服刑期间最短均计算比较精准。在这种情况下，如果执行机关对符合申报条件的罪犯不予以申报，或申报的期限较短，罪犯虽然不享有法律赋予的救济权利，但可以通过不服从管理、不好好改造等方式提出抗议，对执行机关施加压力，从而增加了执行机关管理上的难度和工作量。因此执行机关认为，减刑、假释事实上已经成为罪犯的一种权利。

除了执行机关倾向于将减刑、假释理解为罪犯的一种权利外，检察机关也认为应当保障罪犯减刑、假释的权利，并提供了罪犯减刑、假释权利的救济途径，即检察机关对执行机关应当提请刑罚变更执行而未提请的，及时提出纠正意见。①

从程序设计上而言，目前审理程序对抗性缺乏的一个重要原因是对罪犯权利的否认，导致对罪犯权利保障的程序空白，审理程序也因此出现失衡。

基于上述现实需求，在审理程序的规范化过程中，应当将基本理念从“奖励说”向“权利说”逐步转化，注重保障罪犯的基本权利，给予其权利的行使路径和救济渠道，实现审理程序的公平正义。

三、遵循从“程序修补”向“程序改革”渐进的基本方法

在减刑、假释案件审理程序规范化的进程中，既要明确将来的改革方向，同时也要尊重当前的现实情况，做到“仰望星空，脚踏实地”。

---

①参见最高人民检察院检察长曹建明在2015年11月2日第十二届全国人民代表大会常务委员会第十七次会议上代表最高人民检察院所作《关于刑罚执行监督工作情况的报告》。

减刑、假释制度是刑罚执行过程中的一项制度，其设计的优劣以及实际运行状态直接影响罪犯的改造情况，关乎罪犯的再社会化等问题，其重要性丝毫不亚于对罪犯定罪量刑的刑事制度。减刑、假释案件最终应当实现由专业人士依照法律规定、依靠科学方法专门审理的格局，但在现阶段，仍然应当根据减刑、假释案件的基本特点，设计出一套具有可行性的改革方案。

当前，减刑、假释案件呈现出以下几个特点：

1. 案件数量特别大

一个法院每年受理的减刑、假释案件动辄几千件，甚至上万件，以镇江市中级人民法院为例，2013 年受理减刑、假释案件数量为 6042 件，2014 年为 5077 件，2015 年为 4540 件，2016 年为 4110 件。

2. 审理该类案件的法官特别少

通常各法院均是将减刑、假释案件交由审判监督庭审理，只有极少数法院设立专门庭室审理减刑、假释案件。而审判监督庭同时承担着再审案件的审判工作，且鉴于法院目前案多人少的矛盾突出，审判监督庭的法官人数也比较少。甚至有的法院为了应付日益增多的诉讼案件，将精干力量安排到其他业务庭，而将即将退休的法官安排到审判监督庭，导致审判监督庭审判力量更加薄弱。

3. 案件审理涉及的部门多

减刑、假释案件的审理涉及执行机关、司法行政机关、检察机关、审判机关等部门，且现行制度下的诸多标准均源于执行机关，执行机关对罪犯的改造情况是法院判断是否符合减刑、假释的依据，同时法院的裁判结果也影响着执行机关对罪犯的改造方法，检察机关监督权的行使则对执行机关和法院均有较大影响。因此审理程序的改革有赖于多个部门的共同协调和努力。

综上，在审理程序规范化的方法和路径上，本课题组更倾向从务实角度出发，以现状为基准点，通过修补、完善现有程序进行渐进式改革，为将来进行彻底的改革提供实践样本和依据。

第二节　审理程序规范化路径之宏观制度的改革

虽然减刑、假释案件审理程序的规范化研究主要集中在审理程序的设计方面，但是审理程序并不是完全独立的，而是与相关宏观制度及配套制度相互依存、相互促进。如果其他制度滞后，审理程序也将独木难支，难以实现公平公正的目标，因此审理程序的完善也有赖于宏观制度和配套制度的同步改革。

目前我国减刑、假释案件审理程序中面临的问题，前文已经进行了较为详尽的分析，概括而言主要包括：审理模式多样化、提请程序裁判化、审理程序形式化、监督程序提前化。出现上述问题的原因主要在于：一是我国关于减刑、假释案件的法律规定较为零散，且原则性较强，实践操作中存在一定的难度；二是对减刑、假释案件长期以来重视程度不够，执行机关、检察机关、法院以及社区矫正机构对相关的人员配置和机构设置均比较薄弱；[①] 三是减刑、假释案件的审理依据主要来源于执行机关，而执行

① 如曹建明检察长在《关于刑罚执行监督工作情况的报告》中指出，有的地方检察机关对刑罚执行监督工作重视不够，刑罚执行检察队伍人员偏少、年龄老化，整体素质能力亟须提高。而法院系统负责审理减刑、假释案件的审判监督庭人员配置也存在类似问题。

机关是一个相对封闭的场所，检察机关、法院、社会公众均难以窥其全貌；四是减刑、假释案件的审理长期以来已经形成了一套固定的审理模式，各职能部门虽有改革之愿望，但如何改革缺乏行之有效的方法。

基于此，减刑、假释案件审理程序规范化应当首先从以下几个宏观制度方面着手。

一、制定专门法

如前文所述，我国有关减刑、假释案件的法律渊源呈现出“司法解释挑大梁”的局面，基本法虽然对该类案件有所涉及，但均比较原则、简单。但是司法解释在“造法”的合法性、体系性、稳定性、权威性等方面均与基本法无法比拟。在减刑、假释案件数量如此之多、社会关注度十分高、司法腐败较易发生的情况下，有必要整合目前的法律规定、司法解释、规范性文件，并辅以刑事政策，制定专门的减刑、假释法，为将来制定统一的刑事执行法作准备。在具体的立法体例上，有两种方案可供选择，一是单独制定统一的减刑、假释法，这主要是考虑到减刑、假释案件的审理中既涉及实体条件，也有审理的具体程序规定，专门立法可以同时涵盖实体和程序规范；二是在专门立法条件不成熟的情况下，可以在刑事诉讼法中单列一章减刑、假释案件专章对相关规范予以整合，这主要考虑到减刑、假释是对刑罚执行程序的变更，所以可以在诉讼法中进行规范。

在减刑、假释专门法中，应当明确减刑、假释专门法的立法目的，减刑、假释的实体条件，减刑、假释案件的具体审理程序，诉讼参与主体，各参与主体的权利及职能分配，证据规则，审判监督程序等具体内容，使减刑、假释案件有法可依。

二、明确审查标准

前文已经指出，目前我国减刑、假释案件审理程序形式化较为严重，实质审理缺失，其原因之一即是法律所规定的减刑、假释条件过于抽象，对于何谓“确有悔改表现”“没有再犯罪的危险”缺乏一套完整的认证体系。在此情况下，法院也只能将执行机关对罪犯的考核标准作为衡量依据，从而造成裁判权前移、审理变审批的现状。而执行机关对罪犯的考核主要集中在罪犯的劳动改造情况，由于法院将其与减刑幅度及是否允许假释密切挂钩，导致罪犯在服刑过程中为了获得减刑、假释的机会一味追求劳动积分，争相追逐容易拿分的岗位，未成年犯甚至不愿意花时间参加学习改造而宁愿参加劳动改造，因为参加学习不仅耽误时间还没有分数，而劳动则能够计分，从而背离了改造的应有之义。在此次调研中，执行机关、检察机关及法院均认为不能将罪犯的劳动改造情况与悔改程度及危险性评估画等号，而应当重新设计出一套罪犯评价体系，但如何设计却莫衷一是。

对此问题，国外已经有较为成熟的评价标准，如前文所述，包括“假释再犯罪预测表”“突出因素分数法”“12 项因子预测法”，这些方法均是通过长期的实证研究得出的结论。而我国目前对减刑、假释的研究还处于起步阶段，更缺乏对减刑、假释罪犯的深入研究。因此有必要加强实证分析研究，制定科学的审查标准。

就现阶段而言，法院在审查减刑、假释案件时，应当避免过于整齐划一、简单明了的计分式评价，而应当注重体现对罪犯个体特征的充分关注。对于罪犯的主观悔罪情况，除了关注其参加劳动改造的情况外，还可以通过与罪犯进行面对面的沟通、询问同监室的罪犯、向监区管教了解情况等多种途径对罪犯悔罪情况进行综合评定。对于罪犯再犯罪的危险性方面，应当审查罪犯的个人基本情况，包括之前的犯罪及服刑情况，是否属于惯犯，是否吸毒，家庭的约束能力如何，是否属于留守儿童等综合因素。

三、优化机构和人员配置

减刑、假释涉及的职能部门较多，且其公平公正的审理直接影响司法公信力，而由于目前人员配置和机构设置不足的问题，已经严重制约了减刑、假释功能的充分发挥。鉴于此，各部门应当高度重视减刑、假释案件，配备足够力量参与到其中。

（一）执行机关

执行机关是减刑、假释程序的启动机关，并且减刑、假释案件的审理与执行机关改造罪犯密切相关。针对我国目前执行机关对罪犯劳动改造有余、思想改造不足的现象，应当增配人手加强对罪犯思想情况的了解，通过与其深入的交流评估其思想改造情况，以便对是否符合减刑、假释条件作出准确判断。

（二）检察机关

检察机关为了更好地监督减刑、假释案件的审理，直接在执行机关中派驻检察人员，但是由于驻监检察人员除了监督减刑、假释案件外，还需要监督执行机关在日常的管理工作中是否存在违法问题，职能多样化，加之减刑、假释案件数量庞大，检察机关的监督也难以充分发挥作用。建议检察机关将日常监督管理和减刑、假释案件监督职能予以分化，派驻专人负责刑罚执行变更的监督管理。

（三）审判机关

鉴于减刑、假释案件的专业性，法院应逐步将减刑、假释审判职能独立出来，成立专门的减刑、假释审判庭，配置专门审理减刑、假释案件的审判人员及司法辅助人员，提高该类案件的审判效率。

此外，由于减刑、假释案件的实质审理涉及法律以外其他专业知识的运用，如社会学、心理学等，因此一方面应加强对法官关联学科知识的培训，另一方面可引入相关方面的专业人才作为人民陪审员加入减刑、假释案件的审理中，以弥补法官专业性能力的不足，同时也通过社会公众参与审理的方式扩大减刑、假释案件审理程序的公开性，促进司法公正。

需要注意的是，当前法院和检察院的司法改革正在紧锣密鼓地进行，法官和检察院的员额制改革是此次司法改革的一大特色。在员额制改革的过程中，法院和检察院均面临着在各个部门之间分配员额法官和检察官的问题。为更好地审理减刑、假释案件，并考虑到将来审理程序规范化之后所增加的工作量，应当为法院和检察院的减刑、假释工作配置相应的员额法官及检察官。当然，各地对此问题也不应当一刀切，而是需要根据当地监狱的数量、规模、在押犯的人数等因素综合判断。

第三节　审理程序规范化路径之微观制度的重整

减刑、假释案件审理程序的核心部分是从提请减刑、假释开始，到作出减刑、假释裁定为止，这其中涉及减刑、假释的提请权、裁判权、监督权、异议权等各项权能的配置和行使。

一、减刑、假释案件审理程序中各项权能的合理配置

减刑、假释案件审理程序的规范化运行能够保障减刑、假释制度功能的有效发挥。该程序运行的前提是合理配置各项权能，明确各参与主体在程序运行中的地位和权利，从而达到既相互制约又相互配合的效果。减刑、假释案件审理程序的正常运行涉及三项权能：裁判权、提请权和监督权。根据我国目前的法律规定，由法院行使裁判权，执行机关行使提请权，检察机关行使监督权，而罪犯和被害人在审理程序中并没有明确的地位，只是享有参与权。对于上述权力（利）结构的配置，目前学术界和实务界尚有争论。其中裁判权的归属争议发生在法院和执行机关之间，有观点认为由执行机关行使更符合世界潮流；①而提请权的归属争议集中在执行机关、检察机关和罪犯之间，有观点认为减刑、假释的提请权是司法权，不是行政权，所以应当由检察机关行使，②同时也有观点认为，应当由罪犯自行申请减刑、假释，以保障罪犯的基本权利。③对于监督权的行使各方

① 参见陈永生："中国减刑、假释程序之检讨"，《法商研究》2007 年第 2 期。

② 参见李忠诚："减刑、假释提请权的归属问题研究"，《上海政法干部管理学院学报》2005 年第 6 期。

③ 参见黄永维：《中国减刑、假释制度的改革与发展》，法律出版社 2012 年版，第 142 页。

并无争议，因为检察机关是我国法律规定的监督机关，但是检察机关应当如何行使监督权存在争议。而罪犯与被害人的诉讼地位不明确，应当如何参与减刑、假释案件的审理，并进而影响裁判结果缺乏规定。针对上述问题，本课题组认为，裁判权由法院行使更为合适，提请权仍应赋予执行机关，检察机关作为监督机关，罪犯、被害人和社会公众可以借由异议程序参与到减刑、假释案件的审理程序中。具体分析如下：

（一）法院行使减刑、假释案件的裁判权

本课题组认为，基于对法院生效裁判的尊重，以及程序的公正性等因素，应当将裁判权交由法院行使。

1. 减刑、假释是对刑罚的变更，应当由作出刑罚裁判的法院进行裁决

减刑是将法院判决确定的罪犯刑罚执行期限按照法律规定的程序予以减少的刑罚执行方式，假释是对被判处有期徒刑、无期徒刑的犯罪分子附条件提前释放的制度。减刑变更的是刑期，假释变更的是刑罚执行方式，但无论是减刑还是假释均是对原判决确定刑罚的改变。而原判刑罚是由法院确定，法院在定罪量刑时充分考量了主客观多方面因素，在认定可以/应当从轻处罚、减轻处罚的情形如立功、自首等均非常审慎。因此从逻辑上而言，对法院确定的刑期应当由法院裁决予以变更，这也是对法院裁判的尊重。

2. 减刑、假释由法院进行居中裁决，有利于维护程序的公正性

罪犯刑罚由执行机关负责执行，执行机关对罪犯服刑期间的表现最为了解，由执行机关裁决罪犯是否符合减刑、假释条件，看上去能够提高此类案件的裁决效率。但是，过分追求效率往往会在一定程度上影响公正

性。典型的执行机关，如监狱，是一个相对封闭的场所，外界无法了解其内部的具体情况，如果将减刑、假释的裁决权一并交由执行机关行使，由其提供“一条龙服务”，则丧失了程序的中立性，会使减刑、假释程序由于缺乏制约而失衡，造成执行机关一手遮天的局面。如同刑事案件中，公安机关或者检察机关虽然介入案件较早，对案情更为了解，很多第一手资料均是由其获得，但是也正因如此公安机关或检察机关不能成为刑事案件的裁决者。法院因为其对罪犯的不了解而具有中立性，从而能够保障减刑、假释案件的公正审理。

3. 执行机关行使裁判权存在难以克服的先天障碍

执行机关负责监管罪犯，其最主要的目的是使管理效率达到最大化，即用最少的人手管理好监区内的罪犯，尽量避免出现意外情况。同时，由于劳动改造是当前我国执行机关改造罪犯的一个主要手段，所以执行机关内部通常都设有劳动场所供罪犯劳动，有的执行机关内罪犯的劳动成果比如衣服、手工艺品等甚至出口到世界各地，从而产生一定的经济效益。

基于上述现状，执行机关的功利性目标有二：一是尽可能减少收押的罪犯，二是使收押的罪犯愿意参加劳动创造效益。而作为罪犯，其目的通常比较单一，即尽早出狱。在调研过程中，执行机关普遍表示罪犯希望重获自由的愿望非常强烈。基于执行机关和罪犯各自的目标诉求，加之双方之间存在的管理与被管理的关系，减刑、假释制度即成为双方表达利益诉求、彼此进行互动的一个重要平台。执行机关和罪犯均希望减刑、假释制度能够得到广泛运用，且适用条件不必过于苛刻。

在调研过程中，执行机关多次表达目前国家严苛的减刑、假释条件给监管罪犯带来的困扰。同时，由于执行机关对罪犯劳动产生的经济效益的追求，其更愿意将劳动改造的表现与减刑、假释适用条件相关联，以促使罪犯积极参加劳动。但是显然罪犯在劳动改造中的表现更多地体现了罪犯的劳动能力，并不等于罪犯的悔罪态度。实际上，目前我国减刑、假释案件审理程序中出现轻实质审查、重形式审查的现象，正是由于法院放弃了裁判权的行使，而由执行机关代为行使减刑、假释裁决权所引发的。

综上，基于执行机关固有价值追求的局限性，不适合由其行使减刑、假释案件的裁决权，否则有可能会使减刑、假释的条件失之过宽，且可能会忽视对罪犯的思想改造。而由较为中立、与罪犯管理没有利害关系的法院来行使更为合适。

4. 法院行使减刑、假释裁决权与世界其他国家由减刑、假释委员会行使裁决权本质上并不相悖

无论是减刑、假释委员会还是法院，均是独立于执行机关的第三方机构，其本质是由执行机关之外的机构对减刑、假释进行审查，而不是由执行机关直接决定。在我国尚未成立专门的减刑、假释委员会的情况下，由作出刑罚判决的法院进行审理较为合适。

（二）执行机关行使减刑、假释案件的提请权

相比检察机关和罪犯，执行机关行使提请权具有天然的优势。

1. 执行机关行使提请权符合其自身职权特点

提请权是指向法院申请对罪犯进行减刑或假释的权力，提请权的行使意味着提请方认为罪犯符合减刑、假释的条件并且希望罪犯被减刑或假释。罪犯本身无疑是符合提请条件的，但是罪犯行使提请权客观上存在诸多障碍，这在下文将会述及。但除罪犯之外，执行机关行使提请权亦是顺

理成章。

首先，执行机关作为罪犯的管理者，对罪犯的改造情况最为了解，掌握着罪犯改造表现的证据材料，因而提出减刑、假释的申请能够有翔实的事实依据。而执行机关之外的任何个人或组织提出申请都必须向其调取相关材料。

其次，罪犯被减刑、假释是执行机关追求的目标之一。减刑、假释是执行机关激励罪犯积极改造的重要措施之一，当罪犯的改造达到一定条件时，即可获得减刑或假释的惠顾或权利。所以罪犯能够得到减刑、假释的机会，一方面是对执行机关改造工作的肯定，体现了执行机关的改造措施得力，对罪犯的改造起到了相应效果；另一方面也兑现了执行机关对罪犯的承诺，有利于内部管理工作的开展。且从功利性角度出发，罪犯获得减刑、假释的机会，意味着罪犯在执行机关的服刑时间缩短，减轻了执行机关的工作量，也是其所希望看到的。

2. 检察机关行使提请权与其职责不相适应

首先，检察机关享有国家法律监督机关的一项重要权力——求刑权，即请求法院追究犯罪嫌疑人的刑事责任，对其进行定罪量刑。所以罪犯之所以获刑与检察机关行使求刑权密切相关。而减刑、假释制度是减少罪犯在执行机关内的服刑期限，与检察机关先前行使的求刑权背道而驰。所以由检察机关行使提请权不符合逻辑。

其次，如果将检察机关作为提请方启动减刑、假释案件，则会导致程序失衡。在检察机关行使求刑权阶段，虽然其既是公诉方也是监督机关，但是其所面对的被告人获得自由的愿望十分强烈，通常会对检察机关的犯罪指控提出无罪或罪轻的抗辩，因而与检察机关形成有效对抗，使刑事诉讼程序较为平衡。但是在减刑、假释案件审理程序中，执行机关和罪犯均希望罪犯能够获得减刑、假释的机会，在此情况下如果检察机关也作为提请方要求法院进行减刑或假释，则将没有相对方与之抗衡，审理程序又将沦为行政审批程序。综上，由检察机关行使提请权不利于减刑、假释案件审理程序的规范化运行。

3. 罪犯自行行使提请权存在较多障碍

赋予罪犯自行提起减刑、假释的权利符合“权利说”的发展轨迹，但是实践操作中存在一定的障碍。因为罪犯在服刑期间行动自由受到限制，而证明其符合减刑、假释条件的材料又均被执行机关所掌握，所以即使罪犯享有提请权，其权利的实现也需要倚仗执行机关的配合。与其如此，不如将提请权直接赋予执行机关，而在罪犯认为其应当被提请减刑、假释而未被提请时，赋予其相应的救济权利。

需要特别说明的是，虽然将减刑、假释的提请权赋予执行机关，但是在特殊情况下，罪犯也可以享有提请权。当罪犯认为自己符合被提请减刑、假释的条件，而执行机关未予提请时，可以向执行机关的管理部门及检察机关通过复议、申诉程序进行救济，如果通过该种途径仍未获提请的，罪犯可以自行向法院提请减刑、假释建议，法院立案受理后，执行机关应当将有关材料移送法院。其程序设定的原理借鉴了刑事诉讼程序中公诉转自诉案件的流程。根据《刑事诉讼法》的规定，被害人有证据证明对被告人侵犯自己人身、财产权利的行为应当依法追究刑事责任，而公安机关或者人民检察院决定不予追究被告人刑事责任的，被害人或其法定代理人、近亲属可以直接向人民法院提起诉讼。这一特别条款的设定，作为最终的救济途径，能够保障罪犯公平享有减刑、假释的权利，加强对执行机关监管工作的监督。

（三）检察机关行使减刑、假释案件的监督权

检察机关是法定的监督主体，对执行机关和法院均享有全方位的监督权。既包括对提请程序、审理程序的监督，也包括对提请内容、裁判内容的监督。检察机关认为减刑、假释案件审理程序中存在违法之处时，可以通过纠错程序或审判监督程序予以纠正。

但是检察机关的监督权如何行使却成为一个难题。在刑事诉讼程序中，检察机关既是监督主体也是公诉方，具有明确的诉讼地位，监督权的行使可以依托于该公诉人的地位。但检察机关在减刑、假释案件审理程序中只是监督机关，导致监督权的行使陷入尴尬。

其尴尬地位体现在，检察机关究竟应当如何介入审理程序并不明确。比如应当何时介入，是执行机关将申请材料提交法院之后介入，还是之前就介入，之前介入是否会影响法院的判断；在开庭审理过程中，检察机关作为监督机关应当在哪个环节发表监督意见，对哪些问题发表监督意见，监督的对象又是谁等。在调研过程中，有检察机关甚至为开庭审理中的座位安排而纠结，因为检察机关作为监督机关必须参与庭审，但由于不是诉讼主体，在庭审中不能与执行机关形成“两造对垒”的格局，所以在庭审中坐在哪里也成了一个难题。因此，有必要赋予检察机关明确的诉讼地位以进一步完善监督权的行使。对于该问题的解决，将会在下文对审理模式的重构中详细述及。

（四）罪犯、被害人、社会公众行使减刑、假释案件的异议权

司法解释中规定了减刑、假释案件的公示程序，公示面对的对象不限于罪犯、被害人，也包括其他的社会公众。而法律之所以规定减刑、假释案件要向社会公示，并允许社会公众提出异议，是因为犯罪侵害的是社会公共利益和国家利益，因此刑罚执行变更除了对罪犯和被害人有重要影响外，与其他的社会公众亦有利害关系。公示的目的即是加强对该类案件的社会监督，给有不同意见的人提供表达异议的渠道。

但是异议权除了提出异议的机会外，还包括要求对异议进行处理的机会。目前，我国的审理程序中虽然赋予了罪犯、被害人、其他社会公众提出异议的机会，但是实践中这些异议在裁判文书中却鲜有得到回应的，所以其异议权并未得到真正落实。因此，在审理程序中应当设计相应的异议处理机制以保障其异议权的实现。

本课题组认为，由于减刑、假释对罪犯及被害人影响甚巨，且在“权利说”的理念下，罪犯本身即有提起减刑、假释的权利，加之在刑事诉讼程序中，罪犯及被害人亦有独立于检察机关的地位，因此，在减刑、假释案件的审理程序中可赋予提出异议的罪犯及被害人诉讼第三人的地位。对于提出异议的其他社会公众，由于其代表的是社会公共利益，因此可由代表公益的检察机关进行审查，若检察机关认为异议成立，可将异议意见吸收为监督意见向法庭陈述，并申请提议异议的人员作为证人出庭作证，若检察机关认为异议不成立，则将处理结果明确告知异议人员并说明理由。

二、减刑、假释案件审理模式的重构

（一）建立以裁判权为中心的审理模式

《中共中央关于全面推进依法治国若干重大问题的决定》中指出，要推进以审判为中心的诉讼制度改革，确保侦查、审查起诉的案件事实证据经得起法律的检验。最高人民法院院长周强 2014 年 11 月 14 日在《人民日报》发表“必须推进建立以审判为中心的诉讼制度”一文，指出：推进以审判为中心的诉讼制度改革，就是要高度重视、切实发挥审判程序的职能作用，促使侦查程序和公诉程序始终围绕审判程序的要求进行，确保侦查程序和公诉程序的办案标准符合审判程序的法定定案标准，从源头上防止事实不清、证据不足的案件或者违反法律程序的案件“带病”进入审判程序，从而有效防范冤假错案，提高办案质量，节约诉讼资源，确保侦查、起诉的案件经得起法律的检验。

由此可见，以审判为中心的诉讼制度改革主要是针对刑事诉讼程序，而减刑、假释程序作为刑罚执行变更程序，也应当体现以裁判权为核心，以司法审查标准为中心，贯彻各部门“分工负责、互相配合、互相制约”的基本原则。

如前文所述，当下我国减刑、假释案件审理程序面临的突出问题是审理程序形式化，实质审理难以展开，审理程序对抗性不足，呈现出审批化的样态，执行机关、检察机关、法院之间配合有余、制约不足，法院主动将裁判权让位于执行机关的建议权，以执行机关的提请标准作为裁判标准。这种审理模式固然效率较高，但是由于法院裁判权的实质缺位，当执行机关的提请违法时，法院也难以发现，极有可能作出错误的减刑、假释裁定，不能对执行机关的行为起到制约作用，更谈不上发挥指引和规范的作用。

因此，在减刑、假释案件的审理过程中，应当重构以裁判权为中心的审理模式，将流水线型的审批模式转变为法院居中的审理模式，将以提请为中心转变为以裁判为中心，通过裁判权的行使将松散的参与主体有机整合起来，在裁判权的指挥下使各种参与主体的利益诉求得以充分表达。同时，法院应当根据法律规定，并结合司法实践经验，制定出一套罪犯减刑、假释的条件和标准，以此决定是否允许罪犯减刑、假释，并以裁判标准规范提请标准，进而促使执行机关根据裁判标准进一步优化考核管理办法。

（二）建立以检察机关与执行机关“两造对垒”的准对抗模式

本课题组认为，为保障检察机关监督权的有效行使，应赋予检察机关作为诉讼主体身份参与减刑、假释案件审理程序，作为执行机关的相对方，与执行机关的提请形成准对抗模式，以帮助法院查清事实，作出正确的裁判。

这种制度设计的必要性和合理性在于：第一，检察机关作为执行机关的相对方参与审理符合减刑、假释制度的本质属性。因为罪犯获刑是检察机关行使求刑权的结果，当执行机关提请对罪犯进行减刑、假释时，实质是对检察机关求刑权的削减，检察机关自然要予以对抗，参与程序审查是否符合减刑、假释的条件。因此准对抗模式的设计与检察机关的职责相适应。

第二，检察机关作为执行机关的相对方参与审理能够有效化解当前审理程序形式化的局面，为构建以裁判权为中心的审理模式奠定基础。因为审理程序形式化在一定程度是由于缺乏对抗性造成的，执行机关的提请难以遇到有效的抵抗，会使法院居中裁判成为泡影。而检察机关与执行机关形成准对抗态势后，能够使法院听到不同的声音，有助于法院更好地查清事实、适用法律。

第三，检察机关作为执行机关的相对方参与审理，能够进一步完善监督权的行使。检察机关获得诉讼主体身份后，在审理程序中地位明确，能够通过直接参与程序的方式行使监督权，行使监督职能的方式更加直接、有效。避免检察机关行使监督权时缺乏着力点，无从下手的局面。在调研过程中发现，检察机关对审理程序的确有不少具体的监督意见需要发表，但苦于没有合适的途径。如检察机关对执行机关自行挑选同监犯出庭作证颇有微词，认为执行机关有可能与证人达成某种内部交易，使同监犯不肯说实话，检察机关倾向于随机选择同监犯作为证人，而非事先安排。当检察机关成为诉讼主体后，可以根据需要而申请证人出庭。再如，对证据采信问题检察机关也有自身的观点，目前法院对社区矫正机构的假释审前调查评估报告采取“一票否决制”，即如果社区矫正机构不同意假释，法院也裁定不准予假释，对此检察机关认为，社区矫正机构不同意假释的原因是多方面的，有的不是因为罪犯不符合假释条件，而是因为自身缺乏监管能力，所以不能一概而论。当检察机关成为诉讼主体后，对证据采信等问题的意见也可以在审理程序中直接发表，而不必辗转通过其他途径发表，从而摆脱检察机关目前权责不明的尴尬地位，使检察机关各项权利的行使名正言顺。

另需说明的是，在具体的模式构建上，之所以将检察机关与执行机关的关系界定为一种准对抗关系，是因为检察机关作为执行机关的相对方，其意见与执行机关并不是必然冲突的。当检察机关的监督意见与执行机关的提请意见一致时，两者之间并不形成对抗态势，同时检察机关还可以在执行机关之外另行补强证据以支持执行机关的提请建议；当检察机关的监督意见与执行机关的提请意见相左时，两者形成较为强烈的对抗态势，双方各自向法庭陈述意见，提供证据，以便法庭作出裁判。在审理程序中，双方均有权利向法庭陈述事实、举证质证、进行辩论等。

（三）建立赋予罪犯、被害人第三人身份的参与模式

第三人制度源于民事诉讼法。根据我国民事诉讼法的规定，对当事人双方的诉讼标的，第三人认为有独立请求权的，有权提起诉讼。对当事人双方的诉讼标的，第三人虽然没有独立请求权，但案件处理结果同他有法律上的利害关系的，可以申请参加诉讼，或者由人民法院通知他参加诉讼。根据对诉讼标的是否有独立的请求权，分为有独立请求权的第三人和无独立请求权的第三人。前者作为诉讼提起方，其地位相当于民事诉讼中的原告，其他当事人均相当于被告的地位，后者参与诉讼是为了帮助被参加的一方当事人赢得诉讼，其诉讼目的与被参加一方当事人相同。

减刑、假释案件审理程序的标准配置是围绕法院的裁判权，执行机关的提请权和检察机关的监督权形成准对抗模式，是因为裁判权、提请权和监督权三项权能均是不可或缺的，而罪犯、被害人提出异议则不是必然发生的，是或然性事件。但是减刑、假释案件的处理结果与罪犯及被害人均有法律上的利害关系。因此，可以借鉴民事诉讼中的第三人制度将提出异

议的罪犯、被害人纳入审理程序中，赋予其第三人的诉讼地位，以保障其异议权的实现。

当罪犯、执行机关、检察机关三者意见一致时，罪犯可以作为无独立请求权的第三人参与审理，帮助法院进一步查清事实。

当罪犯与执行机关意见一致，而与检察机关意见不一致时，如执行机关向法院提请减刑，罪犯同意，但检察机关认为不符合减刑条件时，罪犯可以作为无独立请求权的第三人加入执行机关一方提请法院减刑。

当罪犯与检察机关意见一致，而与执行机关意见不一致时，如执行机关向法院提请减刑，检察机关和罪犯均认为罪犯符合假释条件，则罪犯可以作为无独立请求权的第三人加入检察机关一方要求法院假释。

当罪犯、执行机关、检察机关三者意见均不一致时，如执行机关向法院提请减刑，检察机关认为不符合减刑条件，而罪犯认为自己符合假释条件时，罪犯可以作为有独立请求权的第三人向法院提出假释建议。

当执行机关与检察机关意见一致，而罪犯有异议时，如执行机关向法院提请减刑，检察机关也无异议，而罪犯认为自己符合假释条件时，罪犯可以作为有独立请求权的第三人向法院提出假释建议。

有必要特别指出的是，在减刑、假释撤回案件中，若罪犯不同意撤回，仍然要求提请减刑、假释建议的，可以作为有独立请求的第三人向法院提出减刑、假释建议。

综上，当罪犯与执行机关或检察机关任何一方意见一致时，罪犯可以申请作为无独立请求权的第三人参与案件的审理，当罪犯与执行机关及检察机关的意见均不一致时，罪犯可以申请作为有独立请求权的第三人提出申请、参与审理。

关于被害人参与审理的方式，由于被害人不享有减刑、假释的提请权，而仅享有异议权，所以不能作为有独立请求权的第三人参与审理，当被害人不同意执行机关提出的减刑、假释建议时，可以作为无独立请求权的第三人向法院申请参与审理，并有权向法院陈述意见。

三、减刑、假释案件审理程序中各项权能的有效运行

提请权、裁判权、监督权的有效运行直接影响审理程序的规范化、效率化，针对前文分析的目前执行机关、检察机关、法院在审理程序中所面临的问题，接下来将着重对前述问题提出改进措施。

（一）执行机关提请权的优化行使

目前减刑、假释案件的审理是采取集中申报、集中审理的模式，并不是随时申报、随时审理。执行机关通常按照一个季度一期或者两个月一期的节奏报送，报送流程如下：①在各监区内分配名额；②罪犯动员，公布符合条件的人员名单，择优排序；③按比例（1.5 倍或 2 倍）划出入围名单，同时向罪犯公开排序方法；④监区召开会议，对入围人员是否符合条件进行讨论，确定后审核；⑤评审委员会评审，驻监检察室人员列席，并形成通案记录；⑥在执行机关内部公示；⑦向有管辖权的人民法院报送《提请减刑、假释建议书》。

上述运转方式主要存在以下几点问题：①集中报送的方式对于短刑犯不利，有的短刑犯尚未得到减刑、假释的机会就刑满释放了。②分配名额的方式导致各执行机关内部掌握的减刑、假释申报标准不一致，符合条件人数较多的监区竞争较激烈，人少的监狱竞争较为宽松。③入围名单按照

罪犯取得的行政奖励分数进行排序不公平，首先，罪犯拿分速度有快慢，分数高低与表现好坏并不成比例，短刑犯由于服刑时间短，拿分少，长期服刑犯拿分多，但表现并不一定好；其次，表现不好的罪犯如果一直没有机会减刑，剩余分数会比较多，排序反而靠前。④执行机关内部评审委员会评审时，检察机关即介入并给出同意的结论，给法院改变建议内容带来困难。⑤公示内容简单，其他罪犯难以发挥监督作用。

执行机关提请权的行使是减刑、假释案件的启动程序，提请程序的顺畅运转是减刑、假释案件审理程序规范化的前提。从此次调研情况来看，审理程序形式化问题与执行机关对罪犯的考评办法关系密切。执行机关原来的考核机制是定性，材料详实、具体，有例证，而现在是定量，量化且机械，且这些标准完全向罪犯公开，法院的审判权已经完全前移至罪犯个人，甚至连执行机关都被量化标准所绑架。并且上述提请程序存在的问题也主要集中在计分考核机制上。因此，优化提请权、为罪犯创造公平公正的减刑、假释环境的第一步是调整执行机关内部的考评办法，让真正符合减刑、假释条件的罪犯获得提前释放的机会。故针对目前提请程序存在的问题提出以下建议。

1. 提请内容从“提前裁判化”回归到建议化

执行机关向法院提交的《提请减刑、假释建议书》中对于建议减刑的，不应当出现建议减刑的具体幅度，只需详细说明罪犯在狱中的表现情况，并建议法院根据罪犯情况予以减刑即可，真正发挥建议权的作用，而将是否减刑以及减刑幅度的裁量权交由法院行使。

法院不仅对减刑幅度以及是否准予假释享有裁判权，同时对罪犯的刑罚执行变更方式在减刑和假释之间切换也有裁量权。即执行机关建议减刑的，法院如果认为符合假释条件也可以裁定假释，执行机关建议假释的，法院如果认为不符合假释条件但符合减刑条件的，也可以裁定减刑。

同时，在执行机关提请的材料中，除了与减刑幅度、假释等直接关联的奖励情况、积分情况外，执行机关还应当具体说明奖励和分数的由来，如罪犯的劳动岗位、每月的积分等，以便法院及检察机关对分数的形成进行实质审查。

2. 提请标准与裁判标准从高度同质化到逐步脱钩

为了使提请权和裁判权各自发挥功能，需要改变目前这种将裁判标准与提请标准高度统一化的局面，而将法院决定是否减刑及减刑幅度、是否假释的条件与执行机关对罪犯的考核分数逐步脱钩。法院系统应当通过实践摸索及实证分析等方式将法律所规定的减刑、假释条件具体化，探索出判断罪犯是否符合减刑、假释条件的依据，而将罪犯在狱中的表现仅作为一个重要而非唯一的参考因素。

3. 执行机关进一步优化对罪犯的考核办法

鉴于执行机关对罪犯的考核方法对法院裁判的重要性，执行机关自身也应当不断优化对罪犯的考核方法。在考核中应当加大对罪犯主观悔改状态、人身危险性的考察和评估，适当降低劳动改造所占比例，借助人身危险性评估机制对罪犯进行综合性、全方位评价。

同时，由于人身危险性评估机制建立在充分掌握罪犯基本信息的基础上，包括犯罪前的信息、走上犯罪道路的历程、家庭基本情况、受教育经历及工作经历等，而目前执行机关掌握的这些信息基本上都是空白，很不完备，导致难以有针对性地进行改造。因此有必要建立执行机关与其他部门的信息共享机制，使执行机关在充分了解罪犯的情况下，对罪犯进行个性化的改造和评估。

另外，执行机关应当优化计分方法。如针对长刑犯与短刑犯计分显失公平的情况，可以将总分制与日均分制相结合，对于总分较高但日均分较低的罪犯给予低评价；对于不同劳动岗位积分悬殊的问题，可以采取罪犯定期轮岗的方式，在一定程度上予以缓解。

4. 提请频率从批量提请到逐案逐人常态化提请

目前全国各地普遍采用的集中报送、提请方式，虽然效率较高，但是存在以下问题：一是对短刑犯不利，二是数百件案件报送到法院并要求法院在一个月的审限内全部结案，导致法院无力进行充分的审理，从而影响减刑、假释案件裁判的公正性。因此执行机关应当为减刑、假释提请程序配置足够的人员，逐步将提请频率从批量提请过渡到逐案逐人常态化提请。

根据目前执行机关的人员配置现状，现阶段可以先对需求较为迫切的短刑犯及未成年犯优先改革。即对长刑犯的报送频率可以按照两个月一次或一个季度一次处理，而对短刑犯及未成年犯的报送应以随时符合条件，随时报送为基本原则，以保障其权利的实现，并以此作为试点逐步尝试所有罪犯实行该种报送模式。

5. 提请数量从按比例报送到符合条件即报送

执行机关在提请罪犯减刑、假释建议时，除了要求罪犯达到相关分数和奖励外，还要符合其内部制定的两个比例：一是提请减刑、假释人员占所有在押人员的比例；二是罪犯累计减刑、假释幅度占总刑期的比例，且两个比例经常发生变化。这一规定存在的问题是：①突破法律规定，限制了罪犯的法律权利；②政策的频繁变化打破了罪犯的心理预期，影响罪犯改造积极性；③客观上造成不同监狱罪犯之间的不公平，容易引发司法腐败现象；④是提请程序提前裁判化的一种表现形式。虽然根据奖励说的理念，罪犯即使符合法律规定的减刑、假释条件也是“可以”减刑或假释，而非“应当”，但是否“可以”，应当由行使裁判权的法院来决定，而不是在提请阶段即由执行机关直接决定。

因此，执行机关在提请阶段不应当设置内部比例，而应当根据法律规定的条件予以提请，只要执行机关认为符合减刑、假释的法律条件，即应当提请，不应当以比例予以限制。

6. 提请阶段的公示从简单化到完备化

为了提高公示程序的有效性，须增强公示材料的完备性。应当在执行机关公共场所列出拟提请减刑、假释人员名单及基本情况，并在指定部门备齐《提请减刑、假释建议书》、罪犯判刑的终审裁判文书、宣判笔录、执行通知书、历次减刑裁定书，以及罪犯入狱以来确有悔改、具有立功或重大立功表现的证明材料、罪犯评审鉴定表、奖惩审批表等材料，以供相关人员在异议期内予以查询。若管教、罪犯本人或其他罪犯提出异议的，相关的异议材料应当附卷一并提交法院。

在公示方式上，应当将提请阶段的公示从执行机关内部公示延展到社会公示，从而与立案后审理阶段的公示有机衔接起来。建议由司法部、最高人民法院、最高人民检察院联合开设统一的减刑、假释案件网上公示平台，将减刑、假释案件流转过程中的各个节点及时公示，并将开庭公告、庭审直播、裁判文书上网等功能囊括其中。

（二）检察机关监督权的优化行使

检察机关作为法定的监督机关，既有权对执行机关进行监督，也有权对法院进行监督，既有权对减刑、假释案件的审理程序进行监督，也有权对其实体合法性进行监督，既可以事前监督，也可以事后监督。监督的对象和内容均比较广泛，因此在减刑、假释案件审理程序语境下讨论其监督权，应当分清楚各不同阶段的监督对象和内容。

1. 实体监督从提前化到同步化

目前检察机关在提请阶段提前介入的情况不仅影响法院裁判权的有效行使，而且也不利于事后纠错程序功能的发挥。所以应当避免检察机关在执行机关提请阶段即对是否减刑、假释等实体问题介入并发表同意与否的意见，仅应当基于其监督职能对执行机关在提请程序中是否存在违法问题进行监督。将对提请程序和提请内容的全方位监督转为仅对提请程序的合法性进行监督，而将提请内容的正确与否交由法院判断，避免用监督权替代裁判权。

同时，在检察机关对提请程序的合法性提出异议的情况下，执行机关必须将异议材料附卷移送至法院。提请程序合法是减刑、假释案件立案的先决条件，法院经审查后认为提请程序确实存在违法行为的，应当裁定不予受理，若认为检察机关的异议不成立，则应当立案受理。检察机关若认为法院的立案不符合法律规定，可以启动事后监督程序，但不影响该减刑、假释案件的继续审理。

检察机关在法院正式立案审理减刑、假释案件后，再介入实体监督，即罪犯是否应当被减刑或假释，以及减刑幅度是否符合法律规定等。在法院的审理阶段，检察机关除对实体问题有监督权外，对审理程序亦享有监督权，即享有全案监督权。

2. 以诉讼主体身份参与审理进行监督

如前文所述，检察机关作为诉讼主体参与到减刑、假释案件的审理过程中，能够与执行机关形成准对抗之势，改变目前审理程序流于形式、缺乏实质审查的状态。

同时，检察机关为了充分行使监督权，需要对执行机关提交的材料进行核实、调查，当对执行机关提交的材料存在异议和怀疑时，有权自行启动调查程序，对相关人员进行提讯或询问；对提出异议的其他社会公众、假释案件中不同意罪犯假释的社区矫正机构、鉴定机构等进行调查，充分听取他们的意见，在必要的情况下申请其作为证人出庭。具体的监督流程如下：

第一，检察机关收到《提请减刑、假释建议书》及相关证据后，应当通过阅卷了解案情，进行初步核实。必要时可以提讯罪犯、同监犯，询问对罪犯进行监管的民警，以及其他证明罪犯确有悔改表现、立功、重大立功表现的证人。在提讯或询问的过程中，检察机关应当制作笔录，并由被谈话人签名确认。

第二，对罪犯有重大立功拟提请减刑或减刑幅度较大、间隔时间短、考核计分高、假释考验期长等重点、非常态化案件，检察机关有权通过实地调查、重新鉴定等方式逐一核实。

第三，对公示阶段提出异议的人员，包括提请阶段的异议人员和立案后的异议人员，如罪犯、被害人、其他社会公众等，必须进行询问并核实异议理由是否成立，并借此了解罪犯的成长背景、家庭情况、被害人对于罪犯减刑、假释的意愿，以及罪犯刑事附带民事赔偿的情况等，为此次以及今后的减刑、假释提供基础资料。

检察机关认为其异议理由成立的，可以吸纳其作为监督意见予以发表，认为异议不成立的，应当告知理由。对于有异议的罪犯和被害人，检察机关应告知其作为第三人参与审理的权利。

第四，考虑到行动自由受到限制的罪犯收集证据能力较弱，对于罪犯提出的对案件实体审理有重大影响的证据线索，如财产性判项履行情况等，检察机关应根据罪犯申请进行调查取证。

第五，假释案件中，检察机关应当对出具审前调查评估意见的社区矫正机构进行调查，要求其说明同意或不同意对罪犯进行社区矫正的依据，并向其了解罪犯家庭情况、入狱前一贯表现、人格特征等判断罪犯是否具有再犯罪危险的因素。

第六，对于减刑、假释案件的审理程序，检察机关有建议权，其可以建议法院以书面审理或开庭审理的模式审理案件。

第七，对于法院决定以书面方式审理的案件，检察机关应当根据调查核实情况说明对提请建议书的监督意见及对执行机关提交证据的质证意见，并将调查所获得的材料随监督意见一并提交法院，供法院审查；对于法院决定以开庭方式审理的案件，检察机关应当当庭陈述监督意见，并发表质证意见和辩论意见，也可根据调查情况进行举证，必要时可申请相关证人及异议人员出庭接受交叉询问。

3.“院处合一”的实践与探索

目前各地检察机关内部履行监所监督职能的部门较为分散，且职级较低，造成多头监督的局面，影响了减刑、假释案件监督职能的行使。

以镇江地区为例，镇江辖区内有句容监狱、镇江监狱、边城监狱、未成年犯管教所以及镇江市看守所、丹阳市看守所、句容市看守所、扬中市看守所八家监管机构。对于上述八家监管机构，镇江市人民检察院原本采取“分而治之”的监督模式。由镇江市湾山地区人民检察院负责监督辖区内的句容监狱、边城监狱、未成年犯管教所的罪犯改造情况，各看守所由辖区内的各检察院派驻的监所检察室负责监督，镇江监狱由镇江市京口区人民检察院驻监检察室负责监督，并由镇江市人民检察院的监所检察处统一领导。这种监督模式导致检察机关与执行机关及法院的衔接机制不够顺畅，经常受到由谁出庭、法律文书向谁送达等问题的困扰。

鉴于此，镇江市人民检察院于2013年率先进行改革，成立了镇江市金山地区人民检察院，由其作为镇江市人民检察院的派出院，实行与镇江市检察院监所检察处“院处合一、合署办公”的大监所模式。由镇江市金山地区人民检察院统一负责对镇江市辖区内的句容监狱、镇江监狱、边城监狱、未成年犯管教所以及镇江市看守所五个监管单位的检察监督职能。镇江市金山地区人民检察院成立以后，结束了多头监督、职能叠加的局面，使监督主体单一化、明确化，监督标准统一化，有利于监督职能的充分发挥。

（三）法院裁判权的优化行使

在执行机关和检察机关各司其职，形成准对抗模式之后，法院裁判权的行使也将更具有中立性，裁判的依据也更为充分。本课题组将在“两造对垒”格局下，对前文提出的法院裁判权行使过程中存在的诸多问题提出解决设想。

1. 调查程序前置，专注裁判权

在审批式的审理模式中，由于执行机关缺乏对抗主体，所以对其提出的事实和依据主要依靠法院去审查、核实，甚至法院还要为是否远赴异地调查取证而苦恼，既要做调查者，又要做裁判者，任务艰巨。

而在准对抗式的审理模式中，将检察机关的监督权与诉讼主体的诉讼权利有机统一，使检察机关肩负起初步审查的职责，法院仅在确有必要的情况下才需要主动调查核实，从而使法院可以专心通过双方的陈述、辩论、举证、质证来进行裁判，减轻法官的工作量，提高了工作效率，裁判权也得以复位。

2. 审判组织从单一化到多元化

法院案多人少矛盾突出，减刑、假释案件数量更是庞大，目前此类案件之所以得以高效审理，很大程度上源于裁判权提前，审理程序虚化。然而一旦将执行机关的考核标准与法院的裁判标准脱离，要求法院对减刑、假释的条件进行实质审查时，法院的人手将会捉襟见肘。

基于此，一方面法院应当加大对减刑、假释案件审判人员的配置，另一方面也应当引入人民陪审员参与审理。《中共中央关于全面深化改革若干重大问题的决定》指出，要广泛实行人民陪审员、人民监督员制度，拓宽人民群众有序参与司法渠道。减刑、假释案件长期以来被公众认为公开性不够，而人民陪审员的参与既可以增加该类案件审理的透明度，提高公众的认可度，也能够更好地接受社会监督，避免司法腐败。在人民陪审员的选择方面，可以吸纳各类专业人士、志愿者等加入，以体现人员的多样性。

3. 公示程序从空转到落实

目前审理阶段的公示程序空转主要基于两点：一是利害关系人难以发现罪犯拟减刑、假释的公示信息；二是即使在公示阶段提出异议，在审理程序中也缺乏异议人的诉讼地位。

第一个问题可以通过信息化建设逐步解决。罪犯变更刑罚执行方式的利害关系人主要包括罪犯的亲属、被害人及其家属、罪犯假释后居住社区的居民等。而在通信十分发达的现在，可以在罪犯进入刑事诉讼程序后，由公安机关、检察机关、法院采集罪犯亲属、被害人及其家属的联络方式，对其手机号、微信、邮箱等联络方式进行备案，并告知其该联络方式的法律作用。罪犯判决收监后，执行机关应当将上述人员的信息录入公示网络平台，一旦罪犯减刑、假释进入网络公示阶段，则公示信息将会自动发送给其利害关系人。而对罪犯假释后居住社区居民的公示，则可以借助假释审前调查评估程序，由社区矫正人员将相关公示信息张贴在社区中的公示栏中。上述方式使公示的广泛性和具体性相结合，避免公示程序的虚化。另外，对于虽然没有通过公示程序提出异议，但在罪犯服刑期间一直信访不同意罪犯减刑、假释的被害人，也应当视为异议人员对待。

第二个问题的解决在上文审理模式重构部分已经详细论述，即赋予提出异议的罪犯及被害人以第三人身份参与审理的权利，而其他社会公众的异议由检察机关审核后决定是否作为监督意见采纳，必要时可申请提出异议的社会公众出庭作证。具体内容在此不再赘述。

4. 提讯程序从模块化到个性化

提讯罪犯是法院了解、核实罪犯是否符合减刑、假释条件的基本手段，通过与罪犯面对面的接触、交谈，可以加强法官对罪犯的认识，为决定其是否符合减刑、假释条件提供参考，尤其对不开庭审理的减刑、假释案件更为重要。

目前法院提讯程序中主要存在两个突出问题，一是提讯内容格式化，二是提讯不能实现预期目的。以镇江市中级人民法院为例，法官在执行机关内部提讯罪犯时，通常没有单独的审讯室，而是在会议室进行，且法官提问也都比较机械，对于格式化的问题罪犯都能提前准备好，故不能完全代表其真实想法。且提讯时狱警通常在场，导致罪犯对涉及执行机关内部的操作是否规范，对其他同批次拟减刑、假释罪犯是否有异议等问题不敢说真话。因此，提讯程序的优化过程中应以查清事实为主要目的，从模块化向个性化发展。具体措施如下：

第一，实行狱警回避制度。为了达到提讯的预期目的，法院提讯罪犯或询问同监犯时，应当开辟专门的提讯室，由法院专门提讯，狱警、管教应当回避，使被提讯罪犯能够在没有压力的情况下回答法院的提问。

第二，提讯问题细致化。除了循例问固定问题，包括个人基本情况，在狱内表现，减刑、假释有无公示，对同批拟减刑、假释人员有什么意见外，还应当向拟减刑、假释人员就提交材料中的相关内容进行核实，通过个性化问题借助细节考察其认罪悔罪的态度及再犯罪的危险。

5. 审理程序从形式化到实质化

（1）细化审理方式的选择标准

目前减刑、假释案件的审理方式包括书面审理和开庭审理，提讯是对书面审理方式的补强，而不是一种独立的审理方式。

根据最高人民法院出台的《审理程序规定》，需要开庭审理的案件包括：①涉黑案件、职务犯罪、金融犯罪“三类罪犯”；②因为罪犯有重大立功要报请减刑的；③提请减刑的起始时间、间隔时间、减刑幅度不符合一般规定的；④人民检察院有异议的；⑤公示期间收到不同意见的；⑥其他应该开庭审理的减刑、假释案件。此外的案件可以进行书面审理。

《审理程序规定》主要是为了防止减刑、假释制度的滥用，防止罪犯利用减刑、假释制度减少刑期，破坏判决的稳定性。实践中出现的问题，一是上述规范所囊括的内容不够全面，二是法院开庭时出于提高效率的考虑通常选择多人集中开庭审理，存在庭审形式化现象，不能发挥庭审应有的作用。

基于此，考虑到减刑、假释案件的基本特点以及法院目前的人员配置问题，应当对减刑、假释案件分门别类，进一步细化案件审理程序的选择标准，进行繁简分流。具体分析如下：

对于需要开庭审理的案件，除了最高人民法院规定的案件类型外，还应当包括罪犯有异议的案件和社区矫正机构不同意假释的案件，这两类案件与检察机关有异议及公示期间收到不同意见的案件均属于对执行机关提请的减刑、假释建议有对抗意见的情形，因此均有必要通过开庭审理直接听取不同的意见。此外，对罪犯权利影响较大的案件也应当采用开庭审理的方式，包括减刑、假释撤销案件、撤回案件。司法实践中，镇江市中级人民法院尝试假释撤销案件原则上到罪犯所居住的社区公开开庭，并由社区矫正机构组织社区内的其他矫正人员参加旁听，庭审录像在监区内播放，既保障罪犯的基本权利，也能对其他人员起到教育警示作用。

在开庭审理的案件中也应当进一步分化，对于各方均无争议且无人提出异议，仅因为罪犯类型和减刑类型的特殊性而应当开庭审理的案件，由于双方没有分歧，庭审耗时较短，所以可以采用多案集中开庭的方式进行。对于各方有争议的案件，由于所涉证据较多，参与主体复杂，庭审耗时较长，应当尽量做到一次一案，给予各方充分举证、质证及发表辩论意见的机会。

对于社会关注的大案、要案的罪犯，法院应当通过邀请社会公众、人大代表、政协委员旁听和网络庭审直播的方式公开庭审过程。

在书面审理和开庭审理之间，可以设置听证程序。对虽然不需要开庭，但法官认为有问题需要执行机关、罪犯、社区矫正机构等予以当面澄清和说明的，可以启动听证程序，要求各方主体参与，接受法院的询问和调查，以便法官加强内心确信。虽然听证程序的正式性和刚性不及开庭程序，但其仍然遵循直接言词原则，有利于查清案件事实。在司法实践中，有罪犯的认罪悔罪书写得言辞恳切，但当法官直接询问其是否认罪悔罪时，却不愿意承认，最终导致法院裁定不予减刑或假释的案件，这类案件如果仅通过书面审理的方式则难以发现罪犯的真实情况。所以，当现阶段开庭审理受到人力资源的限制无法大规模开展时，可以设置听证程序予以缓冲。

（2）增强庭审程序的对抗性

目前庭审程序存在的问题在前文已经有所涉及，主要是检察机关的地位不明确，以及公示期间提不同意见的人在庭审中未赋予相应的诉讼地位等，导致庭审流于形式。

在确立检察机关诉讼主体地位后，开庭审理的程序就与诉讼案件的开庭程序内容基本相当，呈现出“两造对垒”的格局，双方均有权向法庭陈述观点，提供证据，发表辩论意见等，以使法庭充分了解案件事实，作出正确裁判。

第一阶段：法庭宣布法庭纪律，核对出庭人员信息，告知其诉讼权利和义务。

第二阶段：法庭调查。首先由执行机关作为提请方宣读减刑、假释建议书，介绍罪犯原判刑罚情况，入监以来的改造表现情况，包括罪犯获得的奖励种类和次数，提请减刑的幅度及假释的依据等。

接着由检察机关对执行机关提起减刑、假释的建议程序是否合法，是否同意执行机关的意见以及相关理由进行陈述。

双方意见发表结束后，进入举证质证阶段，双方均要对自己的主张提供证据予以证明。执行机关应当提供罪犯符合减刑、假释条件的证明材料，管教干警、其他罪犯可以作为证人出庭。检察机关对执行机关的证据发表质证意见。同时，检察机关也可以根据其监督意见的主张向法庭提交自己收集的证据，包括申请证人出庭作证。各方均可以向出庭作证的证人进行交叉询问。罪犯本人必须出庭接受执行机关、检察机关以及法庭的询问。

法庭如果认为有必要可以进一步向执行机关、检察机关及证人进行发问。法院调查时，除了围绕双方提交的证据材料，还应当对可能存在司法腐败的环节进行审查，包括考核奖惩、会见通信、安排劳动岗位、调换服刑场所等。

第三阶段：法庭辩论及最后陈述。法庭调查结束后，执行机关和检察机关就提请减刑、假释程序是否合法、罪犯是否符合减刑、假释的条件充分发表辩论意见，并进行最后陈述，向法庭阐述其诉辩主张。

对于罪犯及被害人作为第三人参与审理的案件，应当同时赋予第三人陈述意见、举证、质证、询问证人、法庭发问、法庭辩论及最后陈述等权利。

（3）启用证据认证规则

《中共中央关于全面推进依法治国若干重大问题的决定》指出，全面贯彻证据裁判规则，严格依法收集、固定、保存、审查、运用证据，完善证人、鉴定人出庭制度，保证庭审在查明事实、认定证据、保护诉权、公正裁判中发挥决定性作用。

减刑、假释案件审理程序形式化的重要原因之一是法院对各部门出具的证据材料仅进行形式真实性的审查，而放弃了对其内容真实性、合法性和关联性的审查。在减刑、假释案件的审理中，执行机关、社区矫正机构、检察机关出具的材料由于出具部门的公权力属性，通常具有形式上的真实性，但形式真实性与内容真实性并不完全等同，法院认证时应当将两者予以区分。法院在审理过程中，应当明确奖惩考核表、审前调查评估报告等材料的证据属性，将各部门提交的材料作为证据使用，而不是裁判的决定性依据。

司法实践中出现的违法减刑、假释案件，从执行机关提交的行政奖励、积分考核等证据材料中难以发现端倪，真正的不公平、不公正往往是从源头上开始的，法院在认证过程中应当对奖励的形成过程是否合理，分数的形成是否合法，计分的方式是否合理，劳动岗位的获得是否公正等问题进行重点审查。

另外，对社区矫正机构出具的审前调查评估报告，也应当摒弃“一票否决制”的做法。对仅给出结论，而不说明理由的评估报告，应要求社区矫正机构补充说明理由，经要求补充后仍不说明理由的，对其结论不予采纳；对补充理由不充分或不合理的，对结论也不予采纳。

6. 审理过程从隐蔽化到公开化

为进一步提高减刑、假释案件的公开性，除了吸收人民陪审员参与审理外，还可以借助科技手段进行远程视频开庭。在这方面，江苏省已经开展有益探索和尝试，现将相关成果介绍如下，以供各地参考、借鉴。

（1）远程开庭系统的设置

2014 年江苏省高级人民法院与江苏省监狱管理局合作开发了减刑、假释远程开庭系统，并在镇江市中级人民法院与镇江辖区内的边城监狱对该系统进行试点。远程科技法庭是利用法院内现有的标准科技法庭，通过在监狱内设置远程法庭的方式，实现法院与监狱之间的远程减刑、假释庭审应用，具有实时音频采集、传输、录制、多画面同步显示、远程证据展示、文字材料及时传输与打印、笔录远程同步显示、电子签名、电子指纹等多项功能，可支持多方诉讼参与人在三个不同地区参加庭审。

（2）远程开庭系统的功效

启用远程开庭系统后，一方面法官在镇江市中级人民法院内已有的科技法庭中即可通过该系统实现对减刑、假释案件的审理，减少了往返监狱的奔波，以及繁琐的入监手续，充分利用了有限的审判资源，极大地提高了审判效率。

另一方面极大提升了减刑、假释案件审判程序的公开透明程度。公众可以到审理法院甚至是通过互联网直播旁听开庭，庭审透明度的提高，可以增加公众对减刑、假释案件实质审理的认同感。

（3）远程开庭系统的实践和推广

2014 年 12 月 9 日，镇江市中级人民法院审监庭在本院 1 号法庭，对罪犯王某某等六人的减刑案件进行远程视频开庭审理，并将庭审过程通过互联网进行了现场直播，成为江苏省首家对减刑案件开庭进行互联网直播的法院，取得了良好的社会效果。

在实践基础上，镇江市中级人民法院审监庭与相关部门就系统运行中的技术支持问题进行了多次磋商，对运用该系统进行庭审过程中出现的问题提出改进意见。考虑到社区矫正机构参加假释案件审理的实际情况，建议有关部门将该系统在最初的“3+1”图像显示模式的基础上，增加显示一个社区矫正机构席位，从而调整为现行的“3+1+1”显示模式，使整个图像布局更加完整、合理、方便庭审。同时，全省首次成功地将远程庭审视频系统与庭审互联网直播系统相结合，实现了远程庭审的互联网直播功能。

经过多次改进和完善，目前整个系统信号流畅、运行良好，自 2014 年 7 月 24 日启用该系统开庭审理第一起假释案件以来，共审理了减刑、假释案件 201 件。2014 年 11 月，江苏省高级人民法院发布《关于建设减刑、假释远程开庭系统的通知》，将在镇江市试点远程开庭系统的成果作为模板，向全省法院进行推广。

远程开庭系统结合网络开庭公告以及网络直播，可以发挥出几何级的放大效应，将减刑、假释案件的审理程序置于公众监督的阳光之下。

第四节　审理程序规范化路径之配套制度的完善

减刑、假释案件审理程序的完善除了宏观制度、微观制度以外，配套制度也不可或缺，其保障并促进审理程序的公正运行。减刑撤销制度能够改变减刑的不可逆性，加强对罪犯减刑后的管理；减刑、假释撤回制度及申诉制度有助于保护罪犯的权利不被侵害；开辟未成年犯减刑、假释的绿色通道，体现了保护未成年人以及宽严相济的刑事政策；财产性判项履行情况关联程序的设计能够从财产性判项履行情况了解罪犯的悔罪状态；社区矫正机构职能的完善有助于充分发挥假释程序的作用，进而将我国减刑为主、假释为辅的刑罚执行变更现状向假释为主、减刑为辅推动，帮助罪犯早日回归社会。值得一提的是，目前世界各国大量适用假释是一个普遍趋势，为改变我国长期以来减刑适用占绝对优势、假释制度的价值功能未能得到有效发挥的局面，《2016 年规定》开始倡导扩大假释的适用，对部分罪行较轻、符合规定条件的罪犯可以依法从宽适用假释，对既符合减刑条件又符合假释条件的罪犯可以优先适用假释。但是规定均使用的是“可以”而非“应当”，所以实践中仍然有待于执行机关和法院的探索。

一、减刑撤销制度的设计

目前我国的法律规定中设置了假释考验期以及假释撤销制度，当假释犯在考验期内发生违法行为时，对假释予以撤销，再次对假释犯进行收监，从而约束假释犯在考验期内的行为。但是由于我国对假释条件较为严格，且假释制度所依赖的社区矫正机构尚不健全，因此我国对罪犯的假释比例极低，执行机关和法院更倾向于通过减刑制度对罪犯进行激励，并缩短罪犯的实际服刑期间。但是我国法律制度中并未设计减刑考验期及减刑撤销制度，而是一种单向的不可逆的减刑，这种减刑制度在实际运行中对罪犯改造、监狱管理等造成一定的影响，设置减刑撤销制度迫在眉睫。

（一）建立减刑撤销制度的必要性

第一，对于监狱而言，设置减刑撤销制度有利于监狱的管理。在调研过程中，执行机关诟病最多的是当前的减刑制度，表示由于减刑的不可撤销，导致减刑幅度已经用完、处于无刑可减情况下的罪犯较难管理。减刑是罪犯积极改造的动力之一，当监狱管理对其最有吸引力的减刑已经无法发挥作用时，一些罪犯遂表现出原来的面目，肆无忌惮地违反监规。但由于目前的减刑制度是一次性单向减刑，不具有制约措施，减刑后的罪犯没有后顾之忧，导致这类罪犯的管理难度和管理成本增加。而设置减刑撤销制度，为减刑罪犯设定一个考验期，在考验期内减刑仍然处于悬而未决的状态，从而保持监狱对罪犯的威慑力。

第二，对于罪犯而言，设置减刑撤销制度有利于考察罪犯的认罪悔罪态度以及人身危险性。减刑撤销制度相当于延长了减刑的生效期，能够进一步加强考察和改造罪犯的思想状态等，遏制罪犯的投机心理。尤其是出狱以后的罪犯，如果在服刑期间因被减刑而缩短刑期，刑满释放后设定一定的考验期，也能够帮助罪犯约束自身的思想和行为。

第三，就减刑制度本身而言，建立减刑撤销制度也是其应有之义。因为减刑主要是依据罪犯的认罪悔罪态度，如果认罪悔罪态度不好，或者是为了获得减刑而伪装出认罪悔罪的样子，这也不符合减刑的实质要求，违背了减刑的初衷和前提，应当予以撤销。同时，从逻辑上来说，法律对具有较小人身危险性的假释犯尚规定了狱外考验期，对人身危险性较大的减刑犯，却没有规定减刑考验期，于理有悖。

第四，设立减刑撤销制度可以弥补我国假释制度适用不足的缺陷，使减刑制度在一定程度上发挥假释制度的效果，成为减刑、假释制度的衔接与过渡。如上文所述，目前我国对罪犯的激励制度是减刑为主、假释为辅。减刑制度的缺陷在于，对法院而言，减刑变更了原审法院的量刑结果，损害了法院的裁判稳定性和公信力；对社会而言，减刑犯从罪犯直接回归社会，中间缺乏过渡环节，从强制监管到放任不管，罪犯经常无所适从，并会遵循惯性进入原先的朋友圈（尤其是毒品犯罪、涉黑犯罪），导致二次犯罪。假释制度的优越性在于，对法院而言，假释是在保持原审法院量刑结果的基础上，对刑罚的执行方式进行变更，维护了法院裁判的权威；对社会而言，假释是一个渐进的过程，从隔离管理到半隔离直至完全解除隔离，使罪犯逐步适应社会，也可使政府在此过程中不断监控罪犯回归社会，包括再犯罪的可能性，对社会和罪犯本身均有益处。所以最终的发展方向是假释为主、减刑为辅。但是限于我国目前对减刑、假释条件的法律规定，假释广泛适用的余地不大。因为减刑要求罪犯认罪悔罪即可，而假释要求罪犯没有再犯罪的危险，认罪悔罪是对罪犯现状的一种评价，而没有再犯罪的危险是对未来未知事件的一种预测，虽然评价和预测均依据目前现有的资料，但是预测的难度更大，尤其是再犯罪的可能性难以给出准确的预测，加上责任倒查制度的潜在威胁，导致无论执行机关、检察机关还是法院均不敢轻易使用假释制度。另外，假释制度对社区矫正机构的依赖性较大，而我国目前这方面力量相对薄弱，社区矫正机构也不愿意接受假释犯。鉴于以上情况，通过减刑撤销制度的设计，使减刑制度逐步向假释过渡，以弥补假释制度适用不足产生的问题。

（二）我国司法实践中对减刑撤销制度的探索

虽然法律上没有规定减刑撤销制度，但为了切实解决罪犯通过伪装或者不正当手段获得减刑的问题，各地执行机关、检察机关和法院也在不断地摸索。其撤销减刑的途径大体上有两种：一是在审判监督程序中通过撤销减刑裁定的方式撤销减刑，二是尝试设置减刑考验期撤销减刑。

1. 通过审判监督程序中撤销减刑裁定的方式撤销减刑

这种方式主要是针对在减刑裁定作出之前存在的违法行为，使减刑裁定所依据的事实有误或者法律适用不正确，通过启动再审程序撤销减刑裁定使罪犯所减刑期被撤销。该程序的启动有两种类型，一是法院系统自身审查发现，如最高人民法院在 2015 年 7 月 19 日公布的“罪犯赵威减刑撤销案——备案审查中发现之前减刑裁定确有错误，依法撤销减刑”；① 二是通过检察机关监督发现，如贵州省高级人民法院 2014 年曾经在贵州省检察机关发现违法减刑、假释后，指令一批案件重审。② 通过重审方式撤销减刑，是在目前的法律框架范围内的一种举措，但主要是在发现据以减刑的事实存在错误时启动，虽然能够达到撤销减刑的目的，但是对于减刑裁定作出以后罪犯的违法行为缺乏制约。

2. 通过设置考验期的方式撤销减刑

虽然法律没有规定，但是已有法院开始试行减刑考验期制度。河南省高级人民法院、河南省人民检察院和河南省司法厅联合发布的《关于严格规范减刑、假释案件办理标准的实施办法（试行）》自 2015 年 3 月 1 日起试行，该实施办法规定：罪犯在执行期间利用个人影响力和社会关系等不正当手段，企图获得减刑、假释机会，或者拒不交代真实身份，或者对减刑、假释材料弄虚作假，都是不符合减刑条件的情形，不能认定为确有悔改表现。法院在审理案件时一经发现，应当裁定不予减刑或者假释，在裁定减刑、假释后发现的，应当撤销减刑或假释。此外，在前次考察期内获

① 中国法院网 http://www.chinacourt.org/article/detail/2015/07/id/1676333.shtml，最后访问时间：2015 年 9 月 8 日。

② 中国新闻网 http://chinanews.com/gn/2014/12-04/6846267.shtml，最后访问时间：2015 年 9 月 8 日。

得的表扬奖励应当清零。贵州省高级人民法院也探索制定了减刑考验期制度，对已获得减刑的罪犯，规定一个考验期，在此期间，罪犯如果不服管教，违反监规纪律等，经执行机关呈报，由法院撤销其已获得的减刑。[①]同时，也有法院以罪犯减刑后受到相关处分为由撤销减刑，如辽宁省沈阳市中级人民法院2014年7月以罪犯在减刑后严重违纪并被执行机关给予记过处分的情况下，撤销减刑。[②]

（三）减刑撤销制度的具体构想

虽然各地在积极探索减刑撤销制度，但是对减刑考验期如何设置，撤销减刑的条件，减刑考验期的适用范围等缺乏统一的标准，本课题旨在提出减刑撤销制度的具体建议以供实践参考。

1. 撤销减刑适用的类型

虽然从宏观上来说，减刑是基于罪犯有认罪悔罪表现，但是从实践中的具体操作来说，又可以细分为三种情况：①基于认真遵守监规，接受教育改造，确有悔改表现而作出的减刑；②基于立功而作出的减刑；③基于重大立功而作出的减刑。这三种情况中，第一种情况可以撤销减刑没有争议，因为如果罪犯获得减刑后消极对抗、违反监规，不服管教甚至犯罪，就说明罪犯并没有真正悔改，不符合减刑条件，所以减刑可以被撤销。对于第三种情况，基于重大立功而被减刑，由于被减刑主要是考虑到罪犯的立功行为对国家和社会所作出的贡献，而没有过多考虑罪犯的主观态度，

① 中国新闻网 http://chinanews.com/gn/2014/12-04/6846267.shtml，最后访问时间：2015年9月8日。

② 北国网 http://liaoning.lnd.com.cn/htm/2014-07/30/content_4075639.htm，最后访问时间：2015年9月8日。

或者说，在有重大立功的情况下，法律推定罪犯认罪悔罪态度良好，至少对重大立功时候的主观态度是认可的，所以，即使罪犯被减刑后出现违反监规、不服管教等情形，对之前的减刑也不能予以撤销。但是第二种情况存在一定的争议，基于立功而作出的减刑，介于第一、三两种之间，虽然有立功情节，但与重大立功又有所区别，单一的立功似乎尚不足以进行减刑，但是与单纯依据认真遵守监规、接受教育改造，确有悔改表现相比对社会具有更大的客观贡献，鉴于此，对这种类型的减刑仍然可以撤销，但是考虑到客观立功情形的存在，可采取变更减刑的方式，即适当降低减刑幅度对罪犯的消极行为进行惩罚。

2. 撤销减刑适用的时间范围

根据时间节点的不同，减刑撤销分为服刑期间与刑满释放后的减刑撤销两种类型。由于减刑撤销制度旨在延长对罪犯的约束时间，对罪犯发挥长远的制约作用，同时也为了给罪犯释放后设定一个过渡期。因此，撤销减刑制度既适用于刑罚执行期间，也适用于刑罚执行完毕之后，两者在考验期上有所区别。尤其是在我国目前假释制度适用比例较低的情况下，刑罚执行完毕后的减刑撤销制度在一定程度上可以发挥假释制度帮助罪犯回归社会的效果。

3. 撤销减刑的权力归属

刑罚执行过程中的减刑撤销，可由提请减刑的执行机关或相对应的检察机关提出，由作出减刑裁定的法院组成合议庭进行审理；刑罚执行完毕以后的减刑撤销，可参照撤销假释制度进行。

4. 撤销减刑的情形

一是发现减刑所依据的事实虚假，如立功或重大立功是虚假的，或在执行机关取得的奖励是虚假的等，可以由检察机关或法院径行启动审判监督程序撤销减刑裁定，予以变更或全部撤销。这种情形包括基于重大立功而作出的减刑，且不受减刑考验期的限制。

二是减刑裁定作出后，在减刑考验期内犯罪或者违反监管，不服管教，根据情形，可以由执行机关提请法院撤销减刑或予以变更。基于重大立功而作出的减刑除外。

三是执行机关、检察机关、法院在减刑案件的审理程序中徇私舞弊，对不符合减刑条件予以减刑的，应当撤销减刑。具体包括以下情形：①对不符合条件的罪犯，虚构事实，伪造材料，违法报请减刑的；②对不符合减刑条件的罪犯，故意违法出具检察意见；③对不符合减刑条件的罪犯，故意违法裁定减刑的；④为使不符合减刑条件的罪犯得以被减刑、故意为其伪造并提供证明材料的。

5. 撤销减刑的考验期

减刑考验期的设定及产生的法律效果与假释制度类似。当撤销减刑的事由发生在减刑考验期间内时，可以撤销减刑，若撤销事由发生在考验期外，则不能撤销减刑。同时，由于我国实行的是服刑期间内根据服刑情况多次减刑的制度，因此对减刑撤销也应当实行一减一撤的制度，即针对每次减刑设定一个考验期，该次考验期满，则此次减刑生效，考验期满后发生的撤销事由只能对罪犯下次减刑产生影响。

考验期根据减刑情况分别设定：①当罪犯从无期徒刑减为有期徒刑时，由于所减刑期变化比较大，因此应当设定较长的考验期，以两年为限；②罪犯有期徒刑的减刑考验期，应当以每次裁定所减刑期为限，即减少多长时间，考验多长时间，例外情况为，如果减刑后的剩余刑期少于所减刑期，则此次减刑的考验期为剩余刑期；③罪犯出狱后，在狱外的考验期不能一概而论，因为考验期是针对减刑而言，而每个罪犯减刑情况并不相同，因此考验期应根据罪犯服刑期间所减刑期确定，自出狱之日起以服刑期间实际减刑时间的一半作为减刑考验期较为适宜。

需要说明的是，在服刑期间没有被减刑的罪犯，刑满释放之后不应当受到减刑考验期的约束。服刑期间被减刑的罪犯刑满释放后的减刑考验期是针对服刑期间所减刑期之和，但是由于每次减刑均设置了考验期，如果考验期内出现违法违规行为的，也都通过撤销减刑进行了否定性的评价。因此出狱后的减刑考验期实际上是对罪犯在脱离监管情况下的二次考察，所以只有在发生重大事由时才能撤销服刑期间所减刑期。

6. 撤销减刑的事由和幅度

减刑撤销事由分为一般事由、重大事由和故意犯罪三级，与是否减刑及减刑幅度相挂钩。①减刑后发生一般事由的，可以不撤销减刑。所谓一般事由，指的是违反监管纪律、法律法规，情节较轻、认错态度好的；②发生重大事由情形的，可以撤销减刑中的部分或全部。重大事由包括违反法律法规情节较严重的，以及过失犯罪。对此，视情节轻重决定撤销全部或部分减刑；③罪犯又犯新的故意犯罪或发现故意犯罪漏罪的，撤销考验期所附属的该次减刑，依照刑法规定进行数罪并罚。[①]

二、减刑、假释撤回制度的设计

《2012 年规定》第 27 条规定：在人民法院作出减刑、假释裁定前，执

① 参见夏克勤："减刑撤销制度的重要价值及建构路径"，载《法制日报》2015 年 1 月 28 日，第 12 版。

行机关书面提请撤回减刑、假释建议的，是否准许，由人民法院决定。

（一）撤回制度的程序设计

根据上述规定，在法院作出减刑、假释裁定前，执行机关是可以提请撤回减刑、假释建议的，这种撤回与其他诉讼类案件中的撤回显然有所区别，因为其他案件的撤回从结果来看是对利害关系人有利的，但是对减刑、假释的撤回恰恰会对罪犯产生不利的后果，丧失一次被减刑、假释的机会，其影响与不准予减刑、假释或准予较少的减刑时间是一样的，因此，法院在决定是否准予撤回减刑、假释时应当慎重对待。考虑到撤回案件在减刑、假释案件数量中比例较低，而对罪犯的利益又影响甚巨，程序上应当力求完善。

第一，执行机关向法院提请撤回减刑、假释建议的，在提请材料中应当详细说明提请撤回的具体原因，并附随提供相关证据。

第二，检察机关收到材料后应当核实提请材料中提及相关事实的真实性，包括询问罪犯及相关当事人，必要时，检察机关可以自行收集证据。

第三，检察机关应当对提请材料中提及的相关事实是否达到撤回减刑、假释标准向法庭发表意见。

第四，法院对提请撤回的案件应当公开开庭审理，给予执行机关和检察机关展示证据、陈述事实、发表辩论意见的机会，罪犯不同意撤回的，可以申请作为第三人参与审理，并享有相关的诉讼权利。

第五，在开庭审理的基础上，合议庭决定是否准予撤回。

第六，法院决定准予撤回后，应当给予罪犯申诉的机会，罪犯有权向作出裁定的上一级人民法院或检察机关提出申诉；法院决定不准予撤回的，应当继续审理减刑、假释案件，执行机关不服的，有权向作出裁定的上一级人民法院或检察机关提出申诉。

（二）准予撤回的实体条件

准予撤回的条件应当是新发生或新发现的事实足以影响减刑、假释的，或者说，只要该新发生或新发现的事实存在，罪犯就不能被减刑、假释，则可准予撤回，如果罪犯只是一般的违规行为，尚不足以影响减刑、假释，则可以不予撤回，但是在减刑、假释案件的审理过程中，可将新发生的事实作为一个情节予以考虑，适当减少减刑幅度等，通过这个方式给予惩罚。

具体制度设计上，撤回减刑、假释的条件可以参照撤销减刑、假释的条件。因为撤回的效果与撤销基本相当，因此，在适用条件上也应当彼此衔接。①执行机关在提请申请后发现据以申请减刑、假释的事实是虚假的，并经过法院审理予以确认的，则应当准予撤回申请。②执行机关在提请申请后罪犯发生了轻微违法违纪行为，且罪犯认错态度较好，尚不足以否定之前的优良表现的，应当不准予撤回，但该事实可作为酌定情节在减刑、假释中予以考虑，尤其在减刑案件的审理中，可以据此降低减刑幅度。如实践中曾经发生罪犯因打开水与他人发生争执，导致执行机关申请撤回减刑的，法院经审理后未准予撤回。③执行机关在提请申请后罪犯实施重大违法违纪行为的，应当视情况而定，对于提请假释的，可以准予撤回，对于提请减刑的，可以准予撤回，但如果可以通过降低减刑幅度给予惩罚的，也可以不准予撤回继续审理。④执行机关在提请申请后罪犯实施故意犯罪的，则法院应当准予撤回减刑或假释申请。

应当说明的是，与撤销减刑制度一样，在撤回减刑申请中也涉及对因重大立功而提请减刑的限制，如上文所述，由于因重大立功而被减刑主要是考虑罪犯的行为对社会和公众的客观贡献，而不是罪犯的主观认罪悔罪态度，所以经审理发现罪犯重大立功的事实虚假的，可以准予撤回减刑，否则，即使罪犯实施违法违纪行为，也不应当准予撤回。

三、罪犯申诉制度的设计

在减刑、假释日益演变为罪犯的一项权利，而不仅仅是国家对罪犯的奖励时，给予罪犯必要的救济途径就成为必须，因为没有救济的权利就不是权利。虽然在我国的制度中，罪犯并不是减刑、假释案件审理程序的当事人，不享有提请减刑、假释的权利，但是减刑、假释对罪犯的权益影响甚巨，所以罪犯是利害关系人。当罪犯认为其相关权益受到侵害时，有权向有关部门进行申诉。根据减刑、假释案件的审理流程，罪犯有权对提请环节、撤回环节、审理环节、撤销环节等提起申诉。

具体而言：第一，罪犯认为执行机关应予提请减刑、假释而不提请，或者提请不充分的，可以向执行机关的管理部门提出复议，并可同时向检察机关提出执行机关应提请减刑、假释的建议，请求检察机关进行检察监督。罪犯对执行机关管理部门的复议结果仍然不满的，可以再向上一级管理部门申请复核。检察机关认为应当提请减刑、假释的，可以建议执行机关重新评议。第二，罪犯对人民法院的减刑、假释裁定结果不服的，包括对准予撤回减刑、假释的裁定，准予减刑、假释裁定和撤销减刑、假释裁定不服的，可以向作出减刑、假释裁定人民法院的上一级人民法院以及检察机关提出申诉。

关于罪犯对法院减刑、假释裁定不服，是享有上诉权还是申诉权的问题，理论界有争议，有学者认为，减刑、假释程序应当实行二审终审，赋予罪犯对裁定的上诉权。这一设想实践操作难度较大。因为目前我国减刑、假释案件的裁判权通常由中级人民法院行使，一旦赋予上诉权，则大量的减刑、假释二审案件将会涌向省级人民法院，申诉复查案件将会进入最高人民法院，极大地增加各级人民法院的负担。鉴于此，本课题组主张赋予罪犯申诉权以保障其基本权利。

四、未成年犯减刑、假释的绿色通道

对未成年犯，本着“教育、感化、挽救”的方针，在减刑、假释上应当予以从宽。尤其是考虑到执行机关内部关押的都是服刑人员，未成年犯容易受到不良思想的影响和干扰，且未成年犯刑满释放后人生还有很长的路要走，所以长时间把未成年人关押在执行机关中不利于其改造和发展。但是，目前我国对未成年犯没有制定特别的减刑、假释程序，未成年犯并未享受比成年犯更优惠的待遇。

其问题主要体现在：未成年犯以短刑犯为主，但是由于现在对减刑、假释案件采取集中申报、集中审理的方式，一年报四期，每个季度一次，未成年短刑犯不能充分享有减刑的惠顾；未成年犯假释适用比例较低，对其出狱后行为缺乏制约；未成年犯也与成年犯一样受到减刑比例的限制，减刑不得超过总刑期的 50%；未成年犯的适用范围受到限缩解释，只适用于减刑、假释时是未成人的情况；财产性判项履行情况方面，未成年犯自身劳动能力较弱，财产履行能力与监护人密切相关，以财产性判项履行情况作为减刑的考察因素，对未成年犯欠缺公平。

出于对未成年犯的保护，应当为未成年犯的减刑、假释建立绿色通道，体现出关爱未成年人的导向。结合目前司法实践中存在的问题，可以从以下几方面进行改善：

1. 放宽对未成年犯的界定

关于未成年犯的界定有两种观点，一种指犯罪时未成年，另一种指犯罪时未成年且服刑期间未成年，本课题组认为采取第一种解释较为合理，只要其犯罪时未成年，即使服刑期间成年，仍然应当适用未成年犯的相关规定。理由如下：第一，服刑期间已经成年的罪犯，其服刑的理由仍然是其未成年时的犯罪事实，由于这些人犯罪时尚未成年，其认识能力与控制能力相对较弱，主观恶性比犯同样罪行的成年犯小。因此有必要将其与犯罪时已成年的罪犯相区分。第二，从司法实践来看，未成年人在服刑过程中，绝大部分会变为成年人，如果不采取从宽政策，势必人为地限制减刑、假释的适用面。①

2. 对未成年犯采取独立的申报程序

考虑到未成年犯服刑时间通常较短，应专门开辟申报减刑、假释的程序，做到随时符合条件随时申报的方式，给予未成年犯最大程度的政策优惠。

3. 未成年犯的减刑、假释条件予以放宽

在减刑方面，为鼓励未成年犯在服刑期间加强学习，为出狱后的生活、工作奠定基础，应当增加未成年犯在学习方面的奖励措施。同时，考虑到未成年犯劳动能力较弱，适当降低其劳动积分比例，形成正确的导

① 参见梁慧："论我国减刑制度的立法缺陷与完善"，湖南大学2008年硕士论文。

向，避免未成年犯为了拿积分只顾劳动而不愿学习。另外，由于未成年犯尚未具备完全的劳动能力，个人财产较少，所以在减刑时不必考察财产性判项履行情况。在减刑幅度方面，对未成年犯应当突破二分之一的限制，率先实行假释为主、减刑为辅的举措，通过社区矫正机构的帮扶作用以及家庭的感化作用来真正帮助未成年犯远离犯罪，采用非监禁办法替代监禁教改的办法。

五、财产性判项履行情况的关联程序

《2012 年规定》和《2016 年规定》中均规定减刑、假释要考虑财产性判项的履行情况，这一规定固然考虑到司法实践中财产类犯罪较多，通过将财产性判项履行情况纳入减刑、假释的考量范围内，可以借此督促罪犯履行财产性判项，提高财产性判项的履行比例，提高司法权威。但是由于社会公众对该项制度的误解和配套制度的缺失，使该项制度在司法实践中遇到了诸多障碍。

（一）财产性判项联动制度所遭遇的困境

第一，罪犯和社会对财产性判项联动制度认识较为片面。由于财产性判项联动制度客观上呈现出来的表象就是，交钱就可以减刑，多交多减，少交少减的情况。而社会公众对财产性判项联动制度之外的因素了解较少，加之司法系统在对内和对外宣传时没有充分说明财产性判项联动制度的具体含义和意义，导致罪犯和社会公众对该项制度诟病颇多，称之为“以钱换刑”。这一认知严重影响了财产性判项联动制度的实施效果。尤其是《2012 年规定》中将财产性判项履行情况作为判断认罪悔罪的标准，进一步加剧了社会的这一认知。因为是否具有履行能力则是一种带有主观性的考察，难以判断，在实践操作中为了简化处理就会演变为罪犯实际履行了财产性判项，就推定该罪犯主观认罪态度好，而没有实际履行财产性判项，推定该罪犯有履行能力而不履行，从而违背了最高人民法院司法解释的初衷，并造成了罪犯之间的不平等。尤其是侵财性罪犯和贪利性罪犯之间的差异，实施侵财犯罪的罪犯通常家庭情况较差，受教育程度较低，一旦入狱，家庭帮助其履行财产性判项的能力也较低，导致实际履行财产性判项比例偏低，而贪利性罪犯在入狱前具有一定的社会地位，家庭积聚了一定的财富，相比而言，履行财产性判项的能力更强，所以客观上导致后者的减刑、假释程度高于前者，打击了罪犯的改造积极性。

当然，此次《2016年规定》考虑到这一因素，将财产性判项的履行情况作为考察罪犯是否可以减刑的综合性条件，不再作为罪犯“确有悔改表现”的条件，恢复了财产性判项履行情况的客观性特征，而非罪犯主观态度的评价标准。在一定程度上可以改变公众“以钱换刑”的印象。

第二，对罪犯已经履行财产性判项的情况难以准确把握。督促罪犯在服刑期间积极履行财产性判项的前提是了解罪犯已经履行了多少财产性义务，但是由于各部门沟通衔接机制不畅，导致这一点在很多情况下亦不能明确。①从刑事判决书本身难以确定罪犯应当履行多少。有的生效判决文书上对于已经追缴多少赃款，还有多少赃款不明确；还有判决书中表述赃物、赃款模糊，没有将赃物的价值（赃物的市价）表述出来，在退赃的情况下，无法退回原赃物，但是价款也不知道应当如何折算，造成执行困难。在共同犯罪中，每个罪犯应当履行的财产数额也存在争议，是否需要对判决书中确定的金额进行区分份额。②罪犯财产性判项履行情况的考察涉及部门颇多，收集信息困难。罪犯退赃、退赔是生效判决法院应当掌握的情况，罚金刑、没收财产由执行局负责执行，而罪犯在服刑期间的财产状况则属于监狱管理的内容。由于财产性判项履行率较低，许多判决在罪犯服刑期间仍未得到全部履行，加之各财产履行考察部门之间沟通联系机制不畅，罪犯财产义务履行情况不能顺利传递给减刑审理法院，对法院审理罪犯减刑造成一定的困难。另外，共同犯罪中，由于共同犯罪的罪犯很可能不是关押在同一个监狱，所以其他罪犯的财产性判项履行情况也无法得知。

第三，衡量罪犯是否具有履行能力难度较高。①举证责任主体不明，由谁负责举证证明罪犯的财产性判项履行能力存在争议。执行机关作为罪犯减刑的呈报机关，也是罪犯刑罚执行的最终责任主体，主要负责引导罪犯服从管教，积极改造从而获得减刑。对于配合法院督促服刑人员履行财产义务、提供罪犯确有履行能力而拒不履行的证据材料，不仅增加执行机关的工作量和工作难度，而且超出其职责范围，执行机关配合意愿不高。但是如果全部由罪犯自行提供，由于罪犯行动自由受到限制，客观上也不现实，而且也会导致罪犯承担的责任过重。②证明标准不统一。如何判断罪犯是否具备履行能力，执行机关一般通过罪犯在服刑期间的大量消费清单来判断，如果消费水平高的，认为财产性判项履行能力较强，消费水平低的则认为履行能力较差，也有结合罪犯住所地民政部门出具的家庭贫困或者属于低保户的证明来判断其履行能力的，但是当服刑期间的消费与当地证明发生矛盾时，审查时就存在难度。还有按照法院对罪犯的其他案件在执行程序中经审查不存在可供执行的财产，从而裁定执行终结的，认为没有财产性判项履行能力。此次《2016 年规定》中对罪犯财产性判项履行能力的认定标准仍然没有进行规定。

第四，履行能力和履行情况存在差别时如何处理缺乏统一标准。针对罪犯的财产性判项，若判断罪犯有全部的履行能力，但是其只履行部分，如剩余罚金 80 万元，经考察罪犯有能力一次性完全缴纳，但是其实际只交纳了 30 万元，对于这种情况是认为罪犯有履行能力不履行还是累进计算，如果扣减应当扣减多少，目前尚不明确。

（二）财产性判项联动制度的完善

财产性判项联动制度的完善，关键在于对罪犯财产性判项履行能力的准确把握，各环节、各部门的有效衔接，以及制度层面对共性问题的统一规范。鉴于罪犯从刑事案件立案侦查开始就进入国家公权力机关的掌控，一直到所有刑罚履行完毕，为了避免浪费司法资源，应当进行通盘考虑。需要指出的是，《2016 年规定》对财产性判项联动制度进行了原则性的规定，包括判决法院和执行机关之间，罪犯及其亲属和执行机关，执行机关和减刑、假释法院，减刑、假释法院和判决法院之间，有关反映罪犯财产性判项履行情况材料的移交。但是上述规定主要是针对罪犯财产性判项的客观履行情况，而实践中备受关注的罪犯财产性判项的履行能力，并未作出规定。鉴于此，本课题组对罪犯财产性判项履行能力的识别和判断提出以下建议。

1. 判决前：全面掌控被告人财产状况，合理确定财产义务内容

（1）侦查机关注重调查被告人财产状况

长期以来，我国财产性判项执行难的症结之一在于侦查机关漠视犯罪嫌疑人的财产履行能力，而侦查阶段是全面掌握犯罪嫌疑人财产状况的最

佳时机。《刑事诉讼法》没有设立财产保全制度，国外许多国家都建立了财产保全制度，如意大利、德国、英国等。[①] 侦查机关对依法可能判处财产性判项的案件，在立案侦查后，向有管辖权的法院申请颁发财产保全令状，及时调查、控制犯罪嫌疑人的财产。[②] 侦查机关将掌握的犯罪嫌疑人财产状况和线索以及需要说明的情况，形成书面材料，审查起诉时随案卷材料一起移送给检察机关。在法院判决后，及时将查封的财产或掌握的财产线索提供给执行部门，提高财产性判项执行率。

（2）检察机关加强对被告人财产调查的监督

检察机关在审查侦查机关移送的案卷材料时，要加强对犯罪嫌疑人财产状况调查的监督，如果认为侦查机关遗漏调查或调查存在差错，可以退回侦查机关要求补充侦查。当检察机关认为符合提请公诉的条件具备，且犯罪嫌疑人的财产状况已经全面掌握，可以向法院提起公诉。必要时，检察机关可以在公诉时提出对被告人判处财产性判项的具体量刑建议，还可以对法院作出的财产性判项提出抗诉。

（3）合理确定被告人财产义务的履行内容

法院在侦查机关提出财产保全申请时，认真审查认为确有必要的可以

---

① 如《意大利刑事诉讼法》第 316 条第 1 款规定，如果确有理由认为即将支付财产类判决联动制度、诉讼费或其他应向国库缴纳的款项缺乏保障，公诉人可以在诉讼的任何阶段要求对被告人的动产、不动产等归属于他的钱财实行保全性扣押；《德国刑事诉讼法典》第 132 条第 1 款规定，对在本法效力区域内无固定居所或者无住所的，有重大的犯罪嫌疑被指控人，可以责令其对可能的罚金、程序费用提供适当的担保。同时，规定法庭有调查犯罪者支付能力的义务。如英国在 1991 年法案之前，要求法庭对犯罪者的支付能力进行调查，罚金的数目必须反映罪行的严重性。

② 参见李昙静："三极或四极：财产类判决联动制度执行的主体结构研究"，载《司法体制改革与刑事法律适用研究》（全国法院第二十一届学术讨论会论文集（上）），人民法院出版社 2009 年版，第 623 页。

签发财产保全令，让侦查机关及时控制犯罪嫌疑人的财产，若发现没有必要查控犯罪嫌疑人财产或者只需查封少量财产，则根据具体情况作出相应裁定。庭审中如果认为被告人的财产状况没有得到全面审查，可以在法庭补充调查被告人财产状况，或者请侦查机关、检察机关予以配合调查。当前由于法官对被告人的财产情况没有调查义务，侦查、检察机关也没有移送相关材料，法院判决的罚金数额常常超出被告人的支付能力。因此，在全面查清案情和被告人财产状况的前提下，法院在判处被告人财产性判项和附带民事赔偿时，应当考虑被告人的财产支付能力，合理确定被告人财产义务的数额。另外，刑事裁判涉及财产部分的内容要具体、明确，涉案财物或者被害人人数较多，不宜在判决主文详细列明的，可以概括叙明并另附清单。①

2. 服刑中：确立罪犯财产义务履行情况对减刑的影响

（1）各部门配合考察罪犯财产义务履行能力

虽然加强对审判前的犯罪嫌疑人的财产查控，可以提升财产义务履行率，但仍会有罪犯存在“以刑代罚”的思想，企图逃避判决确定的财产义务。执行机关应当在罪犯服刑过程中密切追踪其财产履行能力，及时督促罪犯全面履行生效判决。服刑期间主要由监狱负责考察罪犯的财产履行能力，法院在罪犯减刑时予以审查认定。由于监狱对罪犯的财产情况无法直接了解，考察罪犯财产履行能力工作需要多个部门联动、配合才能保证考察结果的客观性，主要包括：一是原审法院在判决生效后投监改造前将

①《最高人民法院关于刑事裁判涉财产部分执行的若干规定》（法释〔2014〕13号）第6条规定的明确刑事裁判涉财产部分的裁判内容包括：判处没收部分财产的，应当明确没收的具体财物或金额；判处追缴或者责令退赔的，应当明确追缴或者退赔的金额或财物的名称、数量等相关情况。

详细的《结案登记表》移交监狱，登记表中应当包含罪犯涉案金额及赃款追缴情况、罪犯对赃款赃物去向的说明、侦查机关对罪犯个人财产的掌握情况、附带民事诉讼原告人提供的罪犯财产线索、执行部门搜集的相关单位对罪犯家庭经济情况的证明和执行不能的情况说明等；二是监狱应当对未履行完毕财产性判项的罪犯单独建档管理，定期考察罪犯的经济状况，结合其在监狱的消费等情况提出考察意见，供法院在裁定减刑时参考；三是罪犯在服刑期间缴纳的履行款的收取凭证，可以由原审法院负责收取，异地服刑的也可以交由管辖减刑的法院收取；四是监狱在罪犯减刑时将上述相关财产义务履行情况及罪犯财产履行能力证明移交法院，法院综合考虑后对罪犯是否予以减刑以及减刑的幅度作出合理、公正的裁定。

（2）建立罪犯财产性判项最低履行能力推定制度

实践中，考察罪犯财产履行能力还会遇到很多问题，基于我国社会诚信体系尚未建立、居民财产状况未能定向透明的国情，当前罪犯履行能力的考察还只限于形式审查，达不到实质审查。为此，可以建立罪犯财产性判项最低履行能力推定制度，它是指推定所有在监服刑罪犯都有一个统一的较小数额的财产性判项履行能力，当罪犯不能提供证据证明其确无履行此数额财产能力的情况下，法院可径行裁判该罪犯对财产性判项不认罪服法，对罪犯不予减刑。建立推定制度主要为实现整体公正，而非追求个案正义，在财产状况难以查明的情况下，一味要求罪犯全部履行财产性判项也缺乏正当性。但是建立推定制度的难点在于确定一个合理的最低履行数额，罪犯在监狱劳动改造有一定的收入和支出，数额设置要适当考虑罪犯的各种情况，建议参考在监狱服刑罪犯年均消费数额设定罪犯每年的最低履行数额。

（3）结合财产义务履行情况统一减刑幅度

根据相关规定，不同刑期的减刑幅度会规定上限而没有下限，[①] 在其他减刑条件都符合的前提下，根据罪犯财产义务履行的情况可以在减刑幅度上体现差异性。具体可以分为以下几种情形：①若罪犯已经全部履行财产义务，则每次减刑均可获得相应条件的最大减刑幅度。②若罪犯部分履行财产义务（判决前履行的部分除外，因为在法院量刑时已经予以考虑），如果履行剩余财产义务的60%（含本数）以上，则当次减刑扣减1个月（以减刑最大幅度为基数，下同）；如果履行剩余财产义务的30%（含本数）至60%，则当次减刑扣减2个月；如果履行剩余财产义务的30%以下，则当次减刑扣减3个月。③罪犯能够证明其确实经济困难无法履行，只能够完成最低履行数额的，根据最低数额占剩余财产义务的比例，按照上述②方法扣减减刑幅度；罪犯不能履行最低履行数额，一般情况不予减刑，特殊情况除外（法律规定的重大立功等）。④有证据证明罪犯确有履行能力而不履行财产义务，除法律明确规定的情况外（重大立功等），不予减刑，情节恶劣的，可构成拒不执行生效判决、裁定罪。

3. 刑满后：对未履行完毕财产义务的人继续追缴

通过判刑前、服刑中两个阶段对罪犯财产能力的重视和督促，应当能够在很大程度上实现判决的完全履行。但不排除少数罪犯基于功利性减

---

①《最高人民法院关于办理减刑、假释案件具体应用法律若干问题的规定》第5条规定，有期徒刑罪犯在刑罚执行期间，符合减刑条件的，减刑幅度为：确有悔改表现，或者有立功表现的，一次减刑一般不超过一年有期徒刑；确有悔改表现并有立功表现，或者有重大立功表现的，一次减刑一般不超过二年有期徒刑。

刑的目的，巧妙计算履行财产义务与减刑的关系，争取早日减刑出狱后对剩余的财产义务不再履行。为了防止罪犯主观认为刑满后剩余财产义务能够轻易逃避执行，必须严厉打击这种侥幸心理和逃避财产惩罚的行为。一方面，法院执行部门要明确职责，加强和监狱的沟通与衔接。监狱要将未履行完毕财产义务的罪犯的相关信息移交法院，还要在出狱前对罪犯进行思想教育，劝导他们在有能力时积极履行剩余的财产义务。法院要建立对未履行完毕财产义务人的信息管理，掌握他们的家庭信息、居住地、工作单位等重要情况，便于及时了解他们的财产状况，随时追缴剩余的财产义务，必要时，可以委托异地法院代为执行。相关利害关系人（附带民事诉讼原告等）可以申请法院执行，并向法院提供有效的财产线索，协助法院顺利执行。另一方面，尽快建立减刑撤销制度。由于我国尚未建立撤销减刑制度，实践中存在一些减刑后消极改造的罪犯，尤其是最后一次减刑后罪犯等待出狱前这个阶段，许多罪犯就会表现异常。因此，需要建立减刑撤销制度，设立减刑考验期，如果在考验期内违反了相关规定（可参照撤销假释的规定），对罪犯上一次减刑予以撤销，并且适当延长下一次减刑的间隔时间。建立减刑撤销制度后，可以有效制止罪犯的侥幸心理，如果罪犯在最后一次减刑后，有财产履行能力还故意逃避，可以视为罪犯没有真心悔罪，依法撤销其上一次减刑，唯此才能督促罪犯在有能力履行财产义务的情况下，及时完全地履行判决确定的全部财产义务，避免投机取巧。

六、社区矫正机构职能的完善

2003 年最高人民法院、最高人民检察院、公安部、司法部就联合下发

《关于开展社区矫正试点工作的通知》，开始在部分省市开展社区矫正工作试点，随着2011年《刑法修正案（八）》及2012年最高人民法院、最高人民检察院《社区矫正实施办法》的出台，标志着我国社区矫正制度的正式确立，结束了社区矫正双主体的模式，实现了社区矫正执法主体与工作主体的统一。进一步完善了社区矫正的管理体制、执法机关、执法权限、执法责任等问题。然而，社区矫正的相关法律规定虽然日趋完善，但是实际操作中，由于人员、资金等配套措施的欠缺，各地社区矫正机构发挥的作用参差不齐。由于减刑、假释制度对社区矫正机构存在较强的依赖性，该机构职能的缺位会在较大程度上影响减刑、假释制度的成效。

（一）社区矫正机构的主要职能

由于我国尚未施行减刑考验期制度，因而减刑提前刑满释放的罪犯在出狱后并不受考验期的限制，所以社区矫正机构在假释制度中扮演较为重要的角色。其职能主要体现在：

1. 假释案件审理阶段

案件审理阶段应由罪犯所在地的社区矫正机构向法院提供假释案件审前调查评估报告供法院参考。但是实践中，由于各地经济水平发展的差异，以及社区矫正机构的不健全，有相当地区的社区矫正机构对法院寄交的假释罪犯矫正环境评估报告不予理睬，或者应付性地填写，无法起到相应的作用，导致法院因为欠缺对罪犯矫正环境的了解而不能裁定同意假释，限制了假释制度的运用。而且有的社区矫正机构不能正确了解审前调查评估报告的目的，只是单纯因为自身缺乏监管、矫正能力而不同意罪犯假释。

相比而言，经济较为发达，经费保障充裕的地区在审前环境阶段工作较为扎实、充分。以江苏省为例，对于拟假释的罪犯，社区矫正机构能够出具比较完善、详细的社区矫正环境评估意见，包括家庭组成结构，家庭成员有无收入来源，是否有能力约束假释犯，罪犯与社区成员的关系，社区对罪犯的接受程度，社区矫正机构的矫正能力等，既涉及对罪犯的矫正环境即社区情况的调查，又重视对罪犯自身信息的收集和调查，能够全方位地帮助法院作出是否同意假释的决定。并且发达地区的社区矫正机构也愿意出庭，当庭宣读社区矫正环境评估意见，并在法庭裁定予以假释后直接接管假释犯，实现了执行机关与社区矫正机构的无缝对接，避免执行机关另行派人派车将假释犯移交。

2. 假释裁定作出以后

裁定作出后，由社区矫正机构正式开展矫正工作，包括建立社区矫正人员的执行档案，社区矫正人员出入特定场所、外出、变更居住地的审批，给予警告，提出治安管理处罚建议，提出撤销缓刑、假释、收监执行建议，对脱离监管的社区矫正人员组织追查，发放解除矫正证明等。同时也开展集中教育、心理矫治、协调有关部门为社区矫正人员提供帮扶等工作。

社区矫正工作的开展目前较为成功的模式有北京模式和上海模式两种。北京模式中，街道（乡、镇）司法所司法助理员，是社区矫正的专职主导力量，派出所、司法所、民政科、劳动和社会保障所人员，是社区矫正的专职辅助力量；社区矫正工作志愿者，是社区矫正的基本力量，主要包括：社区居民、村民委员会成员、所在单位相关人员、专家、学者、知名人员、离退休干部、高校高年级学生、被矫正人员的亲属等。上海模式则探索执法主体与工作主体分离的制度，成立了民办非营利性质的社区“上海新航社区工作总站”，上海司法局与其签订了政府购买合同，由“新航”组织社工对假释犯、缓刑犯等进行矫正。①

3. 假释撤销程序中

社区矫正工作全面展开前，撤销假释案件数量较少，一般是在假释犯被公安机关抓获后被提请撤销假释。随着《社区矫正实施办法》的出台及社区矫正工作的开展，对假释犯的监管趋于严格，司法行政机关提请撤销假释的案件数量上升。且撤销假释的原因也由原来的盗窃、殴打他人等拓宽到脱管、吸毒等。正因如此，目前社区矫正工作开展较好的地方撤销假释率反而较高。

（二）社区矫正机构功能的完善

通过以上对社区矫正机构运行现状的分析，可以发现，社区矫正机构职能的发挥在很大程度上取决于人员配置、资金保障、社会参与程度等，因此其制度完善主要也应当从这几方面入手。

1. 建立专业化队伍

应建立一支以司法行政机关执法人员为核心，社会工作者为辅助，社会志愿者为补充的“三位一体”的社区矫正工作队伍，提供职业化、专业化、规范化的组织保障。考虑到社区矫正工作主要是以基层司法所为主体，每个司法所均应配备与当地情况相适应的政法专项编制，用足政法专项编制，确保每个司法所都有专人负责社区矫正工作，并确定联络人负责

---

① 参见张传华：“中国假释制度：问题与研究”，华东政法大学 2007 年硕士论文。

与法院、执行机关的对接。同时，为了保障社区矫正工作的专业性，应当配置一定数量的专业人员，为假释犯等提供心理疏导、就业推荐、社会关系修复、临时安置等帮扶工作，帮助假释犯尽快回归社会，真正起到社区矫正的作用，减少再犯罪的风险。

2. 推动社会力量的广泛参与

社区矫正工作是一项社会性工作，其工作的成效不仅关乎罪犯个人的发展，也关乎社会的稳定和长治久安。因此，也要鼓励社会力量作为志愿者积极参与这项工作。广泛吸收老党员、离退休干部、教师、大学生和企业家等热心公益事业的志愿者做好社区矫正工作。加强与工会、共青团、妇联、关心下一代委员会等社群组织的联络，共同搭建平台。

3. 创新技术监管措施

加快推动新型技防设施的应用，逐步在全国范围内推进执行记录仪、电话录音汇报、生物识别考勤、电子腕带定位等执法装备的配套步伐，进一步提高执法工作水平。在条件成熟的地方适时启动“社区矫正监管安全指挥中心”建设，做到人防和技防的有效结合，切实缓解社区矫正机构人员不足的现实难题。在指挥中心设专人负责检查、记录，对辖区内的社区服刑人员进行实时监控、警示提醒。健全协调公检法部门的信息共享机制，实现特殊人群数据库的互联互通，加强社会层面信息收集，畅通部门之间、系统内部的信息传递，及时排查分析监管安全隐患，部署应对措施，做好追逃、收押、突发事件处置的协调工作，努力将不安全因素消灭在萌芽状态，最大限度地降低或减少社区服刑人员重新违法犯罪。

第五节 《刑法修正案（九）》及最新司法解释对减刑、假释的影响

虽然本课题组主张，考虑到减刑、假释案件的特殊性，应当制定减刑、假释案件审理程序专门法，但是鉴于目前的实际情况，减刑、假释的规定仍散见于实体法、程序法等法律法规中，所以对现行规定应当给予充分重视。2015 年 11 月 1 日开始实施的《刑法修正案（九）》中有四个条款涉及减刑、假释，而 2016 年 10 月 9 日判决的白恩培受贿、巨额财产来源不明案，因适用《刑法修正案（九）》第 44 条的规定成为中国终身监禁第一案，引发实务界和学界的广泛争论。加之最高人民法院出台的《2016 年规定》对限制和禁止减刑、假释的情形又进行了进一步的细化和明确，因此有必要结合该规定对《刑法修正案（九）》中减刑、假释的内容进行分析、归纳和梳理，以便更准确地理解适用。

《刑法修正案（九）》共有四个条文涉及减刑、假释或者即将对减刑、假释案件的审理产生直接影响。分别是第 1 条至第 3 条以及第 44 条。从内容上看，上述四个条文中既有针对所有案件的总则性规定，也有仅针对某一特定犯罪罪犯减刑、假释的规定；既涉及减刑、假释的实体条件，也包括证明标准等程序性问题。鉴于第 3 条罚金刑的减免在前文已经有所涉及，在此不再赘述，主要针对第 1 条、第 2 条，以及第 44 条进行探讨。

一、违反职业禁止规定可能启动撤销假释程序

《刑法修正案（九）》第1条新增了职业禁止的规定，即“因利用职业便利实施犯罪，或者实施违背职业要求的特定义务的犯罪被判处刑罚的，人民法院可以根据犯罪情况和预防再犯罪的需要，禁止其自刑罚执行完毕之日或者假释之日起从事相关职业，期限为三年至五年”；同时该条第1款还规定了违反职业禁止规定的不同法律后果，即“被禁止从事相关职业的人违反人民法院依照前款规定作出的决定的，由公安机关依法给予处罚；情节严重的，依照本法第三百一十三条的规定定罪处罚”。上述规定意味着在假释期间，违反职业禁止的规定，将可能启动撤销假释程序。

根据《刑法修正案（九）》的规定，违反职业禁止规定的法律后果有两种，一是公安机关给予处罚，二是构成拒不执行判决、裁定罪。根据现行法律和司法解释的规定，上述两种违反职业禁止规定的法律后果，在假释期间均有可能引起撤销假释程序的启动，不同后果将可能对应不同的撤销程序。一方面，假释人员在假释期间发现漏罪或又犯新罪的，应由审理该漏罪或新罪的法院在作出判决的同时，对原假释裁定一并予以撤销。因此在假释期间，违反职业禁止规定，构成犯罪的人员，应适用此种程序撤销假释。另一方面，《社区矫正实施办法》第25条第1款第（三）项规定，“因违反监督管理规定受到治安管理处罚，仍不改正的”，司法行政机关可以向作出假释裁判的人民法院提出撤销假释建议书。因此罪犯在假释期间违反职业禁止规定，受到公安机关处罚之后，又再次违反上述规定的，一般情况下应由司法行政机关提请作出假释裁定的法院予以撤销。但如若司法解释，将此情形规定为“情节严重”的构成要件，则会形成撤销程序适

用上的竞合。但因涉及新的犯罪需要处理，因此仍应适用发现新罪的程序对其假释予以撤销。因此，司法解释对违反职业禁止规定，情节严重的认定，将影响此类罪犯撤销假释程序的适用。

二、死缓罪犯减刑实体条件发生新变化

《刑法修正案（九）》第2条将死缓罪犯死刑执行条件由原来的“故意犯罪，查证属实”改为“故意犯罪，情节恶劣”，进一步提高了对死缓罪犯执行死刑的门槛，给死刑缓期执行期间故意犯罪情节较轻的罪犯留下一条生路，限制了死刑的适用，体现了慎用死刑的司法导向，但同时也给法院如何办理此类罪犯的减刑、假释案件带来了新的问题。

根据《刑法修正案（九）》第2条的规定，判处死刑缓期执行的，在死刑缓期执行期间，故意犯罪未执行死刑的，死刑缓期执行的期间重新计算，并报最高人民法院备案。从本质上看，重新计算执行期间的死缓罪犯因在考验期内存在故意犯罪行为，在人身危险性和悔改表现上，较之此前《刑法》所规定的死缓罪犯都具有很大的差别。因此在其重新计算的考验期再次届满后，如何适用现有法律和司法解释的规定对其进行减刑值得讨论。

（一）死缓罪犯减刑应当首先适用《刑法》的规定

《刑法》对死刑缓期执行期届满后减刑的起始时间以及减刑幅度作出了羁束性规定，即死刑缓期执行期间没有故意犯罪的，两年期满后减为无期徒刑；确有重大立功表现的，减为二十五年有期徒刑。《刑法修正案（九）》在规定“死刑缓期执行期间可以重新计算”的同时，并未专门针对此类罪

犯在重新计算的执行期届满后如何减刑作出特别规定，故对此类罪犯仍应适用《刑法》的规定，根据罪犯的不同情形，将其减为无期徒刑或二十五年有期徒刑。

（二）死缓减为无期后再次减刑应当从严把握

《刑法修正案（九）》刚出台时，法院内部便对缓刑考验期内故意犯罪的罪犯，减为无期徒刑后再次减刑的司法尺度进行过探讨。由于当时《2016年规定》尚未出台，所以当时的讨论主要是建立在《2012年规定》的基础上。《2012年规定》根据《刑法修正案（八）》，对死缓罪犯减为无期徒刑后再次减刑的起始期间、间隔期间、减刑幅度、减刑后实际执行的最低刑期以及死缓罪犯的假释等问题等作出进一步的规定。同时该司法解释第9条第3款规定，“死刑缓期执行罪犯在缓期执行期间抗拒改造，尚未构成犯罪的，此后减刑时可以适当从严”。根据“举轻以明重”的原则，在尚不构成犯罪的“抗拒改造”行为在减刑时都需要适当从严的情况下，修正案所新增的在死缓考验期间曾有过故意犯罪行为的罪犯，在死缓减为无期徒刑后再次减刑时则更有从严把握的理由。因此，当初得出的结论是，透过《2012年规定》的相关内容可以预见，在今后减刑、假释有关司法解释制定或修改中，“罪犯在死刑缓期执行期间故意犯罪，重新计算死刑缓期执行期间的”，也将纳入死缓减为无期徒刑后，再次减刑时予以从严的范围，甚至可能较“抗拒改造”行为作出更为严格的规定。

《2016年规定》印证了上述观点。根据该规定的第21条，罪犯在死刑缓期执行期间又故意犯罪，未被执行死刑的，死刑缓期执行的期间重新计算，减为无期徒刑后，五年内不予减刑。该条在两年的缓期执行期间之外，又设置了五年的禁止减刑期间，且是无条件的禁止。客观上延长了罪犯的服刑期间。另外，需要注意的是，即使是对在缓刑考验期间内，不服从监管、抗拒改造，尚不构成犯罪的，《2016年规定》也比之前的规定更为严格，规定这类罪犯在减为无期徒刑后再减刑时“应当”适当从严，而不是“可以”从严。

（三）“情节恶劣”的认定标准将可能影响再次减刑幅度

《刑法修正案（九）》将“情节恶劣”作为区分死缓考验期间故意犯罪是否需要执行死刑的界限。审判实践中究竟如何认定“情节恶劣”，《刑法》未予规定，还有待司法解释的进一步明确。“情节恶劣”认定标准的设置，不仅关系到死缓罪犯的生与死，同样也可能关系到对其被减为无期徒刑后再次减刑时的幅度设置。

而“重新计算执行期间”的死缓罪犯，是否应当设置与区分从严减刑的具体幅度，则在很大程度上取决于司法解释对“情节恶劣”如何认定。举例来说，若“情节恶劣”的认定标准较低，如故意犯罪被判处三年以上有期徒刑的即可被认定为“情节恶劣”，那么只有在死缓考验期间所犯罪行较轻的罪犯，才能够获得“重新计算死缓考验期”的机会，从其所犯罪行的轻重上难以区分上述罪犯的主观恶性和人身危险性，因此对上述罪犯具体设置或者区分从严幅度则意义不大；反之，若“情节恶劣”的认定标准较高，如将“故意犯罪被判处十年以上有期徒刑”作为认定“情节恶劣”的标准，则被“重新计算死缓考验期间”的罪犯在主观恶性和人身危险性上都将具有较大差异，且无论死缓考验期间其所犯罪行的轻重，按照数罪并罚的原则，最终都会被原先较重的死缓所吸收，这将使考验期间所犯罪行差异较大的罪犯之间，在刑罚执行的起点上几乎不具有任何差异。在此情形之下，则有必要根据考验期间罪犯所犯罪行的轻重，对其再次减刑时的从严幅度进行区分规定，从而达到“罪、责、刑相一致”的效果，并使“宽严相济”的刑事政策在死缓罪犯减刑的过程中得到充分的贯彻。

但是目前《2016 年规定》中并没有对“情节恶劣”作出认定，也没有根据情节恶劣的程度对缓刑考验期满后禁止减刑的期间和后续的减刑幅度作出区分，有待法律的进一步明确。

（四）死缓罪犯减刑审理程序不会因此发生较大变化

《刑法修正案（九）》对死刑缓期执行的新规定，必然导致死缓罪犯减刑、假释的相关司法解释作出调整，以填补空白、消弭冲突。相应地，减刑、假释案件的审理也必然增加新的审查内容。在“重新计算过死缓考验期”成为死缓罪犯从严减刑情节的情况下，罪犯死缓考验期间是否故意犯罪，罪行的轻重等都将成为其再次减刑时案件审理的重要内容以及作出裁判的重要依据。当然，由于上述事实的证明材料将是由司法机关制作的生效法律文书，具有较高的法律效力，在审查和认定程序上不会对现有程序造成太大的影响。

三、部分重特大贪污受贿罪犯将面临终身监禁

出于慎用死刑和宽严相济刑事政策的考虑，《刑法修正案（九）》增加了重特大贪污受贿罪犯终身监禁制度。对于贪污受贿数额特别巨大，并使国家和人民利益遭受特别重大损失，被判处死刑缓期执行的罪犯，人民法院根据犯罪情节等情况可以同时决定在其死刑缓期执行二年期满依法减为

无期徒刑后，终身监禁，不得减刑、假释。重特大贪污受贿罪犯终身监禁制度的设立，有利于防止此类罪犯在死缓考验期结束并被减为无期徒刑之后，通过减刑、假释制度导致实际执行刑期过短的情况。

（一）被决定终身监禁的罪犯将不得减刑、假释

“禁止假释制度”在我国由来已久，早在 1997 年《刑法》中就明确规定，“对累犯以及因杀人、爆炸、抢劫、强奸、绑架等暴力性犯罪被判处十年以上有期徒刑、无期徒刑的犯罪分子不得假释”。《刑法修正案（八）》将禁止假释制度扩展至“八加一”类犯罪，即“对累犯以及因故意杀人、强奸、抢劫、绑架、放火、爆炸、投放危险物质或者有组织的暴力性犯罪被判处十年以上有期徒刑、无期徒刑的罪犯，不得假释”。同时《刑法修正案（八）》还首次规定了对上述“八加一”类犯罪被判处死缓罪犯的限制减刑制度。最高人民法院有关专家通俗地将其归纳为“犯重罪一加八，判死缓难回家”。但是《刑法修正案（九）》实施以前，我国刑法中从未出现过禁止减刑或终身监禁的制度。即使是上述“八加一”类罪犯在同时被限制减刑与禁止假释的情况下，仍有获得减刑并最终刑满释放的可能。《刑法修正案（九）》在《刑法修正案（八）》的基础上更进一步，首次建立了对重特大贪污受贿罪犯的终身监禁制度，规定对上述罪犯既不得减刑也不得假释。这不仅是《刑法》首次出现终身监禁与禁止减刑的规定，同时也将我国实行的终身监禁制度，与西方部分国家（如欧洲、澳大利亚等国家）所实施的有假释的终身监禁制度区别开来，也为今后贪污受贿人员的减刑、假释增加了一个法定限制条件，即不能是被法院判处终身监禁的人员。但由于我国《宪法》还规定了特赦制度，且并未对特赦的具体内容作

出限制性规定，因此理论上，被决定“终身监禁”的人员在减刑、假释之外，仍有免除刑罚重获自由的可能。

（二）终身监禁的前提是死缓考验期满后被减为无期徒刑

根据《刑法》的规定，死缓考验期满后刑罚的变更有两种可能，一是在死刑缓期执行期间，没有故意犯罪的，减为无期徒刑；二是有重大立功表现的，减为二十五年有期徒刑。当然，死缓罪犯在死刑缓期执行期间内故意犯罪，情节恶劣的，则会被执行死刑，这是死缓罪犯的第三种结局。因此从《刑法修正案（九）》第44条第4款的具体内容来看，并非所有被判处死缓的重特大贪污受贿罪犯，在死缓考验期满后一律都有适用终身监禁的可能。若要适用“终身监禁”，首先需要满足的一个法定条件就是死缓考验期满后被依法减为无期徒刑，若罪犯在考验期中因有重大立功表现而直接被减为有期徒刑，或被执行死刑，即失去了适用“终身监禁”的余地。

同时该条规定还暗含了将罪犯死缓考验期间表现纳入是否适用“终身监禁”考量范畴的意味。因为，罪犯在死缓考验期满后是减为无期徒刑还是减为二十五年有期徒刑，所依据的主要是其死缓考验期间的表现，而非其原判罪行情节的轻重。修正案使用了“犯罪情节等情况”这样的表述，也说明了是否适用“终身监禁”并不局限于罪犯的原判罪行。有学者认为，犯罪手段、犯罪对象、犯罪后果、犯罪时间、犯罪地点，以及罪犯死缓考验期间的表现、是否认真遵守监规、接受教育改造、是否有悔改表现、是否有一般立功表现等情节，都应纳入能否适用“终身监禁”的考察范围。[①]

① 参见时延安、王烁、刘传稿著：《〈中华人民共和国刑法修正案（九）〉解释与适用》，人民法院出版社2015年版，第355页。

四、终身监禁第一案引发的争论与思考

2016年10月9日，河南省安阳市中级人民法院公开宣判全国人大环境与资源保护委员会原副主任委员白恩培受贿、巨额财产来源不明案，对被告人白恩培以受贿罪判处死刑，缓期二年执行，剥夺政治权利终身，并处没收个人全部财产，在其死刑缓期执行二年期满依法减为无期徒刑后，终身监禁，不得减刑、假释；以巨额财产来源不明罪判决有期徒刑十年。对白恩培受贿所得财物和来源不明财产予以追缴，上缴国库。[①] 该案被称为我国终身监禁第一案。

白恩培案引发的争议主要在于两点：第一，判决时尚无法判断被告人在死刑缓期执行期满后是否会被减为无期徒刑，由判决法院直接决定终身监禁是否合适？第二，被告人的犯罪行为发生在《刑法修正案（九）》出台之前，而之前的刑法并没有终身监禁的规定，适用该规定是否违反“从旧兼从轻”的原则？下文将对上述两个问题分别进行分析。

（一）终身监禁的决定应当由判决法院作出

一方面，从法律与司法解释的字面理解来看，应由对其罪行作出判决的法院在判决的同时作出“终身监禁”的决定。

首先，《刑法修正案（九）》第44条第4款规定，“犯第一款罪，有第三项规定情形被判处死刑缓期执行的，人民法院根据犯罪情节等情况可以同时决定在其死刑缓期执行二年期满依法减为无期徒刑后，终身监禁”，

①参见罗书臻：“白恩培一审被判死缓”，载《人民法院报》2016年10月10日，第1版。

从文义与语法上理解，这里的“同时决定”应是与死缓判决同时作出。

其次，《最高人民法院关于〈中华人民共和国刑法修正案（九）〉时间效力问题的解释》第 8 条规定，“对于 2015 年 10 月 31 日以前实施贪污、受贿行为，罪行极其严重，根据修正前刑法判处死刑缓期执行不能体现罪刑相适应原则，而根据修正后刑法判处死刑缓期执行同时决定在其死刑缓期执行二年期满依法减为无期徒刑后，终身监禁，不得减刑、假释可以罚当其罪的，适用修正后刑法第三百八十三条第四款的规定……”从该条司法解释的表述中，也可以看出“终身监禁”决定是在判处死刑缓期执行的同时作出的。

另一方面，判决法院作出的“终身监禁”决定符合法律规定。就法律规定本身而言，被判处死刑缓期执行的罪犯，有三种结局：一是在死刑缓期执行期间故意犯罪，情节恶劣，被执行死刑；二是死刑缓期执行期间有重大立功表现的，减为二十五年有期徒刑；三是减为无期徒刑。虽然对于罪犯最终的结局，判决法院无法预见，但是只有第三种结局是能够适用终身监禁的规定。所以法院在判决终身监禁时只需加上适用前提即可，也就是判决在罪犯死刑缓期执行二年期满依法减为无期徒刑后，终身监禁，不得减刑、假释，而这一判决结果并不影响罪犯可能会因故意犯罪执行死刑或因重大立功减为二十五年有期徒刑，只是后两种情形都没有适用终身监禁的余地了。事实上，白恩培案的判决正是如此表述的。而该判决并没有排除罪犯被执行死刑或减为二十五年有期徒刑的可能。

有可能是考虑到实践中存在的这种争论，《2016 年规定》第 15 条进一步规定，对判处终身监禁的罪犯，在死刑缓期执行期满依法减为无期徒刑的裁定中，应当明确终身监禁，不得再减刑或者假释。由此可见，终身监禁应当首先在判决中表述，其次在减刑裁定中应当再次明确，也就是进行双重明确。

（二）白恩培案判处终身监禁不违反“从旧兼从轻”原则

白恩培的犯罪行为发生在《刑法修正案（九）》出台之前，是否能够适用《刑法修正案（九）》的关键在于，对白恩培的犯罪行为，新法和旧法定罪处刑哪个更轻的问题。

关于终身监禁新规的时间效力即其能否溯及既往的问题，学界有三种主张：一是认为终身监禁新规不应具有溯及既往的效力，其主要理由是认为终身监禁的规定实质上提高了对贪污受贿犯罪刑罚处罚的严厉程度，即新法较重；二是认为终身监禁新规应当具有溯及既往的效力，其主要理由是《刑法修正案（九）》提高了贪污受贿犯罪判决死刑的门槛，并将犯罪后被提起公诉前如实供述罪行，真诚认罪、悔罪，积极退赃以及避免、减少损害结果发生等原来的酌定从宽情节改定为法定从宽情节，其有关贪污受贿犯罪量刑的规定（包括终身监禁新规）从总体上看更有利于被告人，即新法较轻；三是主张区分情况分别对待，认为应当结合终身监禁新规慎用死刑立即执行的立法本意，贪污受贿定罪量刑标准的立法修改与司法规则调整，贪污受贿案件酌定、法定从宽情节等方面，来综合衡量终身监禁新规与原有刑法规范规定的刑罚轻重，主张对依照修正前刑法应当判处死刑立即执行而依照修正后刑法可判死缓暨终身监禁的即可使用新规（此时新法较轻），而对依照修正前刑法本就应当判决死缓的则不应适用终身监禁的新规（此时旧法较轻）。[①]

本课题组赞同第三种观点，理由如下：

第一种观点的缺陷在于，将终身监禁单独割裂开来作为一种处刑方式，忽略了终身监禁本身并不是独立的，而是与判处死刑缓期执行紧密结合在一起，是被判决死刑缓期执行的重特大贪污受贿罪犯在执行过程中可能面临的处刑方式，如果没有被判处死刑缓期执行，就没有适用终身监禁的可能。因此，不能仅从终身监禁本身来判定量刑轻重，而应当结合罪行是否会被判处死刑缓期执行来判断新法、旧法孰轻孰重。

第二种观点的缺陷在于，将从旧兼从轻原则适用于贪污受贿这一类犯罪行为，而不是某一个具体的犯罪行为。对于从旧兼从轻原则，我国《刑法》有明确规定。《刑法》第 12 条第 1 款规定：中华人民共和国成立以后本法施行以前的行为，如果当时的法律不认为是犯罪的，适用当时的法律，如果当时的法律认为是犯罪的，依照本法总则第四章第八节的规定应当追诉的，按照当时的法律追究刑事责任，但是本法不认为是犯罪或者处刑较轻的，适用本法。由此可见，从旧兼从轻原则在适用时，是针对一个具体的犯罪行为，从而在个案中判断适用新法、旧法的定罪量刑的轻重。所以，虽然《刑法修正案（九）》对贪污受贿这一类犯罪行为，整体量刑更轻，但是并不意味着针对每一个具体的贪污受贿犯罪行为，《刑法修正案（九）》的定罪量刑都会更轻，仍然要具体问题具体分析。

第三种观点所确定的区分规则，符合我国法律所规定的个案判断从旧兼从轻的原则。具体到白恩培案，河南省安阳市中级人民法院公开宣判

---

① 参见赵秉志："终身监禁第一案之观察"，载《人民法院报》2016 年 10 月 10 日，第 2 版。

中显示，白恩培受贿数额特别巨大，犯罪情节特别严重，社会影响特别恶劣，给国家和人民利益造成特别重大损失，论罪应当判处死刑。鉴于其到案后，如实供述自己罪行，主动交代办案机关尚未掌握的大部分受贿犯罪事实，认罪悔罪，赃款、赃物已全部追缴，具有法定、酌定从轻处罚情节，对其判处死刑，可不立即执行。① 因此，白恩培之所以被判处死刑缓期执行，主要是由于《刑法修正案（九）》中所规定的法定从宽情节，而根据《刑法修正案（九）》出台之前的刑法，白恩培的犯罪行为会判处死刑，而不是死刑缓期执行。可见，就白恩培的犯罪行为而言，新法更轻，应当适用新法，判处死刑缓期执行，虽然决定在死刑缓期执行二年期满依法减为无期徒刑后，终身监禁，不得减刑、假释，也仍然比判决死刑处刑更轻。所以该判决符合从旧兼从轻的原则，《刑法修正案（九）》对白恩培的犯罪行为有溯及力。

五、最新司法解释的出台及展望

2016 年 11 月，最高人民法院召开新闻发布会，发布《2016 年规定》，宣告历时两年的减刑、假释新司法解释的修订成果正式出台。该司法解释距离上一次《2012 年规定》的出台仅过去 4 年时间，出台该新司法解释的重要目的之一是落实和细化《刑法修正案（九）》有关规定，以及《中政委意见》精神，依法严格规范“从严控制减刑、假释罪犯”的减刑、假释工作。《2016 年规定》调整了减刑起始时间、间隔时间、减刑幅度的规定，对有期徒刑罪犯、无期徒刑罪犯、死刑缓期执行罪犯、死刑缓期执行限制

① 参见罗书臻：“白恩培一审被判死缓”，载《人民法院报》2016 年 10 月 10 日，第 1 版。

减刑罪犯，在减刑起始时间、间隔时间、减刑幅度上均作了相应调整。对职务犯罪罪犯、黑社会性质组织犯罪罪犯、金融犯罪罪犯以及严重危害国家安全犯罪、恐怖活动犯罪、严重暴力性犯罪等依法应当从严控制减刑、假释的罪犯，新增减刑起始时间、间隔时间、减刑幅度从严的规定。契合人民群众的呼声，有助于遏制司法腐败。

但是，《2016 年规定》主要还是针对减刑、假释的实体问题，正如最高人民法院在新闻发布会上所称，该规定是从实体上统一减刑、假释案件的办理理念、裁判尺度和执法标准。而对减刑、假释案件的审理程序涉及较少，也说明了我国对减刑、假释制度在立法层面上的局限性。期待立法部门、司法部门在减刑、假释实体规定进一步完善的基础上，能够更加重视审理程序的规范，以期实体正义和程序正义齐头并进，充分发挥减刑、假释制度激励罪犯积极改造，促进罪犯回归、融入社会的作用。

附录一

本调研课题调查问卷

1. 法官调查问卷

您好，为全面了解当前减刑、假释工作基本情况，进一步对规范减刑、假释工作提出合理建议，特设计此问卷。请您如实填写此问卷，我们将对您的所答问卷严格保密。在此，我们十分感谢您的参与！

（请在选项上打√或在横线上填写答案；除明确标明“可多选”外，其余均为单选题）

1. 您从事法官工作的年限是：

A. 5 年以下　　B. 5 年～ 10 年

C. 10 年～ 15 年　　D. 15 年以上

2. 您审理减刑、假释案件的年限是：

A. 3 年以下　　B. 3 年～ 5 年

C. 5 年～ 10 年　　D. 10 年以上

3. 您认为目前法院审理减刑、假释案件的程序是否需要改革？

A. 十分必要，迫在眉睫，请填写目前程序中存在的主要问题________

B. 有必要，但时机尚不成熟，请填写原因____________________

____

C. 没必要，现在的程序运转比较好

4. 您所在的法院是否设有专门的减刑、假释案件审判庭？

A. 没有，减刑、假释案件由审监庭审理

B. 有，且专门审理减刑、假释案件

C. 有，但同时还要审理其他案件

5. 您认为法院有无必要设立专门减刑、假释案件审判庭？

A. 没有必要，现在的模式可以应付

B. 有必要，减刑、假释案件的审理具有较强的专业性

6. 您所在的法院一年审理多少件减刑、假释案件？

A. 3000 件以下　　B. 3000 ～ 5000 件

C. 5000 ～ 10000 件　　D. 10000 件以上

7. 您所在的法院有多少名法官负责审理减刑、假释案件？

A. 3 人　　B. 3 ～ 5 人

C. 5 ～ 8 人　　D. 8 人以上

（以上数字包括庭长、副庭长）

8. 您认为目前法院审理减刑、假释案件的工作量如何？

A. 法官和书记员的工作量都非常大

B. 法官的工作量可承受，书记员工作量很大

C. 书记员的工作量可承受，法官工作量很大

D. 法官和书记员的工作量都在可承受范围内

9. 您认为是否有必要制定专门的减刑、假释法？

A. 没有必要，目前的规定已经比较完善

B. 没有必要，可通过对刑法、刑事诉讼法修改进一步完善

C. 有必要，减刑、假释程序与普通的刑事诉讼程序差别较大

D. 有必要，目前的规定令出多门，容易发生冲突

10. 您所在的法院审理减刑、假释案件的模式是什么？

A. 每两个月集中审理一次　　B. 每季度集中审理一次

C. 每半年集中审理一次　　　　D. 监狱随时报送，法院及时审理

11. 您所在的法院近两年来有无变更监狱申报的减刑（幅度）、假释的情况？

A. 完全没有，基本依赖于监狱提交的材料

B. 有，但极少，占减刑、假释总案件量的 1% 以下

C. 有，占减刑、假释总案件量的 1% 以上

12. 您认为减刑、假释的本质是什么？

A. 是国家对罪犯的一种奖励

B. 是罪犯应该享有的权利

C. 介于奖励和权利之间

13. 您所在法院目前的减刑、假释案件的审理程序由谁占主导地位？

A. 监狱　　B. 检察院　　C. 法院

14. 您认为减刑、假释案件的审理程序应该由谁占主导地位？

A. 罪犯　　B. 监狱　　C. 检察院　　D. 法院

15. 您认为目前法院审理减刑、假释案件的程序是否合理？

A. 不合理，类似行政审批制，法院审理中缺乏实质审查

B. 基本合理

C. 很合理，通过监狱、检察机关、法院的审核，能够准确判断罪犯是否符合减刑、假释的条件

16. 您认为目前法院审理减刑、假释的程序有哪些优点？（可多选）

A. 审理程序简单

B. 审判效率高

C. 法官不必承担过重的责任

D. 能够有效判断罪犯是否符合减刑、假释的条件

17. 您是否愿意将减刑、假释案件的审理程序变为实质审查？

A. 不愿意，会增加工作量

B. 不愿意，法官责任过重

C. 愿意，但需增加人手

D. 愿意，但需改变减刑、假释的判断标准及责任追究制度

18. 您认为判断罪犯是否符合减刑、假释的条件应当考察哪些因素？

A. 以罪犯所犯罪行、认罪悔罪态度为主要考察因素

B. 以罪犯在监狱中所获行政奖励为主要考察因素

C. 既要考虑罪犯所犯罪行、认罪悔罪的态度，还要考虑罪犯在监狱中所获行政奖励

D. 其他

19. 您认为减刑、假释案件是否有必要开庭审理？

A. 有必要，但工作量太大，客观上无法实现

B. 没有必要全部开庭审理，视情况而定

20. 是否有必要在减刑、假释案件审理程序中引入对抗机制？

A. 有必要　　　　　　　B. 没有必要

21. 被害人能否作为当事人参加减刑、假释程序？

A. 可以，被害人有提出异议的权利，并在法庭上阐述

B. 不可以

22. 您认为检察机关在减刑、假释案件审理程序中应当发挥什么作用？

A. 事先介入，提前监督

B. 事后监督，监督审理程序有无违法之处

23. 您认为是否有必要设置撤销减刑制度？

A. 有必要　　　　　　　　　B. 没必要

24. 您认为远程视频开庭的效果如何？

A. 效果很好，可提高庭审效率，避免在监区开庭带来的不便

B. 效果一般，庭审的威严感降低

C. 效果一般，在视频中出示证据看不清楚

25. 您对完善减刑、假释案件审理程序有何合理化建议？

____

____

____

2. 检察官调查问卷

您好，为全面了解当前减刑、假释工作基本情况，进一步对规范减刑、假释工作提出合理建议，特设计此问卷。请您如实填写此问卷，我们将对您的所答问卷严格保密。在此，我们十分感谢您的参与！

（请在选项上打√或在横线上填写答案；除明确标明“可多选”外，其余均为单选题）

1. 您认为监狱管理系统内部设定减刑、假释罪犯比例的做法，是否具有合理性?

A. 有合理性，可以有效限制减刑、假释罪犯的范围

B. 有合理性，但是比例设置本身的科学性有待进一步研究

C. 无合理性，只要符合条件均应予以减刑、假释，不应限制比例

2. 您认为监狱提请法院对罪犯减刑应采用何种方式?

A. 确定的刑期，便于法院司法操作

B. 刑期幅度，由法院掌握最终的裁决权

C. 两种方式均可，视情况而定

3. 您觉得当前减刑、假释案件的审理程序是否运行有效?

A. 法院审批制审理程序完全违背立法本意，应予纠正

B. 当前审理程序适应案件审理需要，符合国情，无须改进

C. 审批制存在一定问题，可作适当调整，但无须根本性变动

4. 您认为减刑、假释是否属于罪犯的权利，有无必要为罪犯设置救济

途径？

A. 减刑、假释属于罪犯的正当权利，应当设置救济途径

B. 减刑和假释是国家对于改造良好的罪犯的奖励，并非罪犯的权利，故而不应设置救济途径

C. 减刑和假释是国家对于改造良好的罪犯的奖励，获得奖励权成为罪犯的一种权利，应当设置救济途径

D. 其他意见＿＿＿＿＿＿＿＿＿＿＿＿＿＿＿＿

5. 您认为检察机关在减刑、假释案件办理程序中是否已经有效行使了监督职能？

A. 没有，因为＿＿＿＿＿＿＿＿＿＿＿＿＿＿＿＿

B. 是的，因为＿＿＿＿＿＿＿＿＿＿＿＿＿＿＿＿

C. 因人而异，因为＿＿＿＿＿＿＿＿＿＿＿＿＿＿

6. 你认为应该如何遏制减刑、假释案件办理程序中的腐败现象？

A. 修改法律，完善关于减刑、假释案件的有关规定

B. 强制性规定减刑、假释案件的比例、人数、时间间隔等因素

C. 引入民间监督力量，实行摇号监督员制度

7. 您认为罪犯权利在当前减刑、假释案件审理程序中是否得到充分保障？

A. 没有，控辩双方的对抗机制并未建立，罪犯的辩护权等未能得到保障

B. 有，罪犯的权利已经得到充分保障

C. 当前法院对于减刑、假释案件的审理实际上是审批制，罪犯能否获得减刑、假释，主要取决于监狱，审理程序中罪犯的权利保障意义不大

8. 您认为法院有无必要向所在监区发放无记名调查问卷以查明罪犯改造情况?

A. 有必要，可以用于确定罪犯是否符合减刑、假释条件

B. 有必要，但是司法操作难度较大

C. 没有必要，书面审理即可

9. 您在办理减刑、假释案件时，最担心出现的会是哪种情形?

A. 媒体渲染　　B. 外界指责

C. 领导干预　　D. 家属闹事

E. 罪犯情绪　　F. 其他________

10. 您对完善减刑、假释案件审理程序有何合理化建议？

____

____

感谢参与，请填写您的如下信息：

性别	年龄	职业	学历	办案年限	有无办理过减刑、假释案件

3. 社区矫正机构工作人员调查问卷

您好，为全面了解当前减刑、假释工作基本情况，进一步对规范减刑、假释工作提出合理建议，特设计此问卷。请您如实填写此问卷，我们将对您的所答问卷严格保密。在此，我们十分感谢您的参与！

（请在选项上打√或在横线上填写答案；除明确标明“可多选”外，其余均为单选题）

1. 您认为对拟假释罪犯进行社区矫正环境评估调查，最主要的是要提供以下哪一类信息？

A. 罪犯的个人信息及家庭情况

B. 社区其他居民对该罪犯假释的态度

C. 社区矫正机构接纳罪犯进行矫正的意愿和能力

D. 以上三点同样重要

2. 您认为《关于假释案件办理与社区矫正工作对接的规定》（苏司通〔2014〕123号）中，所附的《假释罪犯矫正环境评估报告》能否满足对假释罪犯进行调查评估的需要？

A. 能满足　　　　B. 基本满足　　　　C. 不能满足

3. 社区矫正环境评估调查工作在社区矫正机构日常工作中所占比重如何？

A. 在社区矫正工作中占很大比重

B. 在社区矫正工作中所占比重一般

C. 只是社区矫正工作的一小部分

4. 您认为司法行政机关是否有必要在社区矫正环境评估调查报告中，作出罪犯是否应适用假释的结论性意见？

A. 很有必要，必须为法院裁判提供明确的依据

B. 没有必要，调查报告只应表述客观事实而非主观判断，否则将对法院的独立裁判产生不利影响

C. 可以在调查的基础上发表倾向性意见，但仅有建议作用

5. 您认为通知拟假释罪犯居住地县（市、区）司法行政机关参加假释案件庭审的实际效果如何？

A. 效果很好

B. 效果一般，社区矫正机构出庭不能对裁判结果产生实际的影响

C. 部分案件有效果，部分案件没有效果

6. 您认为以下哪些假释案件应当开庭审理并通知罪犯居住地县（市、区）司法行政机关参加假释案件庭审？（可多选）

A. “三类犯罪”罪犯（即职务犯罪、涉黑犯罪与破坏金融管理秩序和金融诈骗犯罪的罪犯）的假释案件

B. 司法行政机关建议不宜适用假释的

C. 假释公示期间收到不同意见的

D. 人民检察院有异议的

E. 因罪犯有重大立功表现报请假释的

F. 报请假释的起始时间、间隔时间或者考验期限不符合司法解释一般规定的

G. 其他______________________________

7. 您认为通过远程视频技术开庭审理假释案件的效果如何？

A. 效果很好，可以提高工作效率

B. 效果一般，难以营造出法庭的庄严气氛

C. 效果不太好，使假释案件的庭审形式化更加严重

8. 您认为被害人是否有必要作为当事人参加假释案件的审理程序？

A. 有必要　　　　B. 没有必要

9. 您认为在目前的假释案件庭审程序中是否应当增加辩论环节？

A. 十分必要，通过辩论才能充分阐述观点以及得出社区矫正环境评估调查结论的事实及法律依据

B. 没有必要，因为假释案件的庭审程序并非一般的诉讼程序，社区矫正机构只需向法庭发表自己观点即可

C. 没有必要，社区矫正机构不适宜参与辩论

10. 您所在的社区矫正机构有多少工作人员专门负责拟假释罪犯的社区矫正环境评估调查工作？

A. 1 ～ 2 人　　　　B. 3 ～ 5 人　　　　C. 5 人以上

11. 目前司法行政机关从事拟假释罪犯的社区矫正环境评估调查工作的人员是否接受过专业培训？

A. 接受过专业培训

B. 没有接受过专业培训

C. 虽没有接受过专业培训，但有些其他培训涉及相关内容

D. 从未进行过相关培训

12. 您所在的社区矫正机构辖区内有多少名被矫正人员？其中假释人员＿＿＿＿＿名（请根据实际情况填写数字）。

A. 10 人以下　　　　B. 10 ～ 50 人

C. 50 ～ 100 人　　　　D. 100 人以上

13. 您所在的社区矫正机构每年需要对多少拟假释罪犯进行社区矫正环境评估调查工作?

A. 10 人以下　　　　B. 10 ～ 30 人

C. 30 ～ 50 人　　　　D. 50 人以上

14. 通知司法行政机关参加假释案件庭审对日常工作影响如何?

A. 工作负担加重，对日常工作造成严重影响

B. 工作负担有一定增加，但对正常工作没有造成太大影响

C. 需要出庭的案件很少，基本对日常工作没有影响

15. 您认为撤销假释案件适用何种程序审理效果最好?

A. 开庭审理

B. 书面审理

C. 提审

D. 以上三种方式需要根据实际情况进行选择

16. 你认为开庭审理撤销假释案件最主要的意义在于

A. 保障罪犯权利

B. 发挥震慑作用和进行警示教育

C. 充分查明案情

D. 其他______________________________

17. 你认为法院适用开庭程序审理撤销假释案件的实际效果如何?

A. 效果很好

B. 效果一般，还需进一步改进

C. 没什么效果，仅是一个形式

18. 您认为目前在假释与撤销假释工作中，公、检、法、司等相关部门协调机制如何？

A. 很好，能各司其职，相互配合

B. 基本可以，有时会出现协调障碍

C. 不太好，经常出现职责不明，相互推诿的情况

4. 监狱民警调查问卷

您好，为全面了解当前减刑、假释工作基本情况，进一步对规范减刑、假释工作提出合理建议，特设计此问卷。请您如实填写此问卷，我们将对您的所答问卷严格保密。在此，我们十分感谢您的参与！

（请在选项上打√或在横线上填写答案；除明确标明“可多选”外，其余均为单选题）

1. 您从事监狱民警工作的年限？

A. 5 年以下　　B. 5 年～ 10 年

C. 10 年～ 15 年　　D. 15 年以上

2. 目前您管理__________名罪犯（请根据实际情况填写数字）。您认为一个狱警管理多少名罪犯最为适宜？

A. 10 名以下　　B. 10 ～ 15 名

C. 15 ～ 20 名　　D. 20 名以上

3. 您认为对罪犯减刑、假释，法官有无必要和罪犯进行面对面座谈了解其心理改造情况？

A. 有必要

B. 视情况而定

C. 没必要，需要的话可以找狱警了解情况

4. 您对您监区罪犯的心理改造情况了解程度如何？

A. 十分了解　　B. 基本了解　　C. 难以了解

5. 您认为现在对罪犯减刑、假释的模式合理吗？

A. 挺合理的

B. 相对合理

C. 不合理，需改进

6. 您认为减刑、假释的本质是什么？

A. 是国家对罪犯的一种奖励

B. 是罪犯应该享有的权利

C. 介于奖励和权利之间

7. 现行对罪犯积分考核的规定，您认为可操作性怎样？

A. 可操作性强

B. 有些规定模糊，不好把握

C. 难操作

8. 现行对罪犯积分考核的规定，您认为公平吗？

A. 公平　　　　B. 相对公平　　　　C. 不公平

9. 现行的积分制考核与以前的百分制考核，您认为哪个更合适？

A. 积分制　　　　B. 百分制　　　　C. 二者结合

10. 您认为监狱内部是否应该设置罪犯减刑、假释的比例？

A. 应该设置

B. 比例可以灵活设置

C. 不应该设置

11. 您认为《江苏省监狱提请罪犯减刑、假释择优呈报办法》的规定合理吗？

A. 很合理　　　　B. 相对合理　　　　C. 不合理

12. 罪犯对择优确定的名单有异议的，对其提出的异议进行复核，有无复核后重新考核排序的情况？

A. 有，且很多　　B. 有，但很少　　C. 基本没有

13. 监狱有无定期对监区减刑、假释择优呈报工作进行检查考核？

A. 有，且很严格

B. 有，但只是形式检查

C. 基本没有

14. 您认为在目前情况下，法院在罪犯减刑、假释方面所起的作用大吗？

A. 决定性作用

B. 作用不大，只是法律规定程序之一

15. 法院变更您所在监狱申报的减刑（幅度）、假释的情况多吗？

A. 较多　　B. 较少　　C. 没有

16. 您认为驻监检察室的监督职能有无很好发挥？

A. 监督很到位　　B. 形式监督　　C. 滥用监督

17. 在向法院申报罪犯减刑幅度时，您认为需要怎样填写？

A. 具体幅度

B. 一个区间，供法院参考

C. 不写，由法院决定具体幅度

18. 罪犯在最后一次减刑后是否存在放松改造的情况？

A. 这种情况很多　　B. 个别罪犯存在　　C. 不存在这种情况

19. 您认为是否有必要设置撤销减刑制度？

A. 十分必要　　B. 没必要

20. 关于假释罪犯被撤销假释的情况多吗？

A. 很多　　　　B. 不多　　　　C. 没有

21. 目前监狱是否存在限制假释的现象？限制的原因？

A. 是，“不致危害社会”的条件难以确定

B. 是，假释后再犯罪害怕承担责任

C. 不存在

其他答案及原因：________________________________

22. 您认为将财产刑履行情况作为减刑、假释的“确有悔罪表现”的依据之一，合理吗？

A. 合理

B. 合理，但特殊情况要区别对待

C. 不合理

23. 监狱在罪犯改造期间有无对未执行完毕财产刑的单独建档管理，定期考察罪犯的经济状况，罪犯在监狱的消费等情况，以便在减刑、假释时提出详细准确的考察意见？若无，您认为这样的做法有无必要？

A. 有单独建档管理，很完善

B. 没有单独建档管理，有必要

C. 没有单独建档管理，没必要

24. 您对完善减刑、假释案件审理程序有何合理化建议？

____

____

5. 监狱服刑人员调查问卷

您好，为全面了解当前减刑、假释工作基本情况，进一步对规范减刑、假释工作提出合理建议，特设计此问卷。请您如实填写此问卷，我们将对您的所答问卷严格保密。在此，我们十分感谢您的参与！

（请在选项上打√或在横线上填写答案；除明确标明“可多选”外，其余均为单选题）

第一部分：个人基本情况

1. 您的性别？

A. 男　　B. 女

2. 您目前的年龄？

A.18 周岁以下　　B.18 周岁～ 30 周岁

C.30 周岁～ 60 周岁　　D.60 周岁以上

3. 您的文化程度（含肄业）？

A. 文盲　　B. 小学

C. 初中　　D. 高中

E. 大专及以上

4. 有无以下家属（可多选）？

A. 父母　　B. 配偶　　C. 子女

5. 本次入狱前是否受过行政处罚、有前科或者是累犯？

A. 未受过任何行政处罚或刑事处罚

B. 受过行政处罚

C. 有前科

D. 累犯

6. 第一次犯罪时的年龄？

A. 18 周岁以下　　B. 18 周岁～ 30 周岁

C. 30 周岁～ 60 周岁　　D. 60 周岁以上

7. 第一次犯罪前的工作（或身份）？

____

第二部分：入狱服刑情况

8. 目前是因何罪名入狱服刑？______________________

（以下内容仅以目前入狱服刑罪名为准填写）

您在犯罪中担任什么角色？

A. 单独犯　　B. 主犯　　C. 从犯

D. 教唆犯　　E. 胁从犯

所犯之罪造成的后果（即造成何种人身伤害或者涉及财产数额）：____

被判何种刑罚及刑期：______________________

何时入狱服刑：________年____月____日

9. 您是否对所犯之罪感到后悔？

A. 是　　B. 否

10. 目前从事何种劳动：______________________

11. 服刑期间受过何种奖励及次数：________________________________

____

12. 您认为目前的积分考核规定是否公平？

A. 公平　　　　　　B. 相对公平　　　　　　C. 不公平

这些规定是否具有可操作性？

A. 可操作性强

B. 有些规定模糊，不好把握

C. 难操作

您对目前的积分考核规定有何意见或建议：________________________

____

第三部分：减刑情况及对减刑、假释的意见

13. 是否获得过减刑？

A. 是　　　　　　B. 否

因何种原因、何时获得（如有多次分别填写）____________________

____

____

减刑幅度（如有多次分别填写）______________________________

____

14. 您认为获得减刑、假释对服刑人员而言的性质？

A. 奖励　　　　　　B. 恩惠　　　　　　C. 权利

15. 您认为驻监检察室的监督职能有无很好发挥？

A. 监督到位

B. 不到位，是形式监督

C. 滥用监督

16. 您认为现在对服刑人员减刑、假释的模式是否合理？

A. 合理　　B. 相对合理　　C. 不合理、需要改进

理由：________________

第四部分：对法院在减刑、假释工作中的评价

17. 您认为在目前情况下，法院在减刑、假释方面所起作用的大小？

A. 大　　B. 较小　　C. 微乎其微

理由：________________

18. 您认为在减刑、假释中，法官有无必要和服刑人员进行面对面座谈了解其心理改造情况？

A. 有必要

B. 视情况而定

C. 没必要，需要的话找狱警了解就可以

理由：________________

19. 您认为减刑、假释案件是否需要开庭审理？

A. 需要

B. 不需要

C. 特定类型案件需要（何种案件）：________

20. 您对法院在减刑、假释中作用的发挥有何意见或建议：________

____

____

附录二 最新司法解释

1. 最高人民法院关于办理减刑、假释案件具体应用法律的规定

法释〔2016〕23 号

（2016 年 9 月 19 日最高人民法院审判委员会第 1693 次会议通过，自 2017 年 1 月 1 日起施行）

为确保依法公正办理减刑、假释案件，依据《中华人民共和国刑法》《中华人民共和国刑事诉讼法》《中华人民共和国监狱法》和其他法律规定，结合司法实践，制定本规定。

第一条 减刑、假释是激励罪犯改造的刑罚制度，减刑、假释的适用应当贯彻宽严相济刑事政策，最大限度地发挥刑罚的功能，实现刑罚的目的。

第二条 对于罪犯符合刑法第七十八条第一款规定“可以减刑”条件的案件，在办理时应当综合考察罪犯犯罪的性质和具体情节、社会危害程度、原判刑罚及生效裁判中财产性判项的履行情况、交付执行后的一贯表现等因素。

第三条 “确有悔改表现”是指同时具备以下条件：

（一）认罪悔罪；

（二）遵守法律法规及监规，接受教育改造；

（三）积极参加思想、文化、职业技术教育；

（四）积极参加劳动，努力完成劳动任务。

对职务犯罪、破坏金融管理秩序和金融诈骗犯罪、组织（领导、参加、

包庇、纵容）黑社会性质组织犯罪等罪犯，不积极退赃、协助追缴赃款赃物、赔偿损失，或者服刑期间利用个人影响力和社会关系等不正当手段意图获得减刑、假释的，不认定其“确有悔改表现”。

罪犯在刑罚执行期间的申诉权利应当依法保护，对其正当申诉不能不加分析地认为是不认罪悔罪。

第四条 具有下列情形之一的，可以认定为有“立功表现”：

（一）阻止他人实施犯罪活动的；

（二）检举、揭发监狱内外犯罪活动，或者提供重要的破案线索，经查证属实的；

（三）协助司法机关抓捕其他犯罪嫌疑人的；

（四）在生产、科研中进行技术革新，成绩突出的；

（五）在抗御自然灾害或者排除重大事故中，表现积极的；

（六）对国家和社会有其他较大贡献的。

第（四）项、第（六）项中的技术革新或者其他较大贡献应当由罪犯在刑罚执行期间独立或者为主完成，并经省级主管部门确认。

第五条 具有下列情形之一的，应当认定为有“重大立功表现”：

（一）阻止他人实施重大犯罪活动的；

（二）检举监狱内外重大犯罪活动，经查证属实的；

（三）协助司法机关抓捕其他重大犯罪嫌疑人的；

（四）有发明创造或者重大技术革新的；

（五）在日常生产、生活中舍己救人的；

（六）在抗御自然灾害或者排除重大事故中，有突出表现的；

（七）对国家和社会有其他重大贡献的。

第（四）项中的发明创造或者重大技术革新应当是罪犯在刑罚执行期间独立或者为主完成并经国家主管部门确认的发明专利，且不包括实用新型专利和外观设计专利；第（七）项中的其他重大贡献应当由罪犯在刑罚执行期间独立或者为主完成，并经国家主管部门确认。

第六条　被判处有期徒刑的罪犯减刑起始时间为：不满五年有期徒刑的，应当执行一年以上方可减刑；五年以上不满十年有期徒刑的，应当执行一年六个月以上方可减刑；十年以上有期徒刑的，应当执行二年以上方可减刑。有期徒刑减刑的起始时间自判决执行之日起计算。

确有悔改表现或者有立功表现的，一次减刑不超过九个月有期徒刑；确有悔改表现并有立功表现的，一次减刑不超过一年有期徒刑；有重大立功表现的，一次减刑不超过一年六个月有期徒刑；确有悔改表现并有重大立功表现的，一次减刑不超过二年有期徒刑。

被判处不满十年有期徒刑的罪犯，两次减刑间隔时间不得少于一年；被判处十年以上有期徒刑的罪犯，两次减刑间隔时间不得少于一年六个月。减刑间隔时间不得低于上次减刑减去的刑期。

罪犯有重大立功表现的，可以不受上述减刑起始时间和间隔时间的限制。

第七条　对符合减刑条件的职务犯罪罪犯，破坏金融管理秩序和金融诈骗犯罪罪犯，组织、领导、参加、包庇、纵容黑社会性质组织犯罪罪犯，危害国家安全犯罪罪犯，恐怖活动犯罪罪犯，毒品犯罪集团的首要分子及毒品再犯，累犯，确有履行能力而不履行或者不全部履行生效裁判中财产性判项的罪犯，被判处十年以下有期徒刑的，执行二年以上方可减刑，减刑幅度应当比照本规定第六条从严掌握，一次减刑不超过一年有期徒刑，两次减刑之间应当间隔一年以上。

对被判处十年以上有期徒刑的前款罪犯，以及因故意杀人、强奸、抢劫、绑架、放火、爆炸、投放危险物质或者有组织的暴力性犯罪被判处十年以上有期徒刑的罪犯，数罪并罚且其中两罪以上被判处十年以上有期徒刑的罪犯，执行二年以上方可减刑，减刑幅度应当比照本规定第六条从严掌握，一次减刑不超过一年有期徒刑，两次减刑之间应当间隔一年六个月以上。

罪犯有重大立功表现的，可以不受上述减刑起始时间和间隔时间的限制。

第八条 被判处无期徒刑的罪犯在刑罚执行期间，符合减刑条件的，执行二年以上，可以减刑。减刑幅度为：确有悔改表现或者有立功表现的，可以减为二十二年有期徒刑；确有悔改表现并有立功表现的，可以减为二十一年以上二十二年以下有期徒刑；有重大立功表现的，可以减为二十年以上二十一年以下有期徒刑；确有悔改表现并有重大立功表现的，可以减为十九年以上二十年以下有期徒刑。无期徒刑罪犯减为有期徒刑后再减刑时，减刑幅度依照本规定第六条的规定执行。两次减刑间隔时间不得少于二年。

罪犯有重大立功表现的，可以不受上述减刑起始时间和间隔时间的限制。

第九条 对被判处无期徒刑的职务犯罪罪犯，破坏金融管理秩序和金融诈骗犯罪罪犯，组织、领导、参加、包庇、纵容黑社会性质组织犯罪罪犯，危害国家安全犯罪罪犯，恐怖活动犯罪罪犯，毒品犯罪集团的首要分子及毒品再犯，累犯以及因故意杀人、强奸、抢劫、绑架、放火、爆炸、投放危险物质或者有组织的暴力性犯罪的罪犯，确有履行能力而不履行或者不全部履行生效裁判中财产性判项的罪犯，数罪并罚被判处无期徒刑的罪犯，符合减刑条件的，执行三年以上方可减刑，减刑幅度应当比照本规定第八条从严掌握，减刑后的刑期最低不得少于二十年有期徒刑；减为有期徒刑后再减刑时，减刑幅度比照本规定第六条从严掌握，一次不超过一年有期徒刑，两次减刑之间应当间隔二年以上。

罪犯有重大立功表现的，可以不受上述减刑起始时间和间隔时间的限制。

第十条 被判处死刑缓期执行的罪犯减为无期徒刑后，符合减刑条件的，执行三年以上方可减刑。减刑幅度为：确有悔改表现或者有立功表现的，可以减为二十五年有期徒刑；确有悔改表现并有立功表现的，可以减为二十四年以上二十五年以下有期徒刑；有重大立功表现的，可以减为二十三年以上二十四年以下有期徒刑；确有悔改表现并有重大立功表现的，可以减为二十二年以上二十三年以下有期徒刑。

被判处死刑缓期执行的罪犯减为有期徒刑后再减刑时，比照本规定第八条的规定办理。

第十一条 对被判处死刑缓期执行的职务犯罪罪犯，破坏金融管理秩序和金融诈骗犯罪罪犯，组织、领导、参加、包庇、纵容黑社会性质组织犯罪罪犯，危害国家安全犯罪罪犯，恐怖活动犯罪罪犯，毒品犯罪集团的首要分子及毒品再犯，累犯以及因故意杀人、强奸、抢劫、绑架、放火、爆炸、投放危险物质或者有组织的暴力性犯罪的罪犯，确有履行能力而不履行或者不全部履行生效裁判中财产性判项的罪犯，数罪并罚被判处死刑缓期执行的罪犯，减为无期徒刑后，符合减刑条件的，执行三年以上方可减刑，一般减为二十五年有期徒刑，有立功表现或者重大立功表现的，可以比照本规定第十条减为二十三年以上二十五年以下有期徒刑；减为有期徒刑后再减刑时，减刑幅度比照本规定第六条从严掌握，一次不超过一年有期徒刑，两次减刑之间应当间隔二年以上。

第十二条 被判处死刑缓期执行的罪犯经过一次或者几次减刑后，其实际执行的刑期不得少于十五年，死刑缓期执行期间不包括在内。

死刑缓期执行罪犯在缓期执行期间不服从监管、抗拒改造，尚未构成犯罪的，在减为无期徒刑后再减刑时应当适当从严。

第十三条 被限制减刑的死刑缓期执行罪犯，减为无期徒刑后，符合减刑条件的，执行五年以上方可减刑。减刑间隔时间和减刑幅度依照本规定第十一条的规定执行。

第十四条 被限制减刑的死刑缓期执行罪犯，减为有期徒刑后再减刑时，一次减刑不超过六个月有期徒刑，两次减刑间隔时间不得少于二年。有重大立功表现的，间隔时间可以适当缩短，但一次减刑不超过一年有期徒刑。

第十五条 对被判处终身监禁的罪犯，在死刑缓期执行期满依法减为无期徒刑的裁定中，应当明确终身监禁，不得再减刑或者假释。

第十六条 被判处管制、拘役的罪犯，以及判决生效后剩余刑期不满二年有期徒刑的罪犯，符合减刑条件的，可以酌情减刑，减刑起始时间可以适当缩短，但实际执行的刑期不得少于原判刑期的二分之一。

第十七条 被判处有期徒刑罪犯减刑时，对附加剥夺政治权利的期限可以酌减。酌减后剥夺政治权利的期限，不得少于一年。

被判处死刑缓期执行、无期徒刑的罪犯减为有期徒刑时，应当将附加剥夺政治权利的期限减为七年以上十年以下，经过一次或者几次减刑后，最终剥夺政治权利的期限不得少于三年。

第十八条 被判处拘役或者三年以下有期徒刑，并宣告缓刑的罪犯，一般不适用减刑。

前款规定的罪犯在缓刑考验期内有重大立功表现的，可以参照刑法第七十八条的规定予以减刑，同时应当依法缩减其缓刑考验期。缩减后，拘役的缓刑考验期限不得少于二个月，有期徒刑的缓刑考验期限不得少于一年。

第十九条 对在报请减刑前的服刑期间不满十八周岁，且所犯罪行不属于刑法第八十一条第二款规定情形的罪犯，认罪悔罪，遵守法律法规及监规，积极参加学习、劳动，应当视为确有悔改表现。

对上述罪犯减刑时，减刑幅度可以适当放宽，或者减刑起始时间、间隔时间可以适当缩短，但放宽的幅度和缩短的时间不得超过本规定中相应幅度、时间的三分之一。

第二十条 老年罪犯、患严重疾病罪犯或者身体残疾罪犯减刑时，应当主要考察其认罪悔罪的实际表现。

对基本丧失劳动能力，生活难以自理的上述罪犯减刑时，减刑幅度可以适当放宽，或者减刑起始时间、间隔时间可以适当缩短，但放宽的幅度和缩短的时间不得超过本规定中相应幅度、时间的三分之一。

第二十一条 被判处有期徒刑、无期徒刑的罪犯在刑罚执行期间又故意犯罪，新罪被判处有期徒刑的，自新罪判决确定之日起三年内不予减刑；新罪被判处无期徒刑的，自新罪判决确定之日起四年内不予减刑。

罪犯在死刑缓期执行期间又故意犯罪，未被执行死刑的，死刑缓期执行的期间重新计算，减为无期徒刑后，五年内不予减刑。

被判处死刑缓期执行罪犯减刑后，在刑罚执行期间又故意犯罪的，依照第一款规定处理。

第二十二条 办理假释案件，认定“没有再犯罪的危险”，除符合刑法第八十一条规定的情形外，还应当根据犯罪的具体情节、原判刑罚情况，在刑罚执行中的一贯表现，罪犯的年龄、身体状况、性格特征，假释后生活来源以及监管条件等因素综合考虑。

第二十三条 被判处有期徒刑的罪犯假释时，执行原判刑期二分之一的时间，应当从判决执行之日起计算，判决执行以前先行羁押的，羁押一日折抵刑期一日。

被判处无期徒刑的罪犯假释时，刑法中关于实际执行刑期不得少于十三年的时间，应当从判决生效之日起计算。判决生效以前先行羁押的时间不予折抵。

被判处死刑缓期执行的罪犯减为无期徒刑或者有期徒刑后，实际执行十五年以上，方可假释，该实际执行时间应当从死刑缓期执行期满之日起计算。死刑缓期执行期间不包括在内，判决确定以前先行羁押的时间不予折抵。

第二十四条 刑法第八十一条第一款规定的“特殊情况”，是指有国家政治、国防、外交等方面特殊需要的情况。

第二十五条 对累犯以及因故意杀人、强奸、抢劫、绑架、放火、爆炸、投放危险物质或者有组织的暴力性犯罪被判处十年以上有期徒刑、无期徒刑的罪犯，不得假释。

因前款情形和犯罪被判处死刑缓期执行的罪犯，被减为无期徒刑、有期徒刑后，也不得假释。

第二十六条 对下列罪犯适用假释时可以依法从宽掌握：

（一）过失犯罪的罪犯、中止犯罪的罪犯、被胁迫参加犯罪的罪犯；

（二）因防卫过当或者紧急避险过当而被判处有期徒刑以上刑罚的罪犯；

（三）犯罪时未满十八周岁的罪犯；

（四）基本丧失劳动能力、生活难以自理，假释后生活确有着落的老年罪犯、患严重疾病罪犯或者身体残疾罪犯；

（五）服刑期间改造表现特别突出的罪犯；

（六）具有其他可以从宽假释情形的罪犯。

罪犯既符合法定减刑条件，又符合法定假释条件的，可以优先适用假释。

第二十七条 对于生效裁判中有财产性判项，罪犯确有履行能力而不履行或者不全部履行的，不予假释。

第二十八条 罪犯减刑后又假释的，间隔时间不得少于一年；对一次减去一年以上有期徒刑后，决定假释的，间隔时间不得少于一年六个月。

罪犯减刑后余刑不足二年，决定假释的，可以适当缩短间隔时间。

第二十九条 罪犯在假释考验期内违反法律、行政法规或者国务院有关部门关于假释的监督管理规定的，作出假释裁定的人民法院，应当在收到报请机关或者检察机关撤销假释建议书后及时审查，作出是否撤销假释的裁定，并送达报请机关，同时抄送人民检察院、公安机关和原刑罚执行机关。

罪犯在逃的，撤销假释裁定书可以作为对罪犯进行追捕的依据。

第三十条 依照刑法第八十六条规定被撤销假释的罪犯，一般不得再假释。但依照该条第二款被撤销假释的罪犯，如果罪犯对漏罪曾作如实供述但原判未予认定，或者漏罪系其自首，符合假释条件的，可以再假释。

被撤销假释的罪犯，收监后符合减刑条件的，可以减刑，但减刑起始时间自收监之日起计算。

第三十一条 年满八十周岁、身患疾病或者生活难以自理、没有再犯罪危险的罪犯，既符合减刑条件，又符合假释条件的，优先适用假释；不符合假释条件的，参照本规定第二十条有关的规定从宽处理。

第三十二条 人民法院按照审判监督程序重新审理的案件，裁定维持原判决、裁定的，原减刑、假释裁定继续有效。

再审裁判改变原判决、裁定的，原减刑、假释裁定自动失效，执行机关应当及时报请有管辖权的人民法院重新作出是否减刑、假释的裁定。重新作出减刑裁定时，不受本规定有关减刑起始时间、间隔时间和减刑幅度的限制。重新裁定时应综合考虑各方面因素，减刑幅度不得超过原裁定减去的刑期总和。

再审改判为死刑缓期执行或者无期徒刑的，在新判决减为有期徒刑之时，原判决已经实际执行的刑期一并扣减。

再审裁判宣告无罪的，原减刑、假释裁定自动失效。

第三十三条 罪犯被裁定减刑后，刑罚执行期间因故意犯罪而数罪并罚时，经减刑裁定减去的刑期不计入已经执行的刑期。原判死刑缓期执行减为无期徒刑、有期徒刑，或者无期徒刑减为有期徒刑的裁定继续有效。

第三十四条 罪犯被裁定减刑后，刑罚执行期间因发现漏罪而数罪并罚的，原减刑裁定自动失效。如漏罪系罪犯主动交代的，对其原减去的刑期，由执行机关报请有管辖权的人民法院重新作出减刑裁定，予以确认；如漏罪系有关机关发现或者他人检举揭发的，由执行机关报请有管辖权的人民法院，在原减刑裁定减去的刑期总和之内，酌情重新裁定。

第三十五条 被判处死刑缓期执行的罪犯，在死刑缓期执行期内被发现漏罪，依据刑法第七十条规定数罪并罚，决定执行死刑缓期执行的，死刑缓期执行期间自新判决确定之日起计算，已经执行的死刑缓期执行期间计入新判决的死刑缓期执行期间内，但漏罪被判处死刑缓期执行的除外。

第三十六条 被判处死刑缓期执行的罪犯，在死刑缓期执行期满后被发现漏罪，依据刑法第七十条规定数罪并罚，决定执行死刑缓期执行的，交付执行时对罪犯实际执行无期徒刑，死缓考验期不再执行，但漏罪被判处死刑缓期执行的除外。

在无期徒刑减为有期徒刑时，前罪死刑缓期执行减为无期徒刑之日起至新判决生效之日止已经实际执行的刑期，应当计算在减刑裁定决定执行的刑期以内。

原减刑裁定减去的刑期依照本规定第三十四条处理。

第三十七条 被判处无期徒刑的罪犯在减为有期徒刑后因发现漏罪，依据刑法第七十条规定数罪并罚，决定执行无期徒刑的，前罪无期徒刑生效之日起至新判决生效之日止已经实际执行的刑期，应当在新判决的无期徒刑减为有期徒刑时，在减刑裁定决定执行的刑期内扣减。

无期徒刑罪犯减为有期徒刑后因发现漏罪判处三年有期徒刑以下刑罚，数罪并罚决定执行无期徒刑的，在新判决生效后执行一年以上，符合减刑条件的，可以减为有期徒刑，减刑幅度依照本规定第八条、第九条的规定执行。

原减刑裁定减去的刑期依照本规定第三十四条处理。

第三十八条 人民法院作出的刑事判决、裁定发生法律效力后，在依照刑事诉讼法第二百五十三条、第二百五十四条的规定将罪犯交付执行刑罚时，如果生效裁判中有财产性判项，人民法院应当将反映财产性判项执行、履行情况的有关材料一并随案移送刑罚执行机关。罪犯在服刑期间本人履行或者其亲属代为履行生效裁判中财产性判项的，应当及时向刑罚执行机关报告。刑罚执行机关报请减刑时应随案移送以上材料。

人民法院办理减刑、假释案件时，可以向原一审人民法院核实罪犯履行财产性判项的情况。原一审人民法院应当出具相关证明。

刑罚执行期间，负责办理减刑、假释案件的人民法院可以协助原一审人民法院执行生效裁判中的财产性判项。

第三十九条 本规定所称“老年罪犯”，是指报请减刑、假释时年满六十五周岁的罪犯。

本规定所称“患严重疾病罪犯”，是指因患有重病，久治不愈，而不能正常生活、学习、劳动的罪犯。

本规定所称“身体残疾罪犯”，是指因身体有肢体或者器官残缺、功能不全或者丧失功能，而基本丧失生活、学习、劳动能力的罪犯，但是罪犯犯罪后自伤致残的除外。

对刑罚执行机关提供的证明罪犯患有严重疾病或者有身体残疾的证明文件，人民法院应当审查，必要时可以委托有关单位重新诊断、鉴定。

第四十条 本规定所称“判决执行之日”，是指罪犯实际送交刑罚执行机关之日。

本规定所称“减刑间隔时间”，是指前一次减刑裁定送达之日起至本次减刑报请之日止的期间。

第四十一条 本规定所称“财产性判项”是指判决罪犯承担的附带民事赔偿义务判项，以及追缴、责令退赔、罚金、没收财产等判项。

第四十二条 本规定自2017年1月1日起施行。以前发布的司法解释与本规定不一致的，以本规定为准。

2. 最高人民法院《关于办理减刑、假释案件具体应用法律的规定》新闻发布会内容[①]

2016年11月15日上午10时，最高人民法院召开新闻发布会，发布《最高人民法院关于办理减刑、假释案件具体应用法律的规定》。最高法院新闻宣传工作领导小组办公室副主任（巡视员）王玲主持发布会，审监庭庭长夏道虎、副庭长滕伟出席。

夏道虎介绍了《最高人民法院关于办理减刑、假释案件具体应用法律的规定》（以下简称《规定》）的有关情况。

一、《规定》出台的背景

减刑、假释作为刑罚变更执行的重要措施，是我国《刑法》《刑事诉讼法》等法律规定的重要制度，是宽严相济刑事政策在刑罚执行过程中的具体体现，对于激励罪犯积极改造，促进罪犯回归、融入社会，具有非常重要的意义。

这次出台的《规定》，是对2012年7月实施的《最高人民法院关于办理减刑、假释案件具体应用法律若干问题的规定》（以下简称2012年《规定》）的修改完善。这个司法解释到现在实施才刚刚四年，之所以要在短期内进行较大幅度的修改完善，主要原因：

一是要落实党的十八届三中、四中全会精神和中央政法委关于严格规

---

① 参见中国法院网“关于举办《最高人民法院关于办理减刑、假释案件具体应用法律的规定》新闻发布会，http://www.chinacourt.org/article/subjectdetail/id/MzAwNEg3MoABAA==.shtml”，最后访问时间：2015年9月8日。

范减刑、假释、暂予监外执行工作的重要部署。前些年，减刑、假释、暂予监外执行工作中暴露出一些问题，尤其是一些“有权人”“有钱人”被判刑之后，减刑相对较快、假释及暂予监外执行比例过高、实际服刑时间偏短，个别案件办理违背法律及司法解释规定，甚至暗藏徇私舞弊、权钱交易，对司法公正和司法公信的损害巨大，造成影响恶劣。为此，党的十八届三中全会和四中全会决定提出“严格规范减刑、假释、保外就医程序，强化法律监督”“完善刑罚执行制度，统一刑罚执行体制”的明确要求。2014 年 1 月 21 日，中央政法委发布《关于严格规范减刑、假释、暂予监外执行切实防止司法腐败的意见》（简称中政委《意见》），从“从严把握实体条件”“完善程序规定”“强化环节责任”“严惩腐败行为”四个方面，对减刑、假释、暂予监外执行提出新要求、新标准。为回应人民群众关切，贯彻落实党的十八届三中、四中全会《决定》和中央政法委《意见》精神，最高法院迅速出台了一系列贯彻举措，全面推行“五个一律工作要求”，发布减刑、假释程序性司法解释，建立职务犯罪罪犯减刑、假释案件备案审查制度，建立监督检查长效机制，定期公布典型案例，开通全国法院减刑假释暂予监外执行信息网，大力推动减刑、假释、暂予监外执行审理工作更加规范、透明，有效提升了司法公信力。这次新出台《规定》，就是要进一步从实体上统一减刑、假释案件的办案理念、裁判尺度和执法标准，进一步落实中央关于严格规范减刑、假释工作的部署。

二是要落实和细化《刑法修正案（九）》有关减刑、假释的新规定。2015 年 8 月，全国人大常委会审议通过的《刑法修正案（九）》规定，对于因贪污、受贿犯罪被判处死刑缓期执行的罪犯，人民法院根据犯罪情节等情况，可以同时决定在其死刑缓期执行二年期满依法减为无期徒刑后，终身监禁，不得减刑、假释；同时还规定，对判处死刑缓期执行的罪犯，在死刑缓期执行期间故意犯罪未执行死刑的，死刑缓期执行期间重新计算，并报最高人民法院备案。这些规定都需要通过司法解释进一步明确和细化。

三是要回应司法实践的强烈呼声，解决减刑、假释工作中遇到的突出问题。我国《刑法》《刑事诉讼法》对减刑、假释的规定过于原则，实际操作问题目前主要靠司法解释细化和明确。近年来全国减刑、假释案件平均每年在60万件左右。减刑、假释的司法实践中，遇到不少带有普遍性的问题亟待研究解决。例如，如何界定减刑、假释性质问题，如何科学设置减刑的起始时间、间隔时间、减刑幅度以保障刑罚最佳执行效果问题，如何均衡适用减刑、假释以更好发挥假释功能问题，如何完善财产性判项的执行与减刑、假释的关联机制问题。对这些问题进行统一明确的规范是各地的强烈呼声，也是进一步统一减刑、假释工作的办案理念和标准，确保案件办理公平公正的迫切需要。

最高人民法院在认真总结各地办理减刑、假释案件实践经验的基础上，经过反复调研论证和广泛征求意见，制定出台了《关于办理减刑、假释案件具体应用法律的规定》，该司法解释将于2017年1月1日起施行。

二、《规定》的主要内容

本次修改，在2012年《规定》29个条文的基础上，修改条文17条，合并条文2条，删除(程序性)条文6条，新增条文20条，保留不变3条，总条文达42条。

一是明确了减刑、假释的性质及适用要求。减刑、假释的根本目的是激励罪犯积极改造，是刑罚执行过程中对积极改造罪犯的一种奖励性措施。为了澄清司法实践中对减刑、假释性质的认识偏差并纠正一些不正确做法，本次修改，在第一条中即规定“减刑、假释是激励罪犯改造的刑罚制度”。罪犯只有积极改造，表现优异者，才能获得减刑、假释。适用减刑、假释，必须贯彻宽严相济刑事政策，最大限度地发挥刑罚的功能和实现刑罚的目的。

二是落实中政委文件精神，依法严格规范“从严控制减刑、假释罪犯”的减刑、假释工作。对职务犯罪罪犯、黑社会性质组织犯罪罪犯、金融犯罪罪犯以及严重危害国家安全犯罪、恐怖活动犯罪、严重暴力性犯罪等依法应当从严控制减刑、假释的罪犯，新增减刑起始时间、间隔时间、减刑幅度从严的规定。

三是细化《刑法修正案（九）》有关减刑、假释的新规定。《规定》新增对决定终身监禁的贪污、受贿罪犯不得再减刑、假释的规定。对死缓考验期内故意犯罪但尚未达到情节恶劣，不执行死刑的罪犯，在明确死缓执行期间重新计算的同时，新增了“减为无期徒刑后，五年内不予减刑”的从严规定。

四是进一步完善了减刑起始时间、间隔时间、减刑幅度的规定。针对实践中一些罪犯减刑过快、过多，实际执行刑期偏短，特别是对一些重刑犯的刑罚执行存在生刑过轻、死刑过重等问题，《规定》通过科学测算，对有期徒刑罪犯、无期徒刑罪犯、死刑缓期执行罪犯、死刑缓期执行限制减刑罪犯，在减刑起始时间、间隔时间、减刑幅度上均作了相应调整，以便有效的发挥刑罚的功能。

五是倡导扩大假释适用。从司法实践看，假释制度比减刑制度改造效果更好，假释罪犯再犯罪率更低。目前世界各国适用假释是一个普遍趋势，而在我国长期以来减刑适用占绝对优势，假释制度的价值功能未能得到有效发挥。考虑到目前我国社区矫正制度日益健全，扩大假释适用的条件不断改善，新司法解释规定，对部分罪行较轻、符合规定条件的罪犯可以依法从宽适用假释，对既符合减刑条件又符合假释条件的罪犯可以优先适用假释。

六是坚持问题导向，注重解决司法实践中一些具有普遍性的难点问题。例如，罪犯又犯新罪以及原判死缓、无期徒刑罪犯发现漏罪后，已经实际执行刑期、减去刑期的处理；减刑、假释裁定在再审案件中的效力认定；罪犯履行财产性判项情况与减刑、假释关联等难点问题，这次都作了明确详细的规定，便于实际操作。

总之，这次新出台的《规定》进一步完善了刑罚执行变更的法律制度，进一步统一了全国减刑、假释案件的办案理念、裁判尺度和执法标准，有利于从实体制度上进一步保障减刑、假释案件办理的公平、公正，切实发挥减刑、假释对于促进罪犯积极改造，维护社会和谐稳定的重要作用，努力实现“让人民群众在每一个司法案件中感受到公平正义”的司法目标。

图书在版编目（CIP）数据

减刑、假释案件审理程序规范化研究 / 茅仲华等著 .—北京：中国法制出版社，2017. 12

ISBN 978-7-5093-8465-7

Ⅰ. ①减… Ⅱ. ①茅… Ⅲ. ①减刑—审理—诉讼程序—研究—中国 ②假释—审理—诉讼程序—研究—中国 Ⅳ. ① D924.134

中国版本图书馆 CIP 数据核字（2017）第 076994 号

策划编辑 舒 丹

责任编辑 马 颖 王雯汀　　　　封面设计 李 宁

减刑、假释案件审理程序规范化研究

JIANXING、JIASHI ANJIAN SHENLI CHENGXU GUIFANHUA YANJIU

著者 / 茅仲华等

经销 / 新华书店

印刷 / 北京京华虎彩印刷有限公司

开本 / 787 毫米 ×960 毫米 16 开　　　　印张 / 21.75 字数 / 256 千

版次 / 2017 年 12 月第 1 版　　　　2017 年 12 月第 1 次印刷

中国法制出版社出版

书号 ISBN 978-7-5093-8465-7　　　　定价：60. 00 元

北京西单横二条 2 号　　　　值班电话：66026508

邮政编码：100031　　　　传真：66031119

网址：http://www.zgfzs. com　　　　**编辑部电话：66060794**

市场营销部电话：66033393　　　　**邮购部电话：66033288**

（如有印装质量问题，请与本社编务印务管理部联系调换。电话：010-66032926）

中国法学会优秀课题成果文库

ZHONG GUO FA XUE HUI YOU XIU KE TI CHENG GUO WEN KU

·2016·

刑事诉讼法修改后的司法解释研究　王敏远等 著

农村土地股权制改革：现实表达与法律应对　刘云生 著

技术侦查制度中的隐私权保障问题研究　胡忠惠等 著

社会保险基金信托法研究　黎建飞 主编

继承法修订入典之重点问题　杨立新 主编

证券欺诈规制的实证研究　邢会强 著

审判人员职能配置与分类管理研究　江必新 主编

中国特色社会主义法治发展道路　李林 主编

强化虚拟社会管理与健全网络立法研究　常健等 著

·2017·

食品安全风险交流的法律制度研究　孙颖 著

财政责任视野下的地方政府债务治理研究　王婷婷 著

减刑、假释案件审理程序规范化研究　茅仲华等 著

中国反腐败立法研究　刘艳红等 著

新刑事诉讼法实施问题研究　卞建林 陈卫东等 著

非法经营罪适用问题研究　王安异 著

《政府信息公开条例》评估报告　叶必丰等 著

审判中心与刑事诉讼　胡铭 著